DAVID RICHO

# FÜNF DINGE
die wir nicht ändern können
# UND DAS GLÜCK
das daraus entsteht

*Aus dem amerikanischen Englisch von
Maike und Stephan Schuhmacher*

WINDPFERD

Titel der Originalausgabe *The Five Things We Cannot Change –
and the Happiness We Find by Embracing Them*
Erschienen bei Shambhala Publications, Inc., P. O. Box 308, Boston, MA02117
© 2005 by David Richo

Aus dem amerikanischen Englisch übersetzt von
*Maike und Stephan Schuhmacher*

**Dr. phil. David Richo**, M.F.T., ist Psychotherapeut, Lehrer und Schriftsteller, der in seiner Arbeit die Jungianische, transpersonale und spirituelle Sichtweise betont. Er lehrt am Santa Barbara City College in der Erwachsenenbildung, an der University of California in Berkeley sowie in Esalen.

Weitere Titel von David Richo:
*Versöhnung mit der Vergangenheit
Reif werden füreinander
Vertrauen wagen
Der gute Kern in uns*

Windpferd Taschenbuch
10058

3. Auflage 2013

Vollständige Taschenbuchausgabe der im Windpferd Verlag erschienenen
Erstausgabe *Fünf Dinge die wir nicht ändern können
und das Glück, das daraus entsteht*

© 2007 Windpferd Verlagsgesellschaft mbH, Oberstdorf
Alle Rechte vorbehalten
Umschlagkonzeption: Guter Punkt, München
Umschlaggestaltung: Andrea Barth – Guter Punkt/Agentur für Gestaltung
Bildquelle Cover: © istock/Thinkstock
Satz und Layout: Marx Grafik & ArtWork
Gesetzt aus der Adobe Garamond
Druck: Himmer AG, Augsburg

Printed in Germany
ISBN 978-3-86410-058-1
www.windpferd.de

# Inhalt

EINFÜHRUNG 7
*Das bedingungslose Ja* 11
*Warum ich?* 13
*Gegebenheiten als Geschenke* 15
*Gegebenheiten als Gnade* 17

ERSTER TEIL:
DIE GEGEBENHEITEN DES LEBENS

1 Alles verändert sich und endet irgendwann 25
   *Wie wir vermeiden und annehmen* 27
   *Angezogen oder abgestoßen* 29
   *Älter werden: Das Bild im Spiegel ändert sich* 33
   *Warum wir unbedingt die Kontrolle haben möchten* 35
   *Nichts Getrenntes* 41
   *Eine zweihändige Praxis* 43
   *Tod und Erneuerung* 45

2 Nicht immer geht alles nach Plan 49
   *Die Konzeption der Natur* 53
   *Unsere Berufung* 59
   *Das größere Leben* 63
   *Alles findet in der Liebe sein Gleichgewicht* 67

3 Das Leben ist manchmal nicht gerecht 69
   *Rache oder Versöhnung?* 70
   *Warum wird einem Unschuldigen Leid zugefügt?* 76
   *Die Kunst, das Ego zu zähmen* 78
   *Verpflichtungen jenseits des Egos* 81
   *Eine achtsame Antwort auf Ungerechtigkeit* 83

4 Leiden gehört zum Leben   87
   *Sind wir Opfer?*   92
   *Ein Ja dem Leiden, das die Natur mit sich bringt*   96
   *Mit dem Schmerz anderer sein*   99
   *Wenn Aufmunterung nicht funktioniert*   104
   *Die trächtige Leere*   106

5 Die Menschen sind nicht immer liebevoll und loyal   113
   *Der lebenslange Einfluss der Kindheit*   117
   *Wie man auf sich Acht gibt, wenn man sich anderen gegenüber öffnet*   121
   *Gegebenheiten erwachsener Beziehungen*   125
   *Grenzen in unseren Beziehungen – eine Checkliste*   130
   *Ichlose Liebe*   134

6 Zuflucht vor den Gegebenheiten   137
   *Religion als Zuflucht*   137
   *Religion und Zuflucht zur Natur*   144
   *Dreifache Zuflucht*   148
   *Ablenkung oder Ressource?*   150
   *Magisches Denken*   152
   *Zuflucht als Hintertür*   154
   *Sicherheit in der Zufluchtlosigkeit*   157
   *Die Weisheit in uns*   159

## ZWEITER TEIL:
## EIN BEDINGUNGSLOSES JA
## ZU UNSERER BEDINGTEN EXISTENZ

7 Wie man zum Ja wird   163
   *Liebende Güte*   167
   *Die Übung von Tonglen*   172
   *Nichts „da draußen"*   175
   *Die Natur praktiziert Ja*   177

8 Ja zu Gefühlen   183
*Geschenke, die wir von der Natur erhalten*   186
*Wie wir uns mit Gefühlen sicher fühlen können*   189
*Liebe befreit*   191
*Wie uns Angst zurückhält*   194
*Die Lebensspanne eines Gefühls*   198
*Wie empfangen wir die Gefühle anderer?*   201
*Die Diagnose unserer Gefühle*   204
*Was Gefühle nicht sind*   207
*Gefühle sind dreidimensional*   210

9 Ein Ja zu dem, der ich bin   213
*Psychologische Arbeit*   214
*Die spirituelle Praxis*   217
*Mystisches Bewusstsein*   220
*Ich oder Nicht-Ich?*   223
*Ein beständiges Gefühl meiner selbst*   227

EPILOG
*Die Gegebenheiten als Akte der Gnade begreifen*   241

Für meine wunderbar liebenswerten Neffen und Nichten
Christian, Damien und Thea
und in zärtlicher liebevoller Erinnerung
an meine Schwestern
Gail und Linda.

# Einführung

Es gibt einige Dinge im Leben, über die wir keine Kontrolle haben – wahrscheinlich sind es sogar die meisten Dinge. Wir finden im Laufe unseres Lebens heraus, dass die Wirklichkeit sich weigert, sich unseren Befehlen zu beugen. Eine andere Kraft, die – manchmal durchaus mit einem gewissen Sinn für Humor – andere Pläne hat als wir, kommt ins Spiel. Wir sehen uns gezwungen loszulassen, wo wir so gern festhalten würden, und gezwungen festzuhalten, wo wir so gern loslassen möchten. Unser Leben, das Leben eines jeden von uns, enthält unerwartete Wendungen, manch unerwünschtes Ende sowie alle möglichen unerklärlichen Herausforderungen.

Reinhold Niebuhr, ein amerikanischer protestantischer Theologe, dichtete ein Gebet, das zum Eckpfeiler der modernen Selbsthilfe-Programme geworden ist: „Gott gib mir die Gelassenheit, Dinge hinzunehmen, die ich nicht ändern kann, den Mut, Dinge zu ändern, die ich ändern kann, und die Weisheit, das eine vom anderen zu unterscheide." Das ist ein tief gründender Wunsch. Doch was sind die Dinge, die wir nicht ändern können? Sind sie für jeden von uns einzigartig, oder gibt es da einige Dinge, die wir alle anerkennen und akzeptieren müssen, um in unserem Leben Frieden finden zu können?

Als Psychotherapeut, der mit Klienten arbeitet, wie auch in meinem eigenen Leben habe ich immer wieder dieselben Fragen und inneren Kämpfe auftauchen sehen. Es gibt fünf unvermeidliche Gegebenheiten, fünf unveränderliche Tatsachen, mit denen ein jeder von uns oft genug zu tun hat:

1. Alles verändert sich und endet irgendwann.
2. Nicht immer geht alles nach Plan.
3. Das Leben ist manchmal nicht gerecht.
4. Leiden gehört zum Leben.
5. Die Menschen sind nicht immer liebevoll und loyal.

Dies sind die Kernherausforderungen, mit denen wir alle uns konfrontiert sehen. Doch allzu oft versuchen wir diese Fakten in unserem Leben zu leugnen. Wir verhalten uns, als wären diese Tatsachen nicht *immer* gültig oder nicht auf *jeden* von uns anwendbar. Wenn wir uns jedoch der Anerkennung dieser fünf grundlegenden Wahrheiten verweigern, stellen wir uns gegen die Wirklichkeit, und das Leben gerät zu einer endlosen Reihe an Enttäuschungen, Frustrationen und Leid.

In diesem Buch vertrete ich die Ihnen vielleicht etwas radikal vorkommende Ansicht, dass die fünf Gegebenheiten gar nicht so übel sind, wie sie erscheinen mögen. Das, was uns eigentlich Probleme bereitet, ist, dass wir diese Gegebenheiten fürchten und dagegen ankämpfen. Haben wir erst einmal gelernt, diese grundlegenden alltäglichen Tatsachen anzunehmen und zu schätzen, dann werden wir begreifen, dass sie genau das sind, was wir brauchen, um Mut, Mitgefühl und Weisheit zu erlangen – kurz gesagt, um *wirklich* glücklich zu werden.

Eine Gegebenheit ist eine Tatsache des Lebens, über die wir keine Macht haben. Sie ist etwas, das wir nicht ändern können, das in der Natur der Dinge liegt. So gesehen, gibt es im Grunde sehr viele Gegebenheiten. Außer den fünf unangenehmen oben angeführten gibt es auch schöne Gegebenheiten: Wir erfahren Wonne, unsere Hoffnungen werden manchmal übertroffen, wir entdecken einzigartige innere Gaben, die Dinge rücken sich irgendwie zurecht, das Glück ist uns hold und Wunder an Heilung geschehen.

Außerdem gibt es Gegebenheiten, die nur für uns als Individuen gelten: Unser Körper, unsere Gestalt und Persönlichkeit, unsere einzigartigen psychischen und geistigen Gaben oder Grenzen, unser Temperament, unsere genetische Zusammensetzung, unser Intelligenzquotient, unser konventioneller oder unkonventioneller Lebenswandel, ob wir introvertiert oder extrovertiert sind und so weiter.

Tatsächlich haben wir es ständig mit Gegebenheiten zu tun, was wir auch tun und wohin wir auch gehen. Wenn wir einen Arbeitsplatz haben, besteht die Gegebenheit darin, dass wir befördert oder gefeuert werden können – oder alle möglichen Optionen dazwischen. Eine Gegebenheit in einer Beziehung kann sein, dass sie ein Leben lang hält oder mit dem nächsten Telefonanruf endet.

Ich habe festgestellt, dass alles, was unserem so genannten Ego den Kampf ansagt, eine machtvolle Quelle der Transformation und inneren Evolution ist. Die fünf einfachen Tatsachen des Lebens bieten dem mächtigen Ego, das die totale Kontrolle für sich beansprucht, Paroli und versetzen es in Angst und Schrecken. Das Leben geschieht uns auf seine ihm eigene Weise, so sehr wir auch protestieren und versuchen mögen, ihm aus dem Weg zu gehen. Niemandem sind die unerbittlichen Gegebenheiten des Lebens jemals erspart geblieben. Wenn wir nicht bereit sind, sie zu ertragen, dann fügen wir unserem Leben unnötigen Stress hinzu, weil wir auf verlorenem Posten kämpfen.

In diesem Buch werde ich erklären, warum wir angesichts der Gegebenheiten unseres Lebens nicht zu verzweifeln brauchen. Wir können lernen, das Leben zu seinen Bedingungen anzunehmen. Wir können diese Bedingungen sogar befriedigend finden. Wir brauchen dem Himmel nicht zu zürnen. Wir müssen nicht verlangen, dass mit uns eine Ausnahme gemacht wird, oder müssen Zuflucht bei einem Glaubenssystem suchen, das die Wucht der Gegebenheiten dämpft, indem es uns ein Paradies ohne solche „Unannehmlichkeiten" verspricht. Wir können uns ein gesundes und authentisches Leben gestalten, indem wir Ja zum Leben sagen, so wie es ist. Und in der Tat ist unser Weg eben das, „was ist".

Die Geschichte von Buddhas Erleuchtung illustriert, dass die Gegebenheiten eines Lebens die Grundlage von Wachstum und Transformation sind. Der Buddha wurde als der indische Prinz Siddhârtha Gautama geboren. Sein Vater, der König, versuchte, ihm die Begegnung mit allem Schmerz und jeglichen Unannehmlichkeiten zu ersparen. Er versuchte eine perfekte Umgebung für Siddhârtha zu schaffen, indem er ihm alle erdenklichen Befriedigungen verschaffte und ihn von allem Unangenehmen abschirmte. Doch eines Tages wollte der junge Prinz wissen, was hinter den Palastmauern läge. Als er sich hinauswagte, begegnete er schon bald zum ersten Mal Krankheit, Alter und Tod – den natürlichen Umständen eines jeden Lebens. Dieser Anblick berührte ihn tief und brachte ihn dazu, sich auf eine spirituelle Reise zu machen, die ihn letztlich zur Erleuchtung führte. Seine legendäre Transformation begann, als er sich den Gesetzen des Lebens mit Neugier und Mut stellte.

Seit jeher haben die fünf Gegebenheiten die Menschen vor Rätsel gestellt und ihnen Kummer bereitet. Die Religionen bieten Antworten auf Mysterien wie diese. Ich werde in diesem Buch immer wieder Lehren des Buddhismus und anderer Weltreligionen heranziehen. Die spirituellen Traditionen bieten uns wertvolle Hilfsmittel, Modelle und Inspirationen, mit deren Hilfe wir uns den Gegebenheiten des Lebens mit Offenheit und Gelassenheit zu stellen vermögen. Ich werde mich besonders auf die buddhistische Tradition stützen, da diese besonderen Wert darauf legt, dass wir unsere Illusionen durchschauen und uns dem Leben stellen, damit wir das, was in uns angelegt ist, verwirklichen können.

## Das bedingungslose Ja

Jede der Gegebenheiten oder Bedingungen unserer Existenz wirft die Frage nach unserem Schicksal auf. Sind wir hier, um unseren Willen zu bekommen oder um mit dem Fluss des Lebens zu fließen? Sind wir hier, um sicher zu stellen, dass alles nach unseren Plänen verläuft, oder um auf die Überraschungen und Synchronizitäten, die uns neue Perspektiven eröffnen, zu vertrauen? Sind wir hier, um sicher zu stellen, dass uns niemand übers Ohr haut, oder sind wir hier, um aufrichtig und liebevoll zu sein? Sind wir hier, um Schmerz zu vermeiden, oder um mit ihm umzugehen, an ihm zu wachsen und durch ihn zu lernen, mitfühlend zu sein? Sind wir hier, um von allen loyale Liebe zu empfangen oder um selbst aus vollem Herzen zu lieben?

Die alten Römer sprachen von *Amor fati,* der Tugend, sein Schicksal zu lieben. Einigen von uns fällt es schwer, mit den Ängsten, die durch unsere Lebensumstände hervorgerufen werden, umzugehen. Wir kämpfen gegen diese Umstände an. C. G. Jung hat die Methode, mit diesen Gegebenheiten umzugehen und sie zur Erfüllung unseres Schicksals zu nutzen, besonders deutlich formuliert. Seiner Ansicht nach sollten wir die Gegebenheiten mit einem bedingungslosen Ja zu dem, was ist, annehmen, ohne subjektive Proteste. Das wäre dann nicht nur eine Akzeptanz der Bedingungen der Existenz, sondern auch eine Akzeptanz *unserer eigenen Natur,* so wie sie ist. Ein solches Ja ist die Bereitschaft, ohne ein Kissen als Polster auf dem Boden der konkreten Wirklichkeit zu landen. Ein solches Ja macht uns flexibel, stimmt uns auf eine sich ständig verändernde Welt ein und öffnet uns für alles, was das Leben uns bringen mag. Ein solches Ja ist keine stoische Ergebenheit in den Status quo, sondern eine mutige Hingabe – eine Anpassung an die Wirklichkeit.

Trauen wir der Wirklichkeit erst einmal mehr als unseren Hoffnungen, dann wird unser Ja zu einem „Sesam öffne dich" für spirituelle Überraschungen. In diesem Buch werde ich aufzeigen, wie wir die spirituellen Reichtümer entdecken können, die in unseren schwierigsten Herausforderungen verborgen liegen.

Das „Ja" ist der tapfere Verbündete der Gelassenheit; das „Nein" ist der verängstigte Komplize der Angst. Wir finden Hilfe, indem wir Ja sagen und den Gegebenheiten mit Achtsamkeit begegnen – das heißt, durch Furchtlosigkeit und mit geduldiger Aufmerksamkeit für den gegenwärtigen Augenblick. Unterstützt werden wir dabei von der Natur, der Psychologie, den religiösen Traditionen und der spirituellen Praxis. Dies sind die Ressourcen und Werkzeuge, die auf den folgenden Seiten präsentiert werden.

*Hamlet spricht von den „tausend Stößen, die unsers Fleisches Erbteil sind", eine poetische Definition der Gegebenheiten des Lebens. Wenn uns etwas mit jenem schmerzhaften dumpfen Aufprall der unveränderbaren Lebensumstände zustößt, können wir uns fragen: „Was kann ich hierbei lernen? Wozu ist dies gut?" Wir können lernen, darauf zu vertrauen, dass den Gegebenheiten des Lebens ein transformatives oder evolutionäres Potential innewohnt.*

*Manchmal mag es uns so vorkommen, als wären die Gegebenheiten des Lebens grausame Streiche, die uns ein rachsüchtiges Universum spielt. Sie können uns wie eine Bestrafung für einen Eigensinn erscheinen, den wir geerbt, aber nicht verursacht haben. Sie mögen sogar wie boshafte Tricks aussehen, die uns das Leben vergällen sollen. Aus antiquierter theologischer Sicht werden sie als Strafe angesehen, die ein rachsüchtiger Gott uns aus dem Garten Eden Vertriebenen für unsere „Erbsünde" auferlegt hat. Das bedingungslose Ja mit seinem impliziten Vertrauen auf die Nützlichkeit der Gegebenheiten für unser Wachstum schneidet durch diese, auf Angst gegründete, Anschauung des Lebens hindurch. Zur Wirklichkeit, zu den Dingen, die wir nicht ändern können, Ja zu sagen – das ist, als entschlösse sich ein Reiter, sich im Sattel umzudrehen und endlich in die Richtung zu sehen, in die das*

*Pferd läuft. Auf diese Weise im Sattel zu sitzen ist Achtsamkeit, eine Würdigung des Hier und Jetzt ohne Ablenkung durch Furcht und Begehren. Achtsamkeit ist ein bedingungsloses Ja zu dem, was ist und wie es ist. Wir begegnen unseren Problemen im Hier und Jetzt, ohne zu protestieren oder jemandem die Schuld zu geben. Ein solches Ja ist bedingungslos, weil es frei ist von Konditionierung durch das neurotische Ego, frei von Furcht, Begehren, Kontrolle, Urteilen, Klagen, Erwartung. Wenn wir achtsam sind, begegnen wir jedem Augenblick mit Offenheit, Neugier und Freundlichkeit. Achtsamkeit ist sowohl ein Seinszustand als auch eine tägliche spirituelle Praxis, eine Form der Meditation.*

## Warum ich?

Sehen wir uns mit einer der Gegebenheiten des Lebens konfrontiert, so fragen wir vielleicht: „Warum passiert solch eine schreckliche Sache ausgerechnet einem guten Menschen wie mir? Ich hätte doch wirklich Besseres verdient." Die achtsame Version der Frage lautet: „So ist es also gekommen. Und was nun?" Wir werden bemerken, dass wir glücklicher sind, wenn wir das, was wir am Leben nicht mögen, als eine Gegebenheit des Lebens akzeptieren. Unser achtsames Ja ist ein Eintritt in dieses schützende Paradox.

Wenn wir den Dingen, die wir nicht ändern können, uneingeschränkt zustimmen, sagen wir Ja zu uns selbst, so wie wir sind in unserer sich unaufhörlich entfaltenden Autobiographie. Die Bedingungen der Existenz sind unsere persönlichen Erfahrungen und keine fremden Kräfte oder Hürden, die man vermeiden muss. Sie sind auch die universellen Erfahrungen aller Menschen. Alle Menschen, die je gelebt haben, sind diesen fünf Hauptgegebenheiten begegnet. Das macht sie zu einem Teil des Menschseins, und daher sind sie ein *notwendiger* Teil. Wenn wir schließlich die Gegebenheiten als Erweiterungen unseres menschlichen Daseins annehmen, sagen wir nicht aus

Resignation oder zur Beschwichtigung Ja zu ihnen. Wir sagen Ja zu den *Bestandteilen* unseres eigenen Menschseins.

Alle Gegebenheiten des Lebens basieren auf einer grundlegenden Tatsache: Jedem von uns kann alles nur Mögliche widerfahren. Das ist die Gegebenheit der Gegebenheiten. Den meisten von uns fällt es schwer, wirklich daran zu glauben, dass dies auch auf uns selbst zutrifft. Wir meinen, richtig großes Glück oder sehr großes Pech stieße nur anderen Menschen zu, nicht aber uns selbst. Voll und ganz daran zu glauben, dass uns jederzeit alles passieren kann, ist eine ausgesprochen erwachsene Errungenschaft, und sie gewährt uns zwei wundervolle Geschenke. Erstens lassen wir ab von der Ansicht, unser Ego sei privilegiert, es habe Anrecht auf Sonderbehandlung. Wir lassen von dem kindischen Glauben ab, ein Retter – sei er nun überweltlicher oder weltlicher Natur – würde kommen und für uns eine Ausnahme machen, so dass uns die harten Schläge des Lebens erspart bleiben. Zu glauben, dass uns alles passieren kann, hilft uns außerdem, demütig zu sein und Kameradschaft gegenüber unseren Mitmenschen zu empfinden. „Nichts Menschliches ist mir fremd", schrieb der römische Dichter Terenz im zweiten Jahrhundert vor Christi. Es hat etwas Tröstliches, zu einer großen Familie zu gehören, mit allen anderen im selben Boot zu sitzen, ganz gleich wie hart das Leben werden mag.

Die Gegebenheiten des Lebens sind ein Schlüssel zu unserer persönlichen Evolution. Nach der traditionellen buddhistischen Sicht ist die Geburt als Mensch ein großer Segen. Im menschlichen Bereich, heißt es, gäbe es für uns genau die richtige Mischung von Leid und Freude, die es uns erlaubt zu erwachen, zur Erleuchtung zu gelangen. Mit anderen Worten, die Gegebenheiten des Lebens liefern uns genau jene Mischung von Erfahrungen, die wir brauchen, um aufzuwachen.

Allen Dingen wohnt der natürliche, nicht zu unterdrückende Drang inne, sich zu entwickeln, das heißt, innerhalb der sich wandelnden Bedingungen ihrer Umgebung ihr volles Potential zu erreichen. Darum ist auch die Hoffnung, die uns so oft tröstet, kein närrisches Hirngespinst. Hoffnung ist eine authentische Reaktion auf die dem Leben innewohnende Tendenz zur Erfüllung. Ein bedingungsloses – das heißt, achtsames – Ja gegenüber den Gegebenheiten, ohne Diskussion oder Klagen, ist alles, was dazu nötig ist.

## Gegebenheiten als Geschenke

Das Wort *Gegebenheit* hat zwei Bedeutungen. Es ist ein Umstand, an dem wir nichts ändern können, aber es ist auch etwas, das uns gegeben wurde. Sobald wir Ja sagen, offenbaren sich die Gegebenheiten plötzlich als *Geschenke*, als geschickte Mittel der Evolution. Die Gegebenheiten sind unerbittlich, aber auch reich an Weisheit. Nur unter solch anspruchsvollen und fordernden Bedingungen konnten wir uns entwickeln. Die Gegebenheiten des Lebens sind Geschenke, weil sie die Zutaten von Charakter, Tiefe und Mitgefühl sind.

Wie finden wir den Aspekt des Geschenks in den vielen Herausforderungen des Lebens? Zuerst und vor allem müssen wir davon ablassen, sie kontrollieren oder abwenden zu wollen. Dann verwandeln sich die mysteriösen Gegebenheiten in Türen zur Freiheit. Aber wir Menschen haben schon seit langer Zeit mit Abwehr und Widerstand auf die Herausforderungen des Lebens reagiert. Tatsächlich ist unser Widerstand gegen Unannehmlichkeiten Teil unseres menschlichen Erbes. Es entbehrt nicht der Ironie, dass wir so verzweifelt versuchen, das abzuwehren, was zu unserem Menschsein gehört und was die Bedingungen darstellt, die letztlich unser Wachstum bewirken.

Der Satz „Die Dinge hinnehmen, die wir nicht ändern können" mag sich so anhören, als müssten wir die Dinge nur deshalb akzeptieren, *weil* wir sie nicht ändern können. Haben wir erst einmal wirklich verstanden, dass das, was sich unserer

Kontrolle entzieht, vielleicht genau das ist, was wir brauchen, erkennen wir, dass das Annehmen der Wirklichkeit unsere eigene Art und Weise sein kann, aktiv an unserer eigenen Evolution teilzunehmen. Gelassenheit ergibt sich nicht nur daraus, dass wir annehmen, was wir nicht ändern können, sondern auch daraus, dass wir es aufgeben, immer die Kontrolle haben zu wollen. Das, was uns geschieht, hat einen Sinn, und dieser Sinn ist vielschichtig, daher werden in diesem Buch immer wieder darauf zurückkommen.

Das bedingungslose Ja macht uns bereit, Freude ebenso wie Schmerz zu erfahren. Die Welt zu ihren Bedingungen anzunehmen, heißt, ein heldenhaftes Leben zu führen. In den klassischen Heldensagen gibt es immer eine Zeit des Kampfes, in der der Held sich den Bedingungen der Existenz stellen muss. Ein Held ist jemand, der Schmerz durchlebt hat, von ihm transformiert wurde und ihn benutzt, um anderen zu helfen. So wie Shakespeare in *King Lear* sagte:

> Ein sehr armer Mann, zu den Streichen des Glücks
> zahm gemacht,
> den die Kenntnis und das Gefühl aller Arten von
> Elend gegen andre mitleidig macht.

Die Gegebenheiten des Lebens *statten* Lear mit Mitgefühl gegenüber anderen *aus*. Unsere spirituelle Arbeit ist nicht bloß persönlich. Wir Individuen werden von dem glühenden Drang beseelt, die evolutionären Möglichkeiten des kollektiven menschlichen Geistes zu aktivieren. Letzten Endes widmen wir uns der spirituellen Praxis, damit wir die ganze Menschheit zusammen mit uns zur Erleuchtung bringen können. Es ist tatsächlich eine in das Gutsein eingebaute Eigenschaft, von sich selbst zu geben: Wie Aristoteles sagt: „Güte kann nicht anders als sich zu verschenken."

Für Wesen, die so komplex und kreativ sind wie wir, wäre es nicht befriedigend, in einer Welt ohne herzzerreißende Gegebenheiten zu leben. Shakespeare, Mozart oder Einstein hätte es in einer Welt, in der die Dinge sich nicht verändern und nicht enden, in der alles vollkommen vorhersehbar ist, in der es im Leben kein Leiden gibt und jeder uns wirklich liebt, nicht gegeben. Eine solche Welt wäre oberflächlich und letztlich „ekel, schal und flach und unersprießlich", wie Hamlet von seiner begrenzten Welt sagt.

Für kreative Menschen haben die Bedingungen der Existenz einen Sinn, der weit über die Bedeutung hinausgeht, die unsere Gesellschaft ihnen beimisst. Sie modellieren die Gegebenheiten des Lebens als Kunstwerk um. Das liegt daran, dass die Gegebenheiten Quellen der Kreativität und neuer Möglichkeiten sind. Unsere eigenen Unvollkommenheiten und die der Welt werden zum Rohmaterial für ein Meisterwerk. Der Künstler nimmt es und verdaut es, verarbeitet es zu etwas Nützlichem und Aufbauendem für andere, so wie ein Vogel, der seine Jungen mit Futter füttert, das er vorverdaut hat.

## Gegebenheiten als Gnade

Um wirklich Glück im Leben zu finden, müssen wir uns emotional und spirituell entwickeln. Spirituelles Bewusstsein überwindet den Dualismus, unsere allzu simplen Vorstellungen von Gut und Böse. Ein bedingungsloses Ja ist ein Ja zu den Paradoxa des Lebens. Ein Paradox verbindet offensichtliche Widersprüche miteinander. So sagen wir zum Beispiel bedingungslos Ja zu einer von Veränderungen und Endlichkeit konditionierten Existenz. Wir können Verpflichtungen eingehen, auch wenn wir wissen, dass manche Pläne fehlschlagen. Wir können unser Mitgefühl aufrechterhalten, ganz gleich, wie ungerecht die Welt uns behandeln mag. Wir können uns liebevoll anderen gegenüber verhalten, ohne Rücksicht darauf, wie grausam sie sich uns gegenüber verhalten. Nichts, was uns geschieht, muss uns von dem Pferd namens Ja abwerfen. Wir können die dunkle Seite von Menschen erkennen und diese Menschen dennoch nicht verloren geben; das ist eine weitere Eigenschaft der spirituellen Reife.

Hier einige andere Beispiele für die Paradoxa, die wir fröhlich annehmen können, wenn wir erkennen, wie wertvoll die Gegebenheiten sind:

Obgleich *alles sich ändert und irgendwann endet,* erneuern die Dinge sich und gehen durch Zyklen, die die Evolution fördern.

Obgleich *die Dinge nicht immer nach Plan gehen,* spüren wir manchmal, dass ein größerer Plan, der erstaunliche Möglichkeiten eröffnet, durch Synchronizität am Werk ist.

Obgleich *das Leben nicht immer gerecht ist,* bleibt etwas in uns der Gerechtigkeit verpflichtet und weigert sich, ungerecht oder rachsüchtig zu sein.

Obgleich *Leiden zum Leben gehört,* kennen wir Wege, damit umzugehen, und dadurch vergrößern wir unser Vermögen, mit zukünftigem Schmerz umzugehen und anderen in ihrem Schmerz zu helfen.

Obgleich *die Menschen nicht immer liebevoll und loyal* sind, braucht uns nichts daran zu hindern, mit Liebender Güte zu agieren und andere nicht verloren zu geben. Keine menschliche Tat kann einen anderen Menschen der Fähigkeit zu lieben berauben.

Die Gegebenheiten sind auf eine Weise formuliert, die negativ erscheinen mag, aber jede hat ihre positive Seite. Die oben aufgeführten Paradoxa zeigen die positive Dimension in jeder der Bedingungen der Existenz auf. Jedes Mal, wenn wir auf eine Gegebenheit mit einem Ja reagieren, entwickeln wir uns emotional und spirituell weiter: Wir gewinnen an Geduld, Ausdauer, Vergebung, Großzügigkeit, Weisheit, Wertschätzung, Beharrlichkeit und bedingungsloser Liebe.

Doch letztlich bedeutet die Tatsache, dass es Vieles im Leben gibt, was wir nicht kontrollieren können, dass wir vielleicht einen besondern Auftrieb brauchen, etwas, das uns unser Ego nicht liefern, das unser begrenzter Verstand nicht erfassen, das unser zerbrechlicher Wille nicht herbeiführen kann. Dies ist die unterstützende Kraft der *Gnade,* dem spirituellen Komplementär zum Bemühen. Etwas kommt ins Spiel, das größer ist als wir, und macht unseren Weg leichter begehbar.

Die Upanischaden, heilige Texte des Hinduismus, sagen über die Gnade: „Das Selbst [die Wahrheit] kann nicht durch die Vedas [die Schriften] noch durch Verstehen, noch durch Gelehrtheit gewonnen werden. Derjenige, den das Selbst erwählt, der gewinnt das Selbst." Gnade ist das Geschenk des Höheren Selbst an das Ego. Eine Quelle jenseits des Egos gewährt uns das Geschenk, unsere gewöhnlichen Begrenzungen zu transzendieren. Gnade bedeutet, dass wir nicht allein sind; wir haben immer Begleitung:

> Wenn wir überzeugt sind, wir halten keine Minute länger durch, und es dennoch tun, ist das die Gnade eines Schöpfers, der in uns lebt.
>
> Wenn wir überzeugt sind, wir können das Licht nicht finden, und es dennoch tun, ist das die Gnade des Lichtes der Welt in uns.
>
> Wenn wir überzeugt sind, wir können keinen einzigen Atemzug mehr machen und es dennoch tun, ist das die Gnade des Geistes, der durch uns atmet.

Unser Herz wurde aus Licht gemeißelt. Das bedingungslose Ja hilft unserem Herzen, sein Licht nach außen scheinen zu lassen. Gnade, das sind jene besonderen Geschenke, die die Begrenzungen unseres Verstandes, Willens und Herzens durchbrechen. Gnade erweitert unseren Intellekt, indem sie uns mit intuitiver Weisheit ausstattet. Wir werden plötzlich von etwas inspiriert, das wir nicht mittels Logik entdeckt haben. Gnade erweitert unseren Willen, indem sie uns Stärke oder Mut schenkt, die wir zuvor nicht besaßen. Gnade erweitert unser Herz, indem sie es ermöglicht, eher zu lieben als zu hassen, eher sich zu versöhnen als Vergeltung zu üben, eher Demut als Hybris zu zeigen. Wir könnten all das nicht aus uns heraus tun; unser selbstbezogenes Ego fände keinerlei Motivation für solche Tugenden. Gnade ist der innere Verbündete und Führer, die motivierende Kraft unserer spirituellen Praxis.

Wenn die Gegebenheiten zu einer Gnade werden, steht ein bedingungsloses Danke an der Seite unseres bedingungslosen Ja. Wenn wir das Schlechte mit dem Guten akzeptieren, das Schwierige mit dem Leichten, dann entsteht automatisch Dankbarkeit. Hamlet sagt zu Horatio:

> Hat sie dich auserkoren …
> Ein Mann, der Stöß und Gaben vom Geschick
> Mit gleichem Dank genommen;

Jede Gegebenheit des Lebens zieht viele Gnaden nach sich. Die Tatsache, dass die Dinge sich ändern und irgendwann enden, bedeutet, dass wir in der Vergänglichkeit die Gnade, mit dem Leben zu fließen, finden mögen. Gesundheit, sowohl im psychologischen als auch im spirituellen Sinne, bedeutet, mit dem Strom der Ereignisse zu fließen, statt von ihnen aufgehalten oder niedergemacht zu werden. Die Tatsache, dass die Dinge nicht immer nach Plan gehen, bedeutet, dass viele Kräfte, die das Ego übersteigen, in unserem Leben am Werke sind – Mächte, die uns auf einen Pfad zu unserer Bestimmung führen, den wir sonst vielleicht vernachlässigt hätten. Haben wir erst einmal verstanden, dass wir von Kräften jenseits des Egos unterstützt werden, erkennen wir, dass es nicht unbedingt in unserem Interesse sein muss, die Kontrolle zu haben: Wir könnten mächtige Pläne umstürzen, die in unserem Interesse am Werk sind.

Die Tatsache, dass das Leben manchmal nicht gerecht ist, obwohl wir instinktiv wissen, was gerecht wäre, bedeutet, dass wir alle aufgerufen sind, die Bedingungen für Gerechtigkeit in der Welt zu schaffen. Wenn wir zu einem solchen Aufruf Ja sagen, finden wir unseren Mut. Dann entdecken wir Möglichkeiten, uns selbst ins Gleichgewicht zu bringen und der Welt beizustehen, ins Gleichgewicht zu kommen.

Die Tatsache, dass Leiden zum Leben gehört, bringt die Gnade von Ausdauer, Geduld und Mitgefühl hervor. Wir werden vom Schmerz der anderen berührt und neigen weniger dazu, zur Quelle des Leidens anderer zu werden.

Die Tatsache, dass die Menschen nicht immer liebevoll und loyal sind, schlägt uns jene Wunden, die uns zu Menschen mit Tiefgang und Charakter macht. Vielleicht sind solche Wunden eine Gnade, da die so entstehenden Breschen Öffnungen zur Ganzheit sein können. Und allem voran werden wir hierdurch herausgefordert, bedingungslose Liebe an den Tag zu legen.

Gnade hat nichts Einschläferndes, sie tritt mit Pauken und Trompeten auf. Jede Gnade ist ein Weckruf, unsere Bemühungen zu verstärken. Ich hoffe, in diesem Buch zeigen zu können, dass uns in Form von Gegebenheiten Gnade zuteil wird. Außerdem werden wir, wenn wir den Mut haben, den unausweichlichen Wahrheiten des Lebens zu begegnen, die Gnade finden zu lieben, ganz gleich, was uns passieren mag. Liebe ist in dem Sinne immer bedingungslos, dass sie nicht durch irgendwelche Bedingungen der Existenz behindert oder unterdrückt wird. Und auch Veränderungen, Zuendegehen, Planänderungen, Ungerechtigkeit, Schmerz, Unloyalität oder Mangel an Liebe können uns nicht daran hindern, zu lieben.

Unser Ja zu solch einer atemberaubenden Gnade ist das, was unser Ego schon immer sagen wollte, das es das Ende von Angst und den Beginn von Freiheit bedeutet.

# Erster Teil:
# Die Gegebenheiten des Lebens

*Der Unverblümtheit der Wirklichkeit zu begegnen ist die höchste Form von geistiger Gesundheit und erleuchteter Schau. ... Hingabe durchläuft verschiedene Ebenen der Demaskierung, bis wir den Punkt erreichen, an dem wir die Welt direkt und einfach sehen, ohne ihr unsere Konstrukte aufzuzwingen. ... Wir mögen uns vielleicht verloren oder ausgeliefert oder verletzlich fühlen. Aber das ist einfach nur ein Zeichen, dass das Ego die Gewalt über sein Territorium verliert; es ist keine Bedrohung.*

CHÖGYAM TRUNGPA RINPOCHE

# 1
# Alles verändert sich und endet irgendwann

Die erste Gegebenheit ist, dass Veränderung und Zuendegehen für jeden Menschen, für jede Beziehung, für jede Begeisterung oder Sache unausweichlich sind. Nichts ist vollkommen, dauerhaft befriedigend oder bleibt auf Dauer, wie es ist. Zu gegebener Zeit zerfällt alles. Jeder Anfang führt zu einem Ende. Allen Erfahrungen, Menschen, Orten und Dingen ist eine Lebensdauer gegeben. Unsere Beziehungen durchlaufen Phasen von der Romanze über den Kampf bis hin zur Bindung. Dann enden sie mit Tod oder Trennung. Unser Interesse an einem Hobby oder einer Karriere verläuft über eine glockenförmige Kurve von steigendem Interesse, Gipfelhöhe und Absteigen. Unser Körper altert. Unsere Besitztümer nutzen sich ab. Unser Gedächtnis schwindet. Auch die Welt der Natur verändert sich. Tierarten verschwinden. Erdbeben richten erneut die Kontinentalplatten aus. Die Jahreszeiten wechseln. Selbst die Rose wird nach ihrem atemberaubend schönen Debüt verwelken.

Doch haben wir erst einmal Zutrauen zum Evolutionsprozess gewonnen, dann begreifen wir, dass die Weise, wie die Dinge sind, genau das sein muss, was am besten ist. Die Veränderungen sind sorgfältig zeitlich koordinierte Ausrichtungen, die bewirken, dass das Universum bestehen bleibt und sich entwickelt. Das ist letztlich ein Mysterium, da nur schwer zu begreifen ist, warum es so sein muss. Alles, was wir beobachten können, ist, dass das Leben der Vielfalt und dem neuen Wachstum verpflichtet ist, und das geschieht um den Preis des Zuendegehens. Vielleicht enden Dinge, damit wir den hohen spirituellen Gipfel erreichen können, der mit dem Loslassen einhergeht. Auch dies ist ein Mysterium, und angesichts dieses Mysteriums ist die einzige vernünftige Haltung, unser „Warum?" in ein „Ja" zu verwandeln.

Wir können die Gegebenheiten des Lebens willkommen heißen. Das bedingungslose Ja ist Gastfreundschaft gegenüber dem Leben, in welchem Gewand es uns auch erscheinen mag. Im Buch Genesis gewähren Sarah und Abraham drei Fremden Gastfreundschaft, ohne zu ahnen, dass sie Engel sind. In der griechischen Mythologie zeigten sich Philemon und Baucis zwei Vorbeiziehenden, nämlich dem verkleideten Zeus und Hermes, gegenüber gastfreundlich. Insofern kann Gastfreundschaft das Göttliche im Unbekannten offenbaren. Ein Willkommen heißendes Ja sensibilisiert uns für die spirituelle Welt und offenbart sie uns. Zur Wirklichkeit Ja zu sagen bedeutet, die Ewigkeit aufzunehmen. Zum Endlichen und Begrenzten Ja zu sagen bedeutet, das Unendliche und Grenzenlose zu Gast zu haben.

Der Umstand, dass die Wirklichkeit vergänglich ist, muss nicht bedeuten, dass sie trivial, nutzlos oder oberflächlich ist. Er kann vielmehr ein Hinweis auf die Heiligkeit der Dinge sein. Heiligkeit ist Ganzheit. Das Heilige erkennen heißt, sich der heiligen Möglichkeiten in den endlichen Ereignissen bewusst zu sein. Heiligkeit ist die *gesamte* Beschaffenheit von Dingen, Ereignissen und menschlichen Beziehungen, vom Anfang bis zum Ende.

Muss die Vergänglichkeit es unmöglich machen, glücklich zu werden? In Prediger 1.2 wird gewarnt: „Es ist alles ganz eitel, es ist alles ganz eitel." Das hebräische Wort, das mit *Eitelkeit* übersetzt wird, bedeutet wörtlich „dünne Luft". Dennoch wird uns in demselben Buch geraten, mit unserem Partner das Leben zu genießen, mit Freuden zu essen und zu trinken und all unsere Arbeit mit Begeisterung zu tun (Prediger 9.7-10). Die Antwort darauf, dass der Weg allen Fleisches so unersprießlich ist, liegt darin, die fleischlichen Dinge trotzdem zu genießen. Ein Weg in das Mysterium von Wandel und Vergänglichkeit könnte der des Paradox sein: Genüsslich Ja zu dem sagen, was unbefriedigend ist.

## Wie wir vermeiden und annehmen

Wie Meister Eckhart sagt, müssen wir von allem loslassen, damit unsere Seele in „unbehindertem Nichtsein" stehen kann. Welch unglaubliche Tiefe des spirituellen Bewusstseins zeigt sich in dieser Aussage! Doch dieses Bewusstsein kann auch das unsere sein. Zuerst sehen wir alles an uns selbst und um uns herum an und sagen: „All dies wird vergehen." Dann kontemplieren wir uns, ohne all das, woran wir haften, und sagen: „Ich möchte völlig unbelastet sein. Ich möchte rein gar nichts sein. Ich möchte in der vollen Herrlichkeit des Ja stehen."

In unserer Kultur vermeiden wir es beflissentlich, uns die Wirklichkeit von Wandel und Tod vor Augen zu führen. Wir verhalten uns so, als wären wir nicht fähig, damit umzugehen. Doch wir sind mit einer natürlichen und verlässlichen inneren Technologie ausgestattet, mit Verlust und Vergänglichkeit umzugehen: Wir können trauern. Wenn wir nicht über unsere Gefühle hinweggehen oder sie betäuben, sind wir automatisch traurig, wütend oder ängstlich, wenn es zu einem Verlust kommt. Dies sind die Gefühle von Kummer, die uns dabei helfen, uns durch die unersprießlichen Tatsachen von Tod und Vergänglichkeit hindurchzuarbeiten. Wenn wir uns den Existenzbedingungen mit Gefühl stellen, dann kommt das Ja im Gewand des Trauerns daher. Die Tatsache, dass wir Kummer empfinden können, bedeutet, dass wir mit Verlusten und Vergänglichkeit umgehen und sie verkraften sollten. Unsere eigene Natur, wie auch die Natur als ganze, ist darauf kalibriert, mit dem Tod umzugehen, statt ihn zu verleugnen. Der Tod wird in der Tat jenen nicht fremd sein, die während ihres Erwachsenenlebens geübt haben, von ihrem Ego und dessen Verhaftungen abzulassen. Trauer, das Ja unter Tränen, ermöglicht es uns, die Wirklichkeit und ihre Bedingungen, einschließlich des Endes mit dem Tod, anzunehmen. Da jede der Gegebenheiten des Lebens einen Verlust repräsentiert, ist Trauerarbeit ein geschicktes Mittel, mit dem man ihnen allen begegnen kann. Wenn wir uns der gesellschaftlichen Verleugnung der Notwenigkeit von Trauerarbeit anschließen, verlieren wir unsere Chance, an dem, was uns das Leben bringt, zu wachsen. Es liegt an uns, jene Trauer zuzulassen, die die jeweiligen Lebensbedingungen erfordern. Es ist an uns, darauf zu vertrauen, dass Trauern genau der Weg zur Überwindung eines Verlustes ist und zum Fortschreiten zu dem, was als Nächstes kommt – das ist die Vorgehensweise der Evolution.

Durchleben wir zum Beispiel die Erfahrung, einen Partner oder eine Familienmitglied zu betrauern, so führt uns das dazu, den Menschen, den wir verloren haben, loszulassen. Der Kummer macht uns bereit, das Haften an der Vergangenheit schließlich aufzugeben und weiterzugehen, auf andere zu, die uns etwas Ähnliches bieten können wie das, was wir verloren haben. Wir werden keine neue Mutter bekommen, aber wir können mütterliche Momente bei anderen erfahren, die uns nähren und liebevoll umsorgen. Auf diese Weise fühlen wir uns nicht mehr allein und isoliert, sondern mit der Wirklichkeit ausgesöhnt und wieder mit anderen Menschen verbunden. Aussöhnung ist in der Tat die Fähigkeit, etwas anzunehmen, das dem Verlorenen nahe kommt. Es ist das Ja eines gesunden Kompromisses.

## Angezogen oder abgestoßen

Unser Hingezogensein zu wie unser Abgestoßensein von Menschen, Orten und Dingen scheinen über eine glockenförmige Kurve zu verlaufen. Wir können in der Kurve drei Phasen feststellen: Steigen, Höhepunkt und Fallen. Wir hören einen Song und fangen an, ihn zu lieben (erhöhtes Interesse), kaufen daher die CD und hören sie ständig (Höhepunkt der Freude). Dann hören wir sie weniger oft (Nachlassen des Interesses), und schließlich wird der beste Song, den wir je gehört haben, kaum je wieder angehört. Sein Reiz hat den Gipfel der glockenförmigen Kurve längst überschritten.

Die gleiche glockenförmige Kurve tritt im Fall der Ablehnung auf, wie die Geschichte von der Schönen und dem Biest belegt. Anfangs verspürte die Schöne Abscheu, doch später wurde es Liebe. Da es sich um ein Märchen handelt, bleibt der positive Höhepunkt bestehen – „und sie lebten glücklich bis an ihr Ende". Doch zu verlangen, dass der Höhepunkt irgendeiner Erfahrung bestehen bleibt, bedeutet, in einem Märchen zu leben.

Ein anderes Beispiel für die Kurve in Hinsicht auf Ablehnung ist unsere Reaktion auf ein Monster in einem Horrorfilm. Beim ersten Anblick wenden wir den Blick in Abscheu oder Schrecken ab. Doch während das Monster in einer Szene nach der anderen auftaucht, gewöhnen wir uns an seinen Anblick und fürchten uns nicht mehr. Die glockenförmige Kurve, eine innere geometrische Figur in allen von uns, ist in der Tat die Kurve, auf der wir zur Furchtlosigkeit fortschreiten.

Intime Beziehungen folgen dem gleichen Schema. „Es ist nicht mehr so, wie es einmal war", sagen wir über eine Beziehung. Wir schwelgen in romantischen Gefühlen, kommen zum Gipfel der Erregung und stellen dann fest, dass der Kitzel verschwunden ist. An diesem Punkt haben wir zwei Alternativen. Wir können die Beziehung abbrechen oder eine neue, reifere, mehr auf Liebe gegründete eingehen, die nicht auf Kitzel, sondern auf Verpflichtung beruht. Den größten Fehler, den wir Menschen machen, ist, an dem, was ein Mensch zu einem bestimmten Zeitpunkt ist, zu haften und zu glauben, das würde sich niemals ändern. Erinnern wir uns an Goethes Faust, der einen Pakt mit dem Teufel schloss. Er sollte seine Seele verlieren, wenn er jemals zu einem Augenblick sagte: „Verweile doch, du bist so schön." Wir verlieren unser spirituelles Leben, wenn wir versuchen, an Perfektion oder Unwandelbarkeit festzuhalten.

In unserem fortlaufenden Bemühen, die Existenzbedingungen zu verleugnen, können wir uns vielleicht einen Partner ins Boot holen. Persönliche Beziehungen werden in einer Gesellschaft, in der Religion immer mehr an Bedeutung verliert, für unser Überleben immer wichtiger. Die „Beziehung" wird zu unserer neuen Zuflucht, der neuen höheren Macht. Das Kollektive ist dem Persönlichen gewichen. Ohne etwas Geistiges dort oben, halten wir fest an dem Körperlichen hier unten. Daher führt das Scheitern einer Beziehung zu doppeltem Kummer, ja sogar zu Panik.

Jede der Hauptgegebenheiten des Lebens konfrontiert uns mit unseren tief verwurzelten Illusionen. Die Tatsache, dass die Dinge sich ändern, steht der Illusion der Dauerhaftigkeit gegenüber. Der Umstand, dass Pläne scheitern, steht unserer Illusion von Kontrolle gegenüber. Unsere Illusion, dass die Dinge gerecht sind oder uns kein Leid geschehen wird oder dass man den Menschen vertrauen darf, wird durch die Gegebenheiten, mit denen wir im Laufe unseres Lebens konfrontiert werden, in Frage gestellt. Die Gegebenheiten befreien uns von Unwissenheit und Illusion.

In einer Praxis wie der Achtsamkeit kultivieren wir Aufmerksamkeit für das Hier und Jetzt ohne unsere störenden Skripte oder Überarbeitungen. Auf diese Weise werden wir von der Illusion befreit. Achtsamkeit geleitet uns auf den mittleren Weg zwischen Anziehung und Ablehnung. Wir haften nicht an dem Anziehenden und flüchten nicht vor dem Abstoßenden. Wir sitzen einfach in unserer gegenwärtigen Wirklichkeit und nehmen unsere Wünsche, uns einer Sache anzunähern oder davor davonzulaufen, wahr, ohne sie ausagieren zu müssen. In dieser Zentralposition gibt es eher ein Ja zur gesamten Wirklichkeit als ein Nein zu der einen oder anderen ihrer Dimensionen. Diese Wahl gilt für die psychologische Arbeit *und* für die spirituelle Praxis.

Psychologisch gesehen mag es sinnvoll erscheinen, sich auf Dinge zu oder von ihnen weg zu bewegen. Es ist ein Anzeichen für gesundes Ermessen, Unterscheidungsvermögen und Selbstbehauptung. Psychologie ist die Wissenschaft vom Ego, und das Ego lebt vom Wählen und Unterscheiden. Doch das „entweder – oder" gewährt der spirituellen Dimension des Urteilsvermögens keinen Raum. Besteht man auf einer Möglichkeit statt alle Möglichkeiten innerhalb eines Spektrums zuzulassen, so ist das Ignoranz.

Spirituelle Flexibilität lebt von der Versöhnung von augenscheinlichen Unterschieden. Sie ist die Wissenschaft des Paradoxen, des „sowohl – als auch". So verpflichten beispielsweise die Bodhisattva-Gelübde der buddhistischen Praxis den Übenden, das Wohl der anderen dem eigenen Wohl vorzuziehen. Dieselbe Verpflichtung findet sich in „Liebe deinen Nächsten", einer Handlungsanweisung, die sich in allen religiösen Traditionen findet. Doch bei der Selbstbehauptung – einer psychologischen Fertigkeit –, geht es darum, sich selbst an erste Stelle zu setzen, ohne anderen zu schaden. Wie können wir diese beiden Direktiven zusammenbringen?

Die Antwort liegt in der Unterscheidung der Geltungsbereiche der verschiedenen Dimensionen des Lebens. In der psychologischen Arbeit arbeiten wir mit Dualität, da das „Ich" unsere Einzigartigkeit ausmacht. In der spirituellen Praxis begegnen wir überhaupt keinem Dualismus, da wir kein „entweder – oder"-Ich haben, sondern nur eine „sowohl – als auch"-Verknüpftheit. Ich sorge für mich, aber nicht auf Kosten anderer; ich setze andere an erste Stelle, aber nicht auf meine Kosten.

Die Methoden der Selbsthilfe-Bewegung lehren uns, unsere psychologische Arbeit und unsere spirituelle Praxis in Einklang zu bringen, aber uns ist vielleicht eine wichtige Unterscheidung nicht bewusst: Sie sind nicht dasselbe, da das eine dualistisch ist und das andere nicht. Sie zu integrieren gehört zum Bereich des Paradoxes, wobei wir die Unterschiede anerkennen und einen Weg finden, *zwischen* beiden zu leben. Das Gleichgewicht findet sich auf eben diesem mittleren Weg; hier findet das Wort *bedingungslos* in den Ausdruck „bedingungsloses Ja" Eingang, denn es besagt, dass dieses Ja nicht mehr von einem „entweder – oder" bedingt ist.

„Sowohl – als auch" spiegelt die Lehren der tantrischen Tradition des Buddhismus wider, in der die Existenzbedingungen als nützliches Rohmaterial für die spirituelle Praxis angenommen werden. Unsere persönlichen Probleme und zwischenmenschlichen Konflikte werden zum Pfad des Mitgefühls und der Weisheit. Weder leugnen wir die Gefühle, die die Lebensumstände in uns hervorrufen, noch vermeiden wir sie. Die Gegebenheiten und unsere Reaktionen darauf sind essenzielle Zutaten für die Erleuchtung. Dies lässt die Welt an sich zu einer Erscheinung von Licht werden. Tantra macht unsere Bewusstseinsevolution zu einer ursprünglichen und unzerstörbaren Einheit. Tatsächlich ist Bewusstsein *die* Lebenskraft des Universums.

Wir werden auf den Seiten dieses Buches weiterhin sehen, wie jedes Fahrzeug des Ja zu den Gegebenheiten des Lebens – das spirituelle, das mystische und das psychologische – unsere Verbundenheit mit anderen verstärkt und feiert. Dies ist eine Globalisierung des Bewusstseins. Es ist nicht nur unser persönliches Bewusstsein, das zunimmt, sondern auch unser kollektives Vermögen für Bewusstsein. Unser persönliches Licht verstärkt das Vermögen der Welt, Licht zu manifestieren.

## Älter werden: Das Bild im Spiegel ändert sich

Auch unsere Persönlichkeit durchläuft verschiedene Phasen in unserem Leben. Unser gelegentlich arrogantes Ego der Jugend nimmt im frühen Erwachsenenalter noch an Ehrgeiz und dem Gefühl von Unbesiegbarkeit zu. Wir setzen unsere Markierungspunkte in der Welt und stoßen alles beiseite, um an die Spitze zu gelangen. Wir sind in der Lage, unseren Körper anzutreiben, ohne dass unsere Gesundheit darunter leidet. Wenn wir die Fünfundvierzig überschreiten, ändern sich die Dinge. Wenn wir diesen Wandel bejahen, gehen wir mit Leichtigkeit und Ausgeglichenheit durch ihn hindurch. Wenn wir jedoch dagegen ankämpfen oder versuchen, weiterhin im jugendlichen Stil zu leben, werden wir uns mit einer Midlife-Krise oder mit gesundheitlichen Problemen konfrontiert sehen.

Die psychologische Herausforderung besteht darin, die Gegebenheit zu akzeptieren, dass unser Ego nur zeitweilig den Ton angegeben hat und letztlich dazu bestimmt ist, sich mit einer demütigeren Rolle zu begnügen. Das heißt nicht, dass wir nutzlos oder dem Untergang geweiht sind, sondern nur, dass wir in eine neue Phase des Lebens eintreten, eine Phase, die vielleicht weniger Glamour, aber dafür mehr Weisheit besitzt. Unser Leben geht vom Surfen am Waikiki-Strand zum „Goldenen See" über.[1]

Als meine Sehschärfe beim Lesen nachließ, leugnete ich zunächst, dass meine Augen überhaupt schlechter geworden wären. Dann begann ich ein Vergrößerungsglas zu benutzen. Schon bald wechselte ich zu einer gängigen, beim Optiker erhältlichen Lesebrille, weigerte mich aber immer noch, einen Augenarzt aufzusuchen. Erst als ich Kopfschmerzen bekam, ging ich schließlich zum Augenarzt, der mir eine Brille verschrieb. Ich erinnere mich, wie ich ihn dazu brachte, mir zu

---

[1] *Am Goldenen See* ist ein Film mit Henry Fonda und Katharine Hepburn, der die stille Weisheit des Alters feiert. (Anm. d. Übers.)

versichern, dass ich die schwächste Gläserstärke bekäme und eine Brille eigentlich nicht wirklich notwendig wäre. Es war offensichtlich, dass er Typen wie mich kannte: Alternde Knaben, die zu leugnen versuchten, dass es Zeit zum Loslassen war. Mein Körper hatte bereits Ja gesagt, schon lange bevor mein Gemüt folgen konnte.

Unser Körper hilft uns, Ja zu sagen, weil er sich das ganze Leben hindurch in Form, Befähigung und Kraft verändert. Unser Körper verkündet energisch die edle Wahrheit der Vergänglichkeit. In gewisser Weise sind alle Gegebenheiten „edle Wahrheiten": Sie erzählen die universelle Geschichte einer menschlichen Lebensspanne und laden uns ein, dem Fluss des Lebens zu folgen, statt zu versuchen, es nach den Wünschen des ewig unbefriedigten Egos umzumodeln. Im Prozess des Alterns können wir unserem Welken auf anmutige Weise zustimmen. Ein solches Ja befreit uns von übermäßiger Sorge um unser äußeres Erscheinungsbild. Die Natur kann dann unseren Fokus wieder auf die Weisheit lenken, auf etwas, das zu entdecken und zu teilen das Alter mit sich bringen kann. Je oberflächlicher unser Fokus bleibt, desto weniger wahrscheinlich wird dies geschehen. Dann versäumen wir es, dem Archetyp des weisen Führers für die kommende Generation gerecht zu werden.

Warum sind Menschen allen Alters gleichzeitig auf dem Planeten? Jeder spielt eine notwendige Rolle, die sich im Laufe des Lebens ändert. Erst bin ich der junge Türke und dann der alte Weise. Liegt mein Fokus auf dem Materiellen, so bin ich der alte Geizhals und verpasse die Gelegenheit, etwas beizusteuern. Liegt mein Fokus auf dem Physischen, bin ich der alte Narzisst und versäume die Gelegenheit, großzügig zu sein. Das heißt nicht, dass es falsch sei, wenn man so gut wie möglich aussehen will. Die Gefahr liegt darin, dass man von seiner äußeren Erscheinung dermaßen besessen ist, dass unsere Eitelkeit uns für unsere Bestimmung blind macht.

Unsere Gesellschaft ist dem Jugendwahn verfallen, und ohne ein spirituell reifes Bewusstsein fallen wir seinen verführerischen Verlockungen zum Opfer. Wie traurig wäre es, wenn wir das Ende unseres Lebens erreichten, ohne dass unsere natürliche Neigung zu Weisheit so weit wie möglich aktiviert worden wäre. Ein Ja zu der Tatsache, dass alle Dinge sich ändern und irgendwann enden, ist ein Ja dazu, dass die Natur sich in uns ihren Weg bahnt. Dies bedeutet meistens Falten *und* Weisheit. Irgendwie kommen sie gewöhnlich zusammen, auch wenn uns Weisheit in jedem Alter als Gnade zuteil werden kann … und natürlich können Falten auch mit wenig Weisheit in ihrem Kielwasser auftreten. Wir können den Prozess nicht kontrollieren oder eine Garantie auf Weisheit fordern, aber ein bedingungsloses Ja bringt uns in die bestmögliche Position, damit das Licht durchscheinen kann.

### Warum wir unbedingt die Kontrolle haben möchten

Das Gegenteil von Ja ist Nein, ist Kontrolle. Hinter dem Drang zur Kontrolle steht Furcht, die Furcht, etwas Schmerzliches erfahren zu müssen. Jede unserer Gegebenheiten beleidigt das Ego, das glauben möchte, es besäße die volle Kontrolle. Ja ist Annahme; Kontrolle ist Ablehnung. Wir können lernen, die Tatsache anzunehmen, dass wir manchmal einfach nicht fähig sind, einen unangenehmen Wandel in unserem Leben aufzuhalten. Dieses Annehmen führt zu Gelassenheit. Zu versuchen, die volle Kontrolle über das, was uns geschieht, zu behalten, macht uns zu Gegnern der Tatsachen des Lebens und hält den Stress aufrecht. Solange uns das Wort *Ja* nur schwer über die Lippen kommt, gleicht unser Leben einer Wippe, auf der wir zwischen Furcht und Kontrolle hin und her schaukeln.

Die Kontrolle loslassen bedeutet, dass wir uns nicht mehr von den Gegebenheiten abschotten. Kontrolle ist eine unserer liebsten Weisen, vor dem Leben, wie es ist, davonzulaufen.

Kontrolle ist eine so tief verwurzelte Illusion, dass wir sogar glauben, wie könnten sie loslassen, indem wir es einfach nur wollen. Doch wir lassen nicht die Kontrolle los – wir lassen von dem *Glauben* ab, wir hätten die Kontrolle. Der Rest ist Gnade. Die Gegebenheiten des Lebens sind Werkzeuge, die uns das Universum für die Bewältigung dieser Lektion zur Verfügung stellt.

Sich Sorgen zu machen ist direkt mit Kontrolle verbunden. Wir machen uns offenbar Sorgen über die Zukunft, Geld, Beziehungen, Jobs und alle anderen unvorhersehbaren Dinge in unserem Leben. Doch dem liegt eigentlich nur eine Sorge zugrunde: nicht die volle Kontrolle über das zu haben, was geschehen wird. Wir machen uns Sorgen, weil wir uns nicht zutrauen, mit dem, was uns zustößt, umgehen zu können. Wir machen uns Sorgen, weil wir nicht darauf vertrauen, dass es so, wie die Würfel fallen, für uns am besten ist. Wir machen uns Sorgen, weil wir nicht *Ja* gesagt haben. *Ich stelle fest, dass ich jetzt, da ich das bedingungslose Ja übe, mir weniger Sorgen mache.*

Wenn wir beginnen, zu den Tatsachen des Lebens Ja zu sagen, ist es wichtig, sich daran zu erinnern, unser spezielles Ja anderen nicht aufzuzwingen, da wir alle eine andere Realität haben, zu der wir Ja sagen müssen. Ich weiß noch, wie ich damals, als ich meine Ernährung auf gesunde Kost umstellte, meinem damals zwanzigjährigen Sohn Josh nahe legte, sich von Junk Food fernzuhalten. Seine Antwort ist mir im Gedächtnis geblieben: „Ich habe alle Zeit der Welt. Ich kann Junk Food essen, ohne dass es mir schadet. Wenn die Zeit gekommen ist, auf gesunde Kost umzusteigen, dann werde ich es merken und mich dann umstellen." Nicht völlig richtig, aber auch nicht ganz daneben. Ich wollte mein neues Ja seinem jungen Körper aufzwingen, und er wollte es mir nicht abkaufen.

Heute bin ich mit Josh und allen anderen vorsichtiger, damit ich für sie nicht zum Klugscheißer werde. Wir können es zu einer spirituellen Praxis machen, das Verhalten anderer nicht zu kritisieren, ihr Tun nicht nach den Maßstäben unserer eigenen Weltsicht zu interpretieren und keine Ratschläge zu geben, solange wir nicht dazu aufgefordert werden. Diese drei Verhaltensweisen aus unserem Repertoire zu eliminieren, besonders bei Partnern und Familienmitgliedern, macht unsere Kommunikation liebe- und respektvoller. Die fünf essenziellen Qualitäten wahrer Liebe – Aufmerksamkeit, Akzeptanz, Wertschätzung, Zuneigung und Zulassen – werden vom Klugscheißer in uns nur zu leicht in die Ecke gedrängt.

Warum ist Kontrolle für die meisten von uns so enorm wichtig? Vielleicht versuchen wir uns durch Kontrolle vor Verlusten zu schützen. Wenn alles nach unseren Vorstellungen läuft, werden wir nicht trauern müssen. Wir kontrollieren nicht, weil wir selbstsüchtig oder zu anspruchsvoll sind. Wir kontrollieren, weil wir uns vor dem Schmerz fürchten. Es macht keinen Spaß, traurig zu sein. Es tut weh, uns sagen zu müssen, wie und was wir verloren haben. Unser fadenscheiniges Ego ist beleidigt und fühlt sich machtlos, und das ist für uns unerträglich. Solange wir die Kontrolle behalten, können wir all diesen Einladungen zur Demut aus dem Weg gehen. Dies ist der Versuch einer mitfühlenden Erklärung dafür, warum wir so verdammt kontrollierend sind.

Unsere spirituelle Arbeit besteht darin, erfüllter in der Gegenwart zu leben. Die erste Gegebenheit des Lebens, die Tatsache der Vergänglichkeit, bedeutet, dass sich alles in unserem Leben ständig ändert. Joseph Campbell sagt: „Die Hölle ist, im Ego festzustecken" – in dem Bemühen, die Dinge zu kontrollieren, damit sie dieselben bleiben, festzustecken. Durch Übung und durch Gnade können wir zu einem neuen Bewusstsein erwachen. Die allgegenwärtige und unausrottbare Gelegenheit zum Wandel ist ein Grund, uns selbst und andere niemals aufzugeben. Dann ist sogar die Hölle vergänglich.

Wenn wir das aufgeben, was im *Hamlet* „unser mürrischer Widerstand" gegenüber den Gegebenheiten des Lebens genannt wird, lassen wir uns darauf ein, unser Schicksal mit dem Rest der Menschheit zu teilen. Dann sind wir nicht mehr allein und unser Gespräch mit der Welt reißt nicht mehr ab. Die Dinge rücken sich zurecht und wir tun das auch. Wir haben einen aufrechten Gang, wenn wir in die Richtung gehen, in die die Wirklichkeit geht. Das bedeutet, das Leben ohne Schnörkel, ohne Schnickschnack, ohne Dämpfer und ohne Gottvater, der den Kopf für uns hinhält, zu leben. Stattdessen lieben wir es, unser bloßes Herz zu entblößen und unsere Talmi-Rüstung abzulegen: Ich bin nicht mehr so darauf bedacht, die Kontrolle darüber zu behalten, was ich bin. Ich fange an, neugierig darauf zu sein, was ich sein werde.

Solange wir mit den Regeln des Lebens auf Kriegsfuß stehen, werden wir den direkten Kontakt mit der Realität fürchten, der die Essenz wahren Wachstums ist. Es wird uns schwer fallen, achtsam zu sein, da Achtsamkeit verlangt, dass wir im gegenwärtigen Augenblick völlig präsent sind. Wir mögen uns vieler Hintertüren bedienen, um uns zu schützen: Geld, Sex, Alkohol, Kaffee, Essen, Rauchen, Drogen und natürlich das unaufhörliche Geplapper unseres überdrehten Geistes selbst mit all seinen Hoffnungen und Ängsten. Wenn wir uns unsere Ängste genauer anschauen, sehen wir, dass im Grunde jede Angst die Angst vor Kontrollverlust ist.

Vielleicht bemerken wir bei einigen Erfahrungen, die uns im täglichen Leben stören, gar nicht, dass wir ein Kontrollproblem haben. Kontrolle bleibt der Gegner eines gesunden und beherzten Ja zu Wirklichkeit, wie sie ist. Nicht, dass wir der Wirklichkeit Gram wären; wir nehmen es ihr nur übel, dass wir sie nicht unter Kontrolle haben. Wenn wir genauer hinschauen, entdecken wir vielleicht einen Kontrollaspekt in Unannehmlichkeiten wie den folgenden:

Wir wollen anders sein, als wir sind.

Wir wollen, dass andere anders sind.

Wir wollen, dass jemand zurückruft oder uns einen Besuch abstattet.

Wir mögen keine Prüfungen oder das Warten auf das Ergebnis.

Das Haus ist nicht so sauber und aufgeräumt, wie wir es gerne hätten.

Wir werden die Ameisen oder Kakerlaken nicht ein für alle Mal los.

Wir können unser Gewicht oder unseren Blutdruck nicht niedrig halten.

Wir machen uns ständig Gedanken über das, was geschehen ist oder geschehen könnte.

Wir haben Gefühle, Launen und Gewohnheiten, die wir nicht mögen.

Wir schlafen nicht so gut, wie wir es gerne hätten.

Unsere Eltern, Kinder, Partner oder Freunde verhalten sich nicht so, wie wir es von ihnen erwarten.

Wir wollen zwanghaft alles, was passieren könnte, voraussehen.

Wir schaffen es nicht, dass uns bestimmte Leute mögen, so sehr wir uns auch anstrengen.

Wir haben in einem Job, in einer Beziehung oder bei einer finanziellen Planung keinen Erfolg.

Uns ist erst nach einer heftigen Auseinandersetzung eingefallen, was wir hätten sagen sollen.

Es mangelt uns an Fertigkeiten in Mathematik, Fußball oder Gartenpflege.

Jeder dieser Aussagen liegt der Glaube zugrunde, wir müssten jederzeit über alles die Kontrolle haben. Diese blödsinnige Versklavung fördert Angst. Sie ist das Gegenteil jener Gelassenheit, die ihre Alternative uns verspricht – nämlich ein bedingungsloses Ja zu dem, was ist, zu uns selbst und zu anderen, wie sie gerade sind.

Inwiefern hilft oder behindert uns dieses Bedürfnis nach Kontrolle, wenn wir uns den Gegebenheiten des Lebens, den Lebensbedingungen hier auf Erden, gegenüber sehen? In einer Welt, in der die Dinge sich wandeln und ein Ende haben, ist eine Haltung von Akzeptanz und Vertrauen nur vernünftig. Doch dies ist ohne Loslassen der Kontrolle unmöglich. In einer Welt, in der wir uns nicht auf Kontrolle verlassen können, brauchen wir etwas anderes: Die Fähigkeit, mit unserem Bestmöglichen zufrieden zu sein und die Würfel so fallen zu lassen, wie sie wollen. Dann besteht die Arbeit darin, mit dem umzugehen, was geschieht, wie ungekämmt und unentzifferbar es auch sein mag. Sich auf das Kontrollieren zu versteifen, schränkt unsere Chancen ein, neue Optionen zu finden, die auftauchen, wenn sich auf unserem Weg neue Möglichkeiten auftun. Zufälligkeit wird weniger erschreckend und reizvoller, wenn wir neue Horizonte darin finden.

Ein Beispiel dafür, wie das Leben und das Schicksal manchmal überraschende Wege einschlagen, gibt das Leben der Autorin Margaret Mitchell. Sie arbeitete als Journalistin in ihrer Geburtstadt Atlanta, ohne besonders daran interessiert zu sein, einen Roman zu schreiben. Eines Tages wurde sie von ihrem Pferd abgeworfen und sah sich gezwungen, mehrere Monate zur Gesundung zu Hause zu verbringen. Um sich die Zeit zu vertreiben, begann sie einen Liebesroman über Atlanta zu Zeiten des Bürgerkriegs zu schreiben. Sie arbeitete schließlich zehn Jahre daran. *Vom Winde verweht* wurde 1936 veröffentlicht, gewann den Pulitzer Preis und wurde zu ihrem Vermächtnis an die Welt.

## Nichts Getrenntes

Aldous Huxley sagte einmal, der Satz "Ich bin" enthalte zwei Irrtümer: *Ich* erweckt den Eindruck von Getrenntheit, *bin* erweckt den Eindruck von Dauerhaftigkeit. Doch es scheint eine Gegebenheit der Ökologie zu sein, dass es keine Getrenntheit gibt, sowie eine Gegebenheit der physischen Existenz, dass alles sich ändert. Diese beiden Konzepte sind miteinander verbunden, denn wenn alles miteinander verknüpft ist – und es kein getrenntes Ich gibt –, stehen wir nicht im Konflikt mit der Gegebenheit der Vergänglichkeit. Wenn wir verzweifelt versuchen, einen sicheren Hafen zu finden, flüchten wir vor der den Geist bereichernden Gegebenheit des Lebens, dass alles so angelegt ist, dass es sich ändert und wandelt.

Die buddhistische Praxis der Achtsamkeit erkennt das Leiden an, das mit Wandel und Vergänglichkeit verbunden ist, und empfiehlt, nicht vor dem Leiden zu fliehen, sondern, die Aufmerksamkeit darauf zu lenken. Wir sitzen ohne Einmischung des Egos inmitten dessen, was geschieht – Angst, Verlangen, Kontrolle, Urteilen, Illusion, Klage. Wir tragen zu unserem eigenen Leiden bei, wenn wir uns auf die Ängste und Begierden des Egos einlassen, anstatt einfach als atmendes Wesen, das sich ständig mitten im Strom der Ereignisse befindet, hier zu sein. Indem wir unsere missliche Lage ohne redaktionelle Kommentare allein als das erfassen, was sie im Grunde ist, und sie bejahen, hören wir auf, gegen die Wirklichkeit anzukämpfen. Ja zu sagen bedeutet, Zugang zu einer Stimme in uns zu gewinnen, die sich von der unseres bauchrednerisch jammernden Egos unterscheidet. Das Ja spiegelt unsere wahre Natur wider – unsere Buddha-Natur –, hin zu uns, dem gerechten und aufmerksamen inneren Zeugen.

Die Wirklichkeit fügt sich nicht unseren Wünschen oder Plänen, sondern bleibt unbeirrbar auf ihrem eigenen schmalen Pfad. Sich gegen die Wirklichkeit zu stellen, ist gewiss ein

Grund für Leiden. Vom Einfluss eines sich einmischenden Egos frei zu sein, bedeutet folglich Freiheit von Leiden. Wir legen den Glauben an Dauerhaftigkeit ab, weil das Festhalten, das daraus folgt, eine Ursache für Leiden ist. Das Ego liebt es, zu greifen und festzuhalten, erfährt jedoch auf diese Weise nur Bangigkeit und Enttäuschung. Wir lassen los, damit wir glücklich sein können. Loslassen ist kein Verlust, sondern eine Befreiung.

Es gibt zwei Achsen, auf denen wir leben können. Im Zentrum beider Achsen steht die Hoffnung:

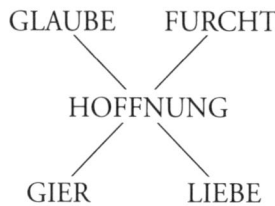

Wir können mit Glauben, Hoffnung und Liebe, der Achse des Lichts, leben. Oder wir können mit Furcht, Hoffnung und Gier, der Achse der Finsternis, leben. Wenn wir außerdem die rechte Spalte betrachten, können wir erkennen, dass wahre Liebe Angst aufhebt. In der linken Spalte lässt der Glaube Festhalten oder Gier unnötig werden, da wir Spatzen darauf vertrauen können, dass wir auch ohne eine von Getreide überfließende Scheune das haben werden, was wir brauchen. In der unteren Reihe befreit uns die Liebe mit ihrer wunderbaren Fähigkeit, zu vertrauen und loszulassen, von Gier. In der oberen Reihe befreit uns Glaube von Angst, denn auch er bedeutet Vertrauen. Hoffnung, die sowohl positiv als auch negativ sein kann, ist der Angelpunkt all unserer Neigungen. In ihrem negativen Aspekt kann sie dazu führen, dass wir festgefahren oder angebunden bleiben. In ihrem positiven Aspekt ist sie das Vertrauen, dass Finsternis nicht andauert, sondern nur eine Eklipse ist, nach der das Licht zurückkehren wird. Hoffnung ist das bedingungslose Geschenk an unser neugieriges und lechzendes Ich, das im Laufe des Lebens immer wieder von einer Achse zur anderen springt.

## Eine zweihändige Praxis

Mir ist bewusst, dass ich immer auf gewisse Weise furchtsam sein werde. Aber mein Verhalten und meine Entscheidungen müssen nicht auf Furcht gegründet sein. Ich kann meine Furcht in einer Hand halten und meine Verpflichtung, nicht mehr in einer auf Furcht gegründeten Weise zu agieren, in der anderen. Diese Kombination erscheint mir irgendwie praktikabler als überhaupt keine Furcht.

Eine hilfreiche spirituelle Praxis in jeder misslichen Lage ist, beide Hände auszustrecken, die Handflächen kelchförmig nach oben zu öffnen und sich vorzustellen, eben diese Gegensätze in den Händen zu halten. Wir spüren das leichte und ausgeglichene Gewicht der beiden, da unsere Hände leer sind. Dann sagen wir zum Beispiel: „Ich kann gelassen beides in meinen Händen halten, meinen Wunsch nach einer Beziehung und den Umstand, im Augenblick keine zu haben."

Und noch ein Beispiel: Ich verliere meinen Job und bin deprimiert und verängstigt. Gleichzeitig weiß ich, dass ich einen neuen Job suchen muss. Also halte ich mit gelassener Akzeptanz der Wirklichkeit meines Verlustes meine arbeitslose Lage in der einen Hand. In der anderen Hand halte ich meinen Plan, mich auf Arbeitssuche zu begeben. Auf diese Weise sinke ich aus meiner Depression – von Zeit zu Zeit eine Gegebenheit eines jeden Lebens – nicht weiter in Verzweiflung ab. Meine Gegensätze zu halten, gewährt mir Gelassenheit und Mut. Diese Praxis verbindet den Ansatz der Achtsamkeit mit der psychologischen Arbeit am Selbstwertgefühl.

Ich kann in meiner misslichen Lage sitzen wie ein Zeuge und nicht als Kläger oder Richter: „Ich bin nun einmal in dieser

Situation und ich sitze hier voll und ganz in ihr und atme in sie hinein. Gleichzeitig ist mir bewusst, dass ich damit umgehen und sie durchstehen kann, ohne von ihr niedergeschmettert zu werden. Ich kann Vertrauen in meine Kompetenz haben, weder auf dramatische Weise überwältigt zu werden, noch stoisch davon unberührt zu sein. Dieses Gefühl der Kompetenz befreit mich von Furcht, denn Furcht führt zu Machtlosigkeit. Ich stelle mir vor, dass ich meine missliche Lage in der einen Hand halte und meine Kraft, damit zu arbeiten, in der anderen. Eine Hand ist gelassen achtsam, die andere arbeitet tapfer. Wenn ich auf diese Weise beide Wirklichkeiten halte, bin ich in Übereinstimmung mit den Dingen, wie sie sind, und ich tue alles, damit sie sich zum Besseren wandeln. In dem Maße, in dem ich an Mut gewinne, das zu ändern, was ich ändern kann, und die Gelassenheit, das zu akzeptieren, was ich nicht ändern kann, gewinne ich an Weisheit, das eine vom anderen zu unterscheiden. Mit sofortiger Wirkung bekräftige ich, dass ich in der Lage bin, mit all dem umzugehen, was mir für den Rest meines Lebens passieren mag. Ich habe bislang so viel geschafft und weiß daher, ich werde allem, was noch vor mir liegen mag, begegnen können. Und wenn ich Unterstützung brauche, werde ich sie finden. Nichts wird mein Leben so umstürzen, dass ich darunter zusammenbrechen werde."

Die Grenzen unserer Selbstakzeptanz stimmen mit den Grenzen der Kraft, uns selbst zu aktivieren, überein. Je mehr wir an unsere Kompetenz glauben, unseren gebrochenen Status wieder her zu stellen, desto weniger spüren wir die Furcht, die uns in diesem Zustand hält. Ein jegliches Ereignis, das in beiden Händen gehalten wird, kombiniert Wirklichkeit mit Hoffnung auf Erneuerung. Das ist es, was „mit etwas umgehen" bedeutet.

## Tod und Erneuerung

Die Wichtigkeit, die das Darbringen von Opfern im Laufe der Geschichte gehabt hat, zeigt, dass der Schmerz von Verlust und Wandel bedeutsam sein kann. Wenn wir dem Vorbild der Natur folgen, eröffnet das unserer Entwicklung neue Möglichkeiten. Alles in der Natur durchläuft die Prozesse, die auch wir durchlaufen müssen, und so zeigt uns die Natur, wie es geht.

Im japanischen Zen wird Natur zweifellos in das Wesen der Erleuchtung einbezogen. Die Dinge der Natur sind in Buddhas ökologischer Sichtweise nicht getrennt, sondern miteinander verknüpft. Hakuin, ein japanischer Zen-Meister des achtzehnten Jahrhunderts, sagt: „Von Anfang an gibt es kein einzelnes (getrenntes) Ding."[2] Die Wahrheit der Vergänglichkeit wird in der Natur sichtbar, da die Dinge sich verändern. Die Wahrheit der Bedeutung des Nichtanhaftens wird uns klar, wenn uns bewusst wird, dass Dinge nur so existieren, wie sie sind, und nicht unbedingt so, wie wir sie gern hätten. Dies ist nicht nur Buddhas Wahrheit. Sie taucht in vielen Traditionen auf. Die katholische Mystikerin Hildegard von Bingen sagte, dass alles, was im Himmel, auf Erden und unter der Erde ist, von Verbundenheit, von Beziehungen durchdrungen sei.

Die meisten von uns fürchten den Gedanken an den Tod, und wir umgeben uns mit Dingen und Menschen, die die Illusion der Dauerhaftigkeit aufrechterhalten. Wir fürchten Verluste und häufen daher Dinge an und klammern uns daran fest. Sich der Wirklichkeit der Endlichkeit zu stellen, unserer eigenen und der anderer, ist noch eine weitere Art und Weise, eine spirituelle Sichtweise zu fördern. Unser Ende ist eine Rückkehr zur Quelle: Die menschliche Natur kehrt in ihren Ursprung zurück. Das, wovon wir glauben, es sei „bloß sterb-

---

[2] Das ist eine ungewöhnliche Interpretation der Aussage von Hakuin, der eigentlich gesagt hat „Von Anbeginn gibt es kein *einziges* Ding", also nicht ein einziges, da nämlich „alles Leere ist von Anbeginn". (Anm. d. Übers.)

lich", entpuppt sich als etwas, dem ein „Sehnen nach Unsterblichkeit" eingebaut ist – wie Shakespeares Cleopatra es nennt.

Die Natur geht mit dem Tod durch Erneuerung in Zyklen und durch Fortpflanzung um. Uns unserer eigenen Kreatürlichkeit bewusst zu sein, hilft uns, uns dem natürlichen Prozess bereitwilliger zu überlassen. Ja zum Leben und zum Tod zu sagen heißt, sie zu transzendieren. „Unsterblichkeit" ist eine Weise, diese nicht zeitgebundene Dimension unseres Seins, die Jung das Selbst nannte, zu beschreiben. Wir können diese erkennen, wenn wir vom egozentrischen zum kosmozentrischen Leben übergehen – zu unserem größeren Leben in Liebender Güte. Unsterblichkeit könnte sich in der Tat dann einstellen, wenn wir uns dem Evolutionsprozess anschließen und seine Ziele zu den unseren machen. Ginge es in der biologischen Evolution nur ums Überleben, hätte die Natur nicht über die Ratte hinausgehen müssen. Wir sind hier, weil es in Evolution um Liebe geht.

Die frühen Menschen zeigten in ihren Begräbnisritualen ein intuitives Bewusstsein von Erneuerung und Wiederkehr. Dies ist der Archetyp der Wiederauferstehung, der die Menschheit von Anbeginn an fasziniert hat. Die Natur spielt in den Ritualen der Wiederauferstehung eine herausragende Rolle. So fand man beispielsweise eine libanesische Grabstätte, in der der Verstorbene zusammen mit einem Reh bestattet worden war, damit er in seinem Leben nach dem Tode etwas zu Essen hätte. Außerdem war eine künstlerische Anordnung von bemalten Steinen um den Leichnam gelegt worden. In anderen Grabstätten deuten Pollen von Hyazinthen, die man zwischen den Knochen gefunden hat, darauf hin, dass in prähistorischen Begräbnisriten dem Körper Blumen beigegeben wurden. Die Hyazinthe, die jeden Frühling wiederkehrt, ist in der Tat ein universelles Symbol der Wiederauferstehung. Diese Dinge in der Natur sind also Arrangements der Natur für den Menschen, die ihm einen Passierschein in die Welt der Archetypen gewähren.

Der Natur wurde von jeher sakramentale Kraft zugesprochen. Ein Sakrament ist ein Ritual, das auf der spirituellen Ebene bewirkt, was es auf der materiellen Ebene darstellt – wie zum Beispiel die Taufe, die Sünden „wegwäscht". Alle Sakramente benutzen die Dinge der Natur, um spirituelle Kraft zu evozieren. Alle religiösen Traditionen enthalten Rituale und Sakramente, die die Kraft der Natur, Übergänge herbeizuführen, würdigen. Dies ist die Anerkennung der spirituellen Dimension der Natur. Alles, was nichts als Ja sagt, ist gewiss spirituell. Die Gegebenheiten werden zu Sakramenten – Quellen der Gnade –, wenn auch wir Ja sagen.

Ist unser Glaube an ein Leben nach dem Tod oder an Wiedergeburt ein Faktum der archetypischen Welt oder ein Puffer gegen den dumpfen Schlag der ersten Gegebenheit des Lebens, nämlich dass das Leben endet? Ewiges Leben muss nicht dasselbe sein wie ein Leben nach dem Tod. Es könnte ein sehr viel umfassenderes Leben bedeuten, als das Ego es sich jemals vorstellen kann. Es könnte bedeuten, in die Verknüpftheit mit allem anderen einzutreten und schließlich von der Illusion der Getrenntheit befreit zu sein. Es könnte auch bedeuten, durch Wiedergeburt immer wieder zu kommen. Erinnern wir uns an Einsteins Behauptung, Energie könne weder geschaffen noch zerstört werden.

Vielleicht brauchen wir ja auch gar keinen Beweis für ein ewiges Leben oder gar ein Wissen darum, wie es aussieht. Vielleicht brauchen wir einfach nur das Vertrauen auf die Kraft der Hingabe an die Gegebenheiten der Existenz. Denn diese Hingabe besteht darin, Teil von etwas Größerem, als es das Ego ist, zu werden, das heißt, jenseits des Egos mit allem anderen verknüpft zu sein. Hingabe bedeutet nicht etwa Selbstaufgabe oder irgendeine Art der Selbstverleugnung. Im spirituellen Bewusstsein geben wir niemals jemanden auf, nicht einmal uns selbst.

Ein bedingungsloses Ja hat Macht über Leben und Tod. Das ist das Vertrauen, das paradoxerweise stärker wird, wenn wir den Tod akzeptieren und das Übrige dem weiten Universum überlassen, aus dem wir irgendwie stammen und in das wir irgendwie wieder zurückkehren. Unsere Resorption in die Weite des Seins mag vielleicht ein Äquivalent ewigen Lebens sein. Die Milchstrasse wird dann gleichzeitig zur Ehefrau, zum Kind und zur Mutter.

Wir wissen nicht, wie wir weiterleben werden oder wie das Versprechen der Unsterblichkeit eingehalten wird. Aber wenn wir der unentrinnbaren Tatsache, dass wir sterben werden, freundlicher zustimmen, dann finden wir vielleicht in eben dieser Hingabe, einen Funken von einer anderen Lebensweise, einer Weise, die dem, was ist und was auch immer kommen mag, tapfer mit einem Ja zujubelt. Das kann sich wie Unsterblichkeit anfühlen. Tod könnte die Überantwortung des Königreichs des Egos und des Körpers, seines Palastes, an die Legion von Sternen und Milchstraßen sein. Der mystische Körper des Universums resorbiert unsere Energie und verteilt sie erneut in Übereinstimmung mit dem jeweiligen Niveau der Evolution, das wir in dieser kurzen, unangenehmen und ekstatischen Regentschaft erlangt haben.

Wir müssen Zutrauen zum Paradox der Natur haben: Jeden Augenblick loszulassen und doch ganz und gar im Hier und Jetzt zu sein. Dann, wie es in dem Gedicht „Was sind Jahre?" von Marianne Moore heißt, „ist derjenige glücklich, der in die Sterblichkeit einwilligt ... wie das Meer, das in seiner Hingabe ... seine Fortsetzung findet".

---

*Möge ich, indem ich zu den Gegebenheiten des Lebens Ja sage, den Frühlingen und Wintern meines Lebens gleichermaßen danken, und möge ich immer in der Lage sein, jene zu führen und zu beruhigen, die sich zu sehr ans Leben klammern und die zu wild vor dem Tod davon laufen.*

---

# 2
# Nicht immer geht alles nach Plan

*Für alles, was gewesen ist: Danke!*
*Zu allem, was sein wird: Ja!*

DAG HAMMARSKJÖLD, *Zeichen am Weg*

In den frühen 1940er Jahren war ein Highschool-Girl namens Doris Van Kappelhoff in der Nacht ihrer Graduierungsfeier in einen schweren Autounfall verwickelt. Sie hatte vor gehabt, nach Hollywood zu gehen, um Tänzerin beim Film zu werden, aber ihre Verletzungen machten eine solche Zukunft zunichte. Während ihrer langen Genesungszeit ans Haus gefesselt, begann Doris mit den Sängerinnen im Radio mitzusingen. Ihre Stimme wurde dadurch so gut geschult, dass sie ein Engagement in einer Band bekam und kurz darauf bekam sie Rollen in Filmen und änderte ihren Namen in Doris Day. Ihre ursprünglichen Pläne wurden durch ein tragisches Ereignis zunichte gemacht, doch dadurch fand sie ihre wahre Berufung. Die Dinge laufen nicht immer nach unserem Plan, aber eine Veränderung des Plans kann ein Beispiel für Synchronizität sein, jenes geheimnisvolle Zusammentreffen von zufälligen Umständen, das uns zu einer unerwarteten und ungebetenen Erfüllung unseres Lebens führt – was nur andere Worte für Gnade sind.

Wir machen Pläne und erwarten, dass wir die Kontrolle über das zukünftige Geschehen behalten werden. Möglicherweise fürchten wir natürliche Ereignisse, die bedeuten könnten, dass die Dinge anders verlaufen, als wir es uns gewünscht haben. Das Leben hat „seine eigenen Pläne" und fordert uns dadurch heraus, von dem Verlangen, dass alles nach unserem Plan gehen möge, abzulassen. Auch hier geht es um Kontrolle. Wir können mit Genauigkeit und Selbstdisziplin agieren und erwarten, dass die Welt dem folgt und dafür belohnt.

Vollkommene Disziplin oder vollkommene Kontrolle ist die beste Weise, an der Freude des Lebens vorbeizugehen. Die widerspenstigen Gegebenheiten des Lebens geben uns die Erlaubnisse, nicht perfekt zu sein. Wir können uns in das natürliche Chaos des Lebens, das so unaufgeräumt, so unvorhersehbar ist, einklinken, oder wir können versuchen, das Leben vollkommen zu ordnen, indem wir sorgfältige Pläne schmieden. Doch wie der Dichter Robert Burns zu einer Maus sagt: „Die bestbedachten Pläne von Mäusen und Menschen gehen oft fehl und bringen statt der versprochenen Freude nichts als Kummer und Schmerz." Wir wissen, dass ein Ja zum Leben, ein Ja zu Kummer und Schmerz ist, denn alle Lebensumstände stellen Verluste und Enttäuschungen dar. Ja ist eine gesunde Antwort auf die menschliche Situation.

Pläne zu machen ist eine Beschäftigung Erwachsener, ein Zug eines gesunden Egos. Doch tatsächlich läuft in unserem Leben nicht immer alles nach Plan. Das sollte uns nicht entmutigen. Wir könnten vielmehr gespannt darauf sein, dass da etwas Spirituelles, also etwas, das vom Ego unbeeinflusst ist, im Anzug ist. Vielleicht glauben wir, das Universum habe einen Plan, der dem, was das Schicksal mit uns vorhat, eher entspricht als unsere eigenen Pläne. Vielleicht denken wir, dass es keinerlei großen Plan gibt und wir nur schulterzuckend sagen können: „So ist nun mal das Leben." Als Erwachsene trösten wir uns nicht mit Versprechen eines Silberstreifens an jedem

Horizont oder eines Shangri-La in jedem Land. Unser Trost ist unsere Entschlossenheit, mit dem Geschehen umzugehen und das Beste daraus zu machen. Oder wollen wir etwa erbost darüber sein, dass die Gegebenheiten uns zwingen, erwachsen zu werden?

Erwachsen zu werden bedeutet, dass wir die Gegebenheiten des Lebens akzeptieren, wie sie sind, und das hilft uns, uns selbst so zu akzeptieren, wie wir sind. Erwachsen zu sein bedeutet, den Lebensumständen ihren Lauf zu lassen.

Möglicherweise sind wir nicht, was nach psychologischer Definition „gut angepasst" heißt, oder uns war keine gesunde emotionale Entwicklung vergönnt. Wir hatten keine perfekte Kindheit oder perfekte Jugendzeit und wir haben auch keine perfekte Erwachsenenzeit. All unsere Investitionen zahlen sich nicht aus. All unsere Hoffnungen für die Zukunft verwirklichen sich nicht. Das Leben ist unvorhersehbar und lässt sich einfach nicht nach Wunsch dirigieren. Kann ein solches Leben genießbar sein? Können wir dies als etwas begrüßen, das uns dazu dient, Menschen von Charakter, Tiefe und Mitgefühl werden? Zu klagen würde dann heißen, den springenden Punkt verfehlt zu haben.

In einer Welt, in der ich nichts perfekt tun oder beenden kann oder etwas auf Dauer in Ordnung bringen kann, ist es sinnvoll, das Bedürfnis nach Perfektion loszulassen. In der *Bhagavad Gîtâ* heißt es: „Selbst ein kleiner Fortschritt ist vollkommene Freiheit von Furcht." Kann ich das als einen mich befriedigenden Ansatz gelten lassen? Solange ich meistens mein Bestes gebe, die Dinge geschehen lassen kann, wie sie geschehen, und dann das Beste daraus mache, bin ich ganz und gar Mensch – und das ist eine überragende Errungenschaft. Die Alternative ist Anmaßung: „Ich mache es immer richtig; ich bin besser als alle anderen." Erleuchtung ist Liebe zur Gewöhnlichkeit, *Amor fati*. Es sind die Worte: „Ich lasse das los, was mehr ist, als ein Schicksal tragen kann."

Fehler und Irrtümer sind keine Tragödien. Sie die Zutaten neuer Entdeckungen und weisen uns den Weg zu diesen. Sie zeigen uns Wege, die uns demütig machen, uns in Staunen versetzen und uns neue Horizonte eröffnen. Sie müssen nicht zu Bedauern oder Scham führen. Wir sagen Ja zu unserer Unvollkommenheit und akzeptieren unsere Fehler. Wir lernen, es das nächste Mal anders zu machen. Fehler sind kein Zeichen von Dummheit. Sie sind die Art und Weise, auf die Menschen lernen. Wenn wir uns an die größten Fehler unseres Lebens erinnern, ist das ein Weg, demütig zu bleiben, die tugendreiche Blume, die aus der Knospe des Ja erblüht. Demut führt dazu, dass wir uns verpflichten, unsere Fehler anzuerkennen und Wiedergutmachung gegenüber denen zu leisten, die wir vielleicht verletzt haben. Eine solche Demut ist eine Brücke zum Loslassen von Bedauern.

Nur das Ego macht Fehler. Keiner unserer Fehler, keines unserer Verbrechen oder keine unserer unwissenden Entscheidungen befleckt die makellose Reinheit unseres Höheren Selbst, unserer Buddha-Natur, unseres Christus-Bewusstseins – oder wie auch immer wir das umfassendere Leben in uns, das das Ego transzendiert, benennen wollen. Jenes Leben jenseits aller Bedingungen bleibt unser ganzes Leben lang gesund und unfehlbar in uns. In Augenblicken der Achtsamkeit und des Mitgefühls haben wir Zugang dazu. Es kann von nichts und niemandem beherrscht werden. Dieses verlässliche innere Leben ist eine Form von Schutz und ruft ein immenses Vertrauen in unser grundlegendes Gutsein hervor. Dies ist eine andere Weise, auf die die Existenzbedingungen zur Freude der spirituellen Reife führen können.

Die Dinge sind nicht immer so, wie wir sie gerne hätten, noch gehen unsere Pläne so in Erfüllung, wie wir es uns wünschen. Der Umstand, dass wir nicht die Kontrolle innehaben, bedeutet, dass die angemessene Haltung für unser Leben auf dem kleinen Floß unserer Welt Hingabe ist, Hingabe an das, was ist, wie es ist, wo es ist und wann es ist. Wir können mit aller Macht darum kämpfen, das zu ändern, was sich ändern lässt, doch in Hinsicht auf das, was wir nicht ändern können, ist nur Hingabe sinnvoll. Der Umstand, dass wir nicht die Kontrolle besitzen und dass Dinge geschehen, die wir weder erstrebt noch geplant haben, bedeutet, dass Kräfte am Werk sind, die größer sind als unser Ego. Diese Gegebenheit schenkt uns deshalb eine Ahnung der Göttlichkeit – wie Emerson sagte: „So nah ist Herrlichkeit unserem Staub."

Was ist das Göttliche? Etwas, das immer am Werke ist – wir wissen nicht wer oder was, wir wissen nicht wie oder wann, aber wir wissen, *warum:* damit wir unsere Bestimmung erfüllen und zu einem einzigartigen Exemplar an Liebe und Weisheit werden können. Das Göttliche ist die Lebenskraft des lebendigen Universums, das sich danach sehnt, sich in allen von uns auszudrücken. Das Endliche ist ein einzigartiger Augenblick der Fokussierung auf das zeitlose Unendliche. Wir existieren aufgrund einer seligen Vision: Das Göttliche fokussiert in Zeit und Raum hinein, und wir fokussieren zurück. Wenn das Göttliche hier ankommt, ist es Ich, und wenn es dort ankommt, ist es Du, und wenn es außerhalb meines Fensters landet, ist es der Feigenbaum, unter dem Buddha erleuchtet wurde, indem er lange Zeit still in einer bejahenden Haltung saß.

## Die Konzeption der Natur

Der zentrale Plan des ganzen Universums ist Evolution. Alles kooperiert im Laufe der Zeit miteinander, um die Welt zu einem gastfreundlicheren Ort für alle Geschöpfe zu machen. Der Plan der Natur ist für uns, die wir das Wort *Ja* lernen, ein Vorbild. Die Natur gestattet Wandel und fließt mit ihm. Die Natur ist geduldig und nicht nachtragend. Die Natur respektiert die wechselseitigen Verknüpfungen. Natur ehrt das Licht ebenso wie die Dunkelheit.

Der Ökologe Thomas Berry schreibt: „Unser neues Verständnis des Universums ist an sich eine Art von Offenbarungserfahrung. ... Die natürliche Welt ist an sich das Primäre ... die Gegenwart des Heiligen, des ursprünglichen moralischen Wertes ... Die menschliche Gemeinschaft wird heilig durch ihre Teilhabe an der größeren planetarischen Gemeinschaft." Da wir zu der Natur in der Beziehung des Teils zum Ganzen stehen, bedeutet ganz und gar menschlich zu sein, ganz und gar natürlich zu sein. Der Begriff *menschliche Natur* besagt alles. Der heilige Antonius der Große, der der Natur nahe in einer Einsiedelei in der Wüste lebte, schrieb: „Meine Schrift ist die Welt der geschaffenen Dinge, und wann immer ich das Wort Gottes lesen will, liegt das Buch offen vor mir." Hier ist „das Wort Gottes" eine Metapher für die Ganzheit des Menschen, die für Individuen nur erreichbar ist, wenn sie in ein globales Bewusstsein eintreten.

„Eine innere Ganzheit drängt uns ihre noch unerfüllten Forderungen auf", schrieb Emma Jung so treffend. Ganzheit ist ein Drang der Psyche, eine motivierende Kraft im menschlichen Verhalten. Dieser Drang bildet die Grundlage des Selbstvertrauens. Er ist auch ein Anzeichen dafür, dass wir noch nicht vollkommen menschlich sind, dass wir noch nicht ganz verwirklicht sind. Deshalb ist Evolution ein spirituelles Projekt. In der Evolution geht es darum, wie der Drang zur Ganzheit erfüllt werden kann. Unsere spirituelle Praxis, unser Ja zu den Gegebenheiten des Lebens und unsere tugendhaften Entscheidungen sind unser Beitrag dazu. Nichts davon ist völlig individuell; wir sind eingebunden in eine kollektive Transformation des Bewusstseins. Ganzheit ist letztlich der Drang des Universums.

Die Natur schenkt uns eine Landkarte für die menschliche Reise zur Ganzheit, da sie nicht aus Individuen besteht, sondern ein Ökosystem ist, ein Netzwerk von Beziehungen. Die tägliche Geschichte des Kosmos führt uns die Themen eines jeden menschlichen Wesens vor Augen: Anfang, Ende, Verlust und Wiederherstellung, Metamorphosen von Licht und Schatten, vorhersehbare und unvorhersehbare Ereignisse, verlässliche Gesetzmäßigkeiten und Quantensprünge jenseits der Gesetzmäßigkeiten. Der Zen-Dichter Bashô sagt: „Alle, die wahre Vortrefflichkeit in einer Kunst erlangt haben, haben eines gemeinsam: Einen Geist, der der Natur gehorcht, der während aller vier Jahreszeiten eins mit der Natur ist." Individuelle Pläne sind daher zweitrangig gegenüber den größeren Zwecken eines fließenden Universums.

Da wir nicht lediglich passive Bewohner der Natur sind, sondern an ihr teilhaben, ist das innere Leben der Natur dasselbe wie unser eigenes inneres Leben. Anders gesagt: Mit der Natur eins zu sein heißt, mit der authentischen Tiefe unseres essenziellen Seins in Kontakt zu sein, mit dem Archetyp der inneren Göttlichkeit, der Lebenskraft der Wirklichkeit, der Liebe selbst.

Es handelt sich hier um eine Trinität: Die natürliche Welt, die menschliche Psyche und die göttliche Essenz – drei Aspekte einer einzigen zugrunde liegenden und allgegenwärtigen Wirklichkeit. Diese Gleichsetzung ist kein Pantheismus, sondern ein Vertrauen darauf, dass die unsere Menschheit bewegende Kraft dieselbe ist wie die, die das Universum antreibt. Göttlichkeit ist also unsere eigene lebendige Tiefe ebenso wie die des Kosmos'. Diese Vorstellung von Göttlichkeit bedeutet, die Psyche und ihre Psychologie, die Seele und ihre Spiritualität sowie die Natur und ihre Greifbarkeit als eine mystische Gleichung zu verstehen: Menschheit = Natur = Göttlichkeit.

Normalerweise reagieren wir auf die Gegebenheit, dass das Leben nicht unseren Plänen gehorcht, mit trotziger Auflehnung – Furcht und Begehren, Auseinandersetzung und Tadel. Dass wir mit Gejammer reagieren, liegt wahrscheinlich an unserem aufgeblasenen Ego, welches darauf besteht, dass alles nach unseren Wünschen verläuft. Dies trägt zu unserem Leiden bei. Es ist das Gegenteil von demütiger Akzeptanz der irdischen

Bedingungen, wie sie sind. Die freie Entfaltung der Dinge, wie sie sind, zu bejahen, dazu bedarf es demütiger Hingabe. Hier kommt die Natur wieder ins Spiel, da uns eine solche Demut der Erde näher bringt. Das englische Wort für Demut, *humility,* stammt tatsächlich vom Wort *Humus* ab. Demut ist nicht Selbsterniedrigung oder einfache Bescheidenheit. Es ist die Tugend, uns auf die Wirklichkeit einzustimmen. Demut ist ein Ja zu den irdischen Bedingungen, die das Leben so schwer, aber gleichzeitig auch aufregend machen. Diese Kombination von Gegensätzen mit einigem Humor zu sehen, macht die Dinge leichter und letzten Endes klarer. Es ist eine hilfreiche Praxis, nach dem Humor in einer jeglichen Gegebenheit, der wir begegnen, Ausschau zu halten.

Demut ist auch die Tugend, die uns hilft, wenn die Gegebenheit des Lebens, mit wir uns konfrontiert sehen, Machtlosigkeit ist. Wenn beispielsweise unser jugendlicher Sohn drogenabhängig ist, bleiben wir verfügbar, um seine Entziehung zu unterstützen, und wir suchen nach Unterstützung für uns selbst, aber unser bedingungsloses Ja gilt unserer Machtlosigkeit. Das verlangt eine Reduzierung unseres Egos und Loslassen, wofür Demut das beste Rezept ist.

Die Bedingungen der Existenz sind unser „Sesam öffne Dich!" zur Evolution: Die Gegebenheit, dass das Leben nicht nach Plan verläuft, führt zu einer Evolution des Planeten, die der Mensch niemals so gut entwerfen könnte. Deshalb spiegelt die Natur als unser Vorbild die Identität und die Bestimmung der menschlichen Psyche wider, sie ist unser Leitfaden und unser Zwilling, denn die Natur und unsere Psyche operieren auf der Basis derselben Axiome. Weder Wesenszüge noch Beschreibungen können meine Identität erschöpfend definieren. Ich bin mehr als man sagen, zählen oder wissen kann.

Die Natur und wir schließen sich zusammen, um ein bedingungslos Ja zu einer erweiterten Version der fünf Gegebenheiten zu sagen. Es folgt nun eine Liste, die zeigt, wie die

Gegebenheiten des Lebens aussehen, wenn sie der Natur und in der Natur geschehen. Evolution ist der Plan der Natur, aber er ist nicht unbedingt erkennbar. Es gibt eine Ordnung und Balance in unserem Universum, die mit einer gewaltigen Unvorhersehbarkeit jenseits aller menschlichen Kontrolle koexistiert. Fragen Sie sich bei den folgenden Gegebenheiten, welchen Bezug eine jede von ihnen zu Ihrer gegenwärtigen Lebenssituation hat:

Alles verändert sich und wandelt sich von einer Form zur anderen.

Materie kann, wie auch der Geist, weder geschaffen, noch zerstört werden, sondern entwickelt sich in transformativen Zyklen von Anfang, Wachstum, Höhepunkt, Ernte, Sterben und Erneuerung.

Das Universum ist wie die menschliche Seele sowohl endlich als auch unendlich.

Es gibt keine einzige verlässliche Konfiguration dessen, wie Dinge sind oder wie sie sein sollen oder wie sie sich entwickeln werden. Stattdessen gibt es unbegrenzte und unendliche Möglichkeiten, und genau das bewegt auch unsere eigene Seele.

Ereignisse reihen sich nicht immer im Einklang mit der menschlichen Vorstellung von Ordnung aneinander.

Nichts und niemand ist wirklich getrennt; alles ist auf komplizierte Weise und notwendigerweise miteinander vernetzt.

Alles ist eifrig damit beschäftigt zu werden, was es ist. Alles wird zu dem, was es werden soll, ungeachtet aller Beeinträchtigungen und Konflikte.

Nichts ist jemals vollkommen oder fertig. Alles ist ein fortlaufender Prozess, besonders wir selbst.

Alle Wesen in der Natur sind aufgrund von Geburt und Tod der Zeit unterworfen.

Wir befinden uns in einer ständigen Entwicklung – nehmen das Neue an und lassen das Alte los –, um uns den wandelnden Bedingungen der Umgebung anzupassen. Wir entwickeln uns aufgrund von Geburt *und* Tod.

Die Vergangenheit von Dingen und Menschen beeinflusst stark ihre gegenwärtige Situation, doch muss sie nicht ihre Zukunft determinieren.

Liebe, Weisheit und Heilung haben sowohl in unseren menschlichen Geschichten als auch in der Geschichte des Universums als treibende Kräfte Bestand. Gleichzeitig wird die Natur von destruktiven Kräften gesteuert, die für das Überleben aller notwendig sind.

Wenn wir durch Intuition eine Wahrheit des Universums erkennen, spüren wir eine körperliche Resonanz: Es „fühlt sich richtig an". Wir klinken uns in den archetypischen Code unserer Menschlichkeit ein, und dieser ist mit dem evolutionären Code des Universums kompatibel.

Das Zentrum sowohl des Universums als auch der Psyche ist ein einziger beweglicher Feiertag und die Peripherie ist nirgends auffindbar.

## Unsere Berufung

*Dies ist die wahre Freude im Leben – benutzt zu werden für einen Zweck, den man selbst als einen mächtigen erkennt, vollständig aufgebraucht zu sein, bevor man auf den Müllhaufen geworfen wird, eine Naturkraft zu sein, statt ein kleiner, fiebernder, egoistischer Klumpen der Wehleidigkeit und des Jammers, der sich beschwert, dass die Welt sich nicht aufopfern will, ihn glücklich zu machen.*

George Bernard Shaw

Unsere universelle Berufung als Menschenwesen ist, die liebevollsten Menschen zu sein, die wir sein können. Diese Verpflichtung lässt uns weniger abhängig von den Reaktionen anderer auf uns oder deren Meinungen über uns sein. Wir freuen uns über Akzeptanz, gieren aber nicht nach ihr oder hängen an ihr. Ablehnung tut uns weh, aber wir sind nicht von ihr niedergeschmettert. Wir sind mehr daran interessiert, wie wir lieben, nicht wie wir geliebt werden; daran, wie wir geben können, nicht, wie wir bekommen können. Welch ein Verlust für die Welt wäre es, wenn wir unser Leben lebten und dabei unsere wunderbar große Kapazität zu lieben vernachlässigten!

Bei unserer Berufung geht es auch um andere Fertigkeiten, Gaben, die persönliche Gegebenheiten sind. Unser Lebensziel ist nicht einfach, Holz zu hacken und Wasser zu tragen, wie eine Zen-Beschreibung unserer Aufgaben im Leben manchmal verstanden wird. Dieser Plan wäre statisch und nicht evolutionär. Jeder von uns ist hier, um phantastische einzigartige innere Gaben zu entdecken und mit anderen zu teilen. Darauf wartet die Welt, und deshalb wurde uns ein ganzes Leben geschenkt.

Die Wertschätzung unserer speziellen Gaben ist das Gegenmittel gegen die Selbstverachtung und Selbsterniedrigung, an denen wir manchmal leiden.

Ein Ziel ist eine auf einem Plan beruhende Richtung. Evolution hat eine Richtung und ein Ziel. Eine Blume bewegt sich zum Beispiel auf das Blühen zu, so dass ihre Samen verstreut werden und sie im nächsten Frühjahr wiederkommen kann. Genauso ist das Ziel einer Raupe, ein Schmetterling zu werden. Es scheint eine systematische innewohnende Zielgerichtetheit in der ganzen Natur zu geben, und ganz sicher auch in uns. Wir brauchen keine Ordnung oder einen Satz von Weisungen, die uns von einer Autorität aufgezwungen werden. Alles bewegt sich auf das zu, was es werden soll. Wenn wir es aufgeben, die Sicherheit von Kontrolle, Ordnung und unfehlbaren Regeln zu suchen, entdecken wir unsere körperliche Kreativität und dann kommt es wieder einmal zu einer Achse von kleinem Ego und großem Geist, einer Inkarnation. Wir werden zur Welt des Lebens, das sich in Lyrik ausdrückt und das aus Licht gemeißelt ist.

Abraham Maslow sagt, dass Menschen, die sich selbst verwirklichen, vom Mysterium fasziniert sind. Sie vermeiden es nicht zugunsten von Klarheit und Sicherheit. Dies ist ein anderer Aspekt persönlicher Tiefe. Das Mysterium ehrt die unbegreifliche Tiefe, die jeder endlichen Wirklichkeit innewohnt. Wir können uns von dem Mysterium, wie die Welt funktioniert, was dem von uns Wahrgenommenen zugrunde liegt und was als nächstes in der Geschichte geschieht, sowohl unserer eigenen als auch der der Welt, angezogen fühlen. Dies ist die Anziehungskraft des Entstehenden. Teilhard de Chardin sprach bewundernd von „dem mysteriösen Gefühl von der Zukunft ... einer Anziehungskraft Zukunft für einen ins Unbekannte fortschreitenden Organismus". Wir fühlen uns zu den auftauchenden Eigenschaften der Erde und in uns hingezogen, die in keine der bislang entdeckten Kategorien passen. Wir Futuristen mögen feststellen, dass wir Vorreiter sind, die sich nicht so recht innerhalb von Strukturen, Institutionen und begrenzten Weltanschauungen heimisch fühlen. Wir verspüren eine unsterbliche evolutionäre Sehnsucht inmitten von Wandel und Zuendegehen. Vielleicht ist diese Sehnsucht das Kielwasser dessen, was Göttlicher Plan genannt wird.

Entwickelte Menschen begreifen, dass die Erklärungen menschlicher Ereignisse durch rein physische oder rein psychologische Konfigurationen deren Sinn nicht ausschöpfen können. Solange für uns nichts wirklicher ist als unser eigener Verstand, gibt es keine Möglichkeit, an eine transzendente Wirklichkeit zu glauben, nicht einmal in unserem Innern. Für uns unerschrockene Forscher der inneren Meere des Ja gibt es immer einen verborgenen inneren Bereich des Mysteriums, ein Noumenon hinter allen Phänomenen.

Das Noumenon ist die Nichtdualität – der Buddha-Geist oder das Christus-Bewusstsein – , die allen Dingen zugrunde liegt und sie aufrechterhält. Es gleicht dem nichtdualen, objektfreien Gewahrsein, das während der Meditation entsteht. Es ist SEIN, zu dem die Wesen sich hingezogen fühlen, von dem sie aber durch Angst und Verlangen weggezogen werden. Sowohl Anhaftung als auch Vermeidung halten uns einen Schritt vom Rand des SEINS entfernt, zu dem unser individuelles Sein hinstrebt. Teilhard de Chardin beschrieb dieses unsichtbare Mysterium des SEINS als „die Diaphanie des Göttlichen im Herzen des Universums". Für mich ist das so etwas Ähnliches wie die implizite Ordnung, von der der Physiker David Bohm sagt, dass sie unter der Oberfläche der expliziten Welt zu finden ist.

Zu behaupten, es gäbe eine solche transzendente Wirklichkeit hinter den Erscheinungsformen, heißt zu behaupten, es gäbe nirgendwo einen Bruch, außer in unserem Landratten-Gemüt. Alles, was ist, offenbart sich unablässig als identisch mit dem, was wir sind. Die Upanischaden verkünden genau so ein weiteres Leben, nichtdual, durchlässig, implizit in uns: „Dieser höchste ungeborene Geist des Menschen, nicht alternd und nicht sterbend, ist identisch mit dem Geist des Universums, und diese Erkenntnis ist unsere Zuflucht vor aller Furcht." Mit Hamlet fürchten wir „die Pfeil' und Schleudern des wütenden Geschicks". Aber die Furcht verschwindet sobald wir realisiert haben, dass es kein Außen gibt, von woher sie abgeschossen werden könnten.

Darauf zu bestehen, dass die Dinge anders sein mögen, ist eine Ursache von Leiden. Vielleicht geht das *Rubaijat* von *Omar Chayyâm* am Wesentlichen vorbei, wenn es den Zustand der Dinge, wie sie sind, beklagt und ein von uns neu gestaltetes Leben ersehnt. Unser Herzenswunsch könnte sich als Luftschloss erweisen, wenn wir Holzköpfe aufgefordert sind, uns von einem Walfisch verschlucken zu lassen, damit wir wirklich werden. Je mehr wir bemerken, dass das Universum unsere Wünsche nicht respektiert, desto wichtiger ist es für uns, eine Weise zu finden, auf die wir mit allem, was geschieht, umgehen können. Diese Weise ist ein bedingungsloses Ja zu allem, was je ist, war oder sein wird.

---

*Wir kamen zu spät auf diese Welt;*
*Kaum Mensch sein kann man das nennen;*
*Satt sind wir, laßt es uns offen bekennen,*
*Dieses Mahles, das schlecht bestellt.*
...

*Wenn Gott die Macht, die selbst er hat, mir gönnte,*
*Die jetz'ge Welt würd' ich alsbald vernichten,*
*Und eine andere daraus errichten,*
*Darin der Mensch nach Wunsche leben könnte.*

Aus dem Rubaiyat des Omar Chayyâm [3]

---

[3] Zitiert nach *Strophen des Omar Chiijam*. Stuttgart, Berlin [o. J.], S. 4 und 5.

## Das größere Leben

Wir erkunden die zweite Gegebenheit – dass nicht immer alles nach Plan geht –, aber in dem Folgenden betrachte ich die Matrix all unserer Gegebenheiten, so dass wir unser Thema im Zusammenhang sehen können:

ALLES VERÄNDERT SICH UND ENDET IRGENDWANN evoziert den Archetyp der Erneuerung, der mit dem mythischen Thema der Wiederauferstehung verbunden ist. Wenn wir davon ablassen, uns zu wünschen, dass die Dinge bleiben, wie sie sind, wenn wir offen sind für Veränderung, wenn wir die Vielzahl der Unbilden des menschlichen Lebens als vollkommen legitim akzeptieren, werden wir in eine spirituelle Welt wiedergeboren. Der Umstand der Erneuerung ist an sich ein Gegengift gegen Verzweiflung, ein Umstand, der uns niemals den Glauben daran verlieren lässt, dass die Möglichkeit der Erlösung für alles und jeden gegeben ist.

NICHT IMMER GEHT ALLES NACH PLAN evoziert den Archetyp der Synchronizität, der sich in einem als sinnvoll empfundenen Zusammentreffen von zufälligen Umständen offenbart. Zu den Gegebenheiten Ja zu sagen heißt, dem Universum zuzutrauen, dass es einen Plan für uns hat und dass die Dinge sich in diesem Leben genau zur richtigen Zeit entwickeln, damit wir zu den Wesen werden können, die wir werden sollen. Dies ist das buddhistische Konzept des Karma als sinnvolles Zusammentreffen von Umständen. Unsere eigenen Pläne basieren auf unserem beschränkten Verständnis. Die Tatsache, dass Dinge außerhalb unserer Kontrolle geschehen und uns zu neuen Perspektiven führen, bedeutet, dass Gnade ins Spiel gekommen ist. Dies ist die spirituelle Energie, die mitwirkt, unseren Horizont zu erweitern und die unsere Vorstellungskraft weckt. Wir finden Raum für mehr als unsere persönlichen Pläne. Wir werden von Idealen und Bestrebungen angestachelt, die uns den Weg zur Überschreitung des Egos weisen. Da wirkt ein machtvoller evolutionärer Drang hin zu mehr und mehr Licht, das heißt, zu mehr und mehr erleuchtetem Bewusstsein auf dem Planeten.

Das Ziel des Universums und unsere eigenen Ziele entsprechen sich so weitgehend, dass unsere eigenen Bestrebungen Hinweise auf die Richtung der Evolution sind. Unsere tiefsten Bedürfnisse, Werte und Wünsche sind nicht etwa anormale von unserem Ego hervorgebrachte Vorstellungen. Sie sind Manifestationen der Zielgerichtetheit und der evolutionären Schubkraft des Universums selbst. Das Universum braucht uns, um sein Bewusstsein zu erweitern. Deshalb ist unsere höchste spirituelle Errungenschaft die Teilhabe an der Evolution.

Das Leben ist manchmal nicht gerecht ist der Archetyp des Karma als einer Konsequenz von dunklen Entscheidungen, wobei jedoch die Möglichkeit der Sühne und Vergebung offen bleibt. Wenn wir die Unzulänglichkeit menschlicher Gerechtigkeit akzeptieren, akzeptieren wir den archetypischen Schatten, die dunkle Seite des Lebens, der Ereignisse und der Menschen. Diese dunkle Seite wohnt in uns allen und lebt von Projektionen des Bösem auf andere und der Leugnung des Bösen bei uns selbst. Der Schatten ist eine Gegebenheit von Menschen und Institutionen. Nur Integrität, Gerechtigkeit und Liebe zu erwarten ist einfach naiv. Doch wir sind verloren, wenn wir aufhören, aus ganzem Herzen für sie zu kämpfen.

Die üblen Brüche, die im täglichen Leben passieren, führen uns dazu, am eigenen Leibe zu erfahren, was Karma bedeutet, dass nämlich all unsere Taten Ursachen einer Wirkung sind und dass manche der Wirkungen unmöglich voraussehbar sind. Unser bedingungsloses und achtsames Ja kommt am besten zum Ausdruck, wenn wir akzeptieren, dass alles so ist, wie es sein sollte – eine Reihe von faszinierenden unvorhersehbaren karmischen Ursachen und Wirkungen. Karma ist ein weiteres Beispiel für die Verknüpftheit aller Dinge. Wenn wir anerkennen, dass alles, was uns geschieht, vollkommen berechtigt ist, erkennen wir letztlich die Schönheit darin und fühlen uns darin aufgehoben. Uns kann nichts geschehen, was nicht ein Teil unserer Geschichte ist, was nicht Teil dessen ist, was wir sind und wozu wir werden sollen. Wir erkennen allmählich die bedeutsamen Fügungen, durch die das Universum in einer zielgerichteten Weise agiert, ungeachtet dessen, wie es unseren eigenen Plänen dabei ergehen mag. Wir hören auf zu murren und akzeptieren die Wirklichkeit so, wie sie ist, im Vertrauen darauf, dass dies genau das Zusammentreffen von Umständen ist, das uns weiter bringen kann. Glauben wir erst einmal an die Verknüpftheit aller, spüren wir keine Trennung zwischen uns und dem, was uns geschieht. Das ist die Basis unseres Vertrauens.

Leiden gehört zum Leben evoziert den Archetyp der Erlösung. Wenn wir notwendiges Leiden ertragen und selbst erzeugtes Leiden ausräumen, werden wir erlöst. Das heißt, dass uns ein höherer Wert zugebilligt wird, als das Ego ihn jemals aufbringen könnte, frei von Angst und den Herausforderungen der Liebe gegenüber offen. Wir finden diese Erlösung, indem wir uns mit dem Leben, wie es ist, versöhnen und nicht mehr darüber jammern. Erlöst zu sein heißt, davor errettet zu sein, von Angst und Verlangen lahm gelegt oder angetrieben zu werden. Angst und Verlangen zählen wir zu den Gegebenheiten des Lebens. Doch durch unser Vertrauen, dass unser Leiden einen Sinn hat, sind wir Angst und Verlangen nicht mehr ausgeliefert. Wir können uns ängstlich und unbefriedigt fühlen, ohne als Konsequenz davon durch sie lahm gelegt oder getrieben werden. Achten Sie darauf, wie häufig die Wörter *Vertrauen* oder *Zutrauen* in unserer Erörterung der Umstände der Existenz auftauchen. Vertrauen hilft uns, Ermutigung zu finden, ganz gleich, wie dunkel die Gegebenheiten auch werden mögen.

Die Menschen sind nicht immer liebevoll und loyal evoziert den Archetyp bedingungsloser Liebe. „Die

Menschen", das sind unsere Eltern, unsere Partner, unsere Familie und alle anderen in unserem Leben. Wir können an dem Schmerz, der aus unseren Beziehungen entsteht, wachsen. Wir können lernen, stärker zu werden. Wir lassen andere niemals fallen. Wir sehen ihnen ihre Fehler nach. Wir lassen uns nicht von ihnen niedermachen, aber wir lieben sie weiterhin. Wir wagen es, sie allen Widrigkeiten zum Trotz zu lieben. Unsere Liebe ist bedingungslos, aber gleichzeitig ist unser Engagement für sie klug bemessen und steht im Einklang mit unseren eigenen Grenzen und Beschränkungen.

Wir sehen die Vollkommenheit all dessen, was ist, und verweilen in heiterer Gelassenheit darin. Das ist das Äquivalent zur Entdeckung einer uns tragenden Umgebung, eines schützenden Heiligtums, in dem wir uns in allem, was wir sind und was wir fühlen, geborgen fühlen. Geborgenheit in der Kindheit bedeutet, dass wir von unseren Eltern sicher gehalten, schützend getröstet und einfühlsam verstanden werden. Solch eine Geborgenheit bildet einen kohärenten und schützenden Kontext für das Heranreifen unseres Ichs. Gesunde Beziehungen sind ein ebensolches Geschenk. Dies ist ein Abbild der Geborgenheit, die Mutter Natur uns bietet, um uns zur spirituellen Reife zu führen. Wordsworth beschreibt die schützende Macht der Natur:

> Natur ...
> kann so durchdringen unsren Geist,
> ihn so erfülln mit Ruhe und mit Schönheit, ...
> daß weder böse Zunge, vorschnell Urteil,
> noch Spott des Egoisten, ...
> im Alltagsleben jemals über uns wird ganz
> obsiegen, unsern heitren Glauben stören,
> daß alles, was wir schaun, voll Segen ist.[4]

---

[4] Zitiert nach der Übersetzung von Dietrich H. Fischer, in http://www.william-wordsworth.de/index.html

## Alles findet in der Liebe sein Gleichgewicht

Unsere persönlichen Pläne funktionieren am besten, wenn wir sie nach dem größeren Plan ausrichten. Dies geschieht, wenn wir nicht nur für uns und unsere Lieben leben, sondern auch für die Welt. Liebende Güte fördert dieses Gefühl der Verantwortung, das eine universelle Fürsorge motiviert. Wir weiten unsere Sorge über unseren unmittelbaren Kreis hinaus aus auf ein Universum ohne Peripherie. Ebenso macht es die Natur, indem sie jede Spezies so konzipiert, dass sie andere Spezies unterstützt. Shakespeare erinnert uns in *Der Kaufmann von Venedig* daran, dass „so voller Harmonie sind ewge Geister", und Liebende Güte ist ein zweckmäßiger Ausdruck davon.

Das Gleichgewicht der Natur ist jedoch nicht immer harmonisch. Es gibt auch gelegentlicher Verwirrung und Unordnung Raum. Wir finden dasselbe Chaos in unserem Leben, ganz gleich, wie sehr wir uns spiritueller Praxis widmen und wie ernsthaft wir auf psychologischer Ebene an uns arbeiten. Doch es gibt auch etwas in uns, etwas, das sich niemals erschöpft und das auch durch den Tumult des Lebens nicht unterzukriegen ist. Dieses Etwas ist die Energie, die uns und das Universum enthält. Diese Lebenskraft, die verlässlichste Gegebenheit, ist etwas, das unversehrt und integral in uns, durch uns und jenseits von uns fortbesteht, unbeschadet dessen, was uns im Laufe unseres Lebens zustoßen mag.

Wir bemühen uns um eine spirituelle Praxis, und dann kommt es zu Veränderungen, die uns über die Begrenzungen des Egos hinausführen. Diese Veränderungen sind eine zusätzliche Gnade, die in den Heldengeschichten durch Helferkräfte personifiziert werden. In den meisten Märchen kann der Held oder die Heldin ihre Aufgabe nur mithilfe freundlicher Kräfte bewältigen, wie beispielsweise Dorothy im *Zauberer von Oz* Hilfe von der Vogelscheuche, vom Zinnmann und vom Löwen bekommt. Dies ist ein weiteres Beispiel dafür, wie wichtig die wechselseitige Verbundenheit für das menschliche Wachstum ist. Helferkräfte verwandeln das verängstigte Ego in einen Meister der Liebe, das unwissende Ego in einen weisen Berater und das gebrochene Ego in jemanden, der Wunder wirkt. Die Natur trägt das Ego in zärtlicher Geborgenheit, und das Ego entspannt sich und lässt sich halten. So erfährt man die Bedeutung und das Versprechen eines Gleichgewichts zwischen Mensch und Welt, zwischen Ego und Archetyp, zwischen menschlichen und göttlichen Energien am eigenen Leibe. Das Ego möchte im Grunde immer so gehalten werden, ganz gleich, wie wild es um sich schlägt und schreit.

Es gibt ein Gleichgewicht, das wir nicht herbeiführen und uns nicht einmal vorstellen können, das jedoch eintritt, wenn die Liebe uns einen Schritt über die Furcht hinaus führt. Der Grund, weshalb Liebe die Angst verbannt, ist, dass Liebe ein Gefühl von Sicherheit erzeugt. Wenn wir mit Liebe handeln, fühlen wir uns so gut dabei, dass unser Mut aufblüht. Wir finden die Selbstsicherheit, um mit den Gegebenheiten, die uns zuvor Angst gemacht haben, mit Gelassenheit zu begegnen. Sie segnen uns mit den Gaben des bedingungslosen universellen Selbst, als da sind: an unsere Kräfte zu glauben und uns mit ihnen wohl zu fühlen, von Kontrolle abzulassen, Liebende Güte zu praktizieren, uns diesem erstaunlichen Augenblick hinzugeben, es zu wagen, voller Trotz durch die Schranken hindurchzubrechen, die besagen „Bleib draußen" oder „Diesen Punkt nicht überschreiten".

---

*Möge ich auf die Kräfte vertrauen, die mir helfen zu erkennen, wer ich bin und wohin ich gehe, und mögen all jene, die an sich zweifeln und die ihre Bestimmung missachten, ebenfalls von unübersehbaren Beweisen ihrer grenzenlosen Identität und Bestimmung umgeben sein.*

---

# 3
# Das Leben ist manchmal nicht gerecht

*Das Gesetz des Lebens lebt mit seiner vorbehaltlosen Einwilligung in ihm.*

MIRCEA ELIADE

Das Leben ist nicht immer gerecht und die Menschen sind es auch nicht, wir selbst eingeschlossen. Manchmal werden wir ausgenutzt. Manchmal machen wir alles richtig und verlieren am Ende doch. Manchmal agieren wir vorsichtig und werden dennoch verletzt. Andere mögen sich uns gegenüber großzügig erweisen, und trotzdem nutzen wir ihre Freundlichkeit auch noch aus. Oder aber wir handeln anderen gegenüber mit den besten Absichten, doch unsere Bemühungen werden nicht gewürdigt oder gar missverstanden. Die dritte Gegebenheit fordert unsere Fähigkeit, über die Verluste, die mit Ungerechtigkeit zu tun haben, zu trauern. Dies ist unsere psychologische Arbeit. Sie fordert uns auch heraus, es jenen, die uns verletzt haben, nicht heimzuzahlen. Das ist unsere spirituelle Praxis. Diese beiden zusammengenommen gleichen einem bedingungslosen Ja zu dem unabänderlichen Gesetz, dass die Dinge nicht immer gerecht sind: Manchmal gewinnen wir, manchmal verlieren wir.

Die Herausforderung besteht darin, unseren Verlusten mit Liebender Güte zu begegnen und uns zu verpflichten, uns anderen gegenüber liebevoll zu verhalten und freundlich von ihnen zu denken, besonders wenn sie unsere Geduld auf die Probe stellen oder sich uns gegenüber verletzend verhalten. Liebende Güte zu kultivieren, wenn uns die Menschen ungerecht oder verletzend behandeln, hilft uns, unser Herz auch im Augenblick der Verletzung und darüber hinaus offen zu halten. Offenheit bedeutet nicht etwa zuzulassen, dass wir zu Opfern von Missbrauch werden. Wir erlauben uns einfach nur, das zu sein, was wir sind, wenn wir am meisten lieben – nämlich verletzlich zu sein. Jegliche menschliche Interaktion oder Beziehung kann schmerzliche Momente enthalten. Ein reifer Erwachsener ist sich dessen bewusst, dass Abschottung gefährlich für seine Empfindsamkeit ist, und zu offen zu sein, gefährlich für seine Grenzen ist. Der mittlere Weg liegt in der Bereitschaft offen zu sein, während man gleichzeitig seine gesunden Grenzen wahrt. Folgende Übung kann uns helfen, diese Form der Bejahung zu praktizieren: Wir können uns dieser Form des Bejahens durch eine Übung widmen: Wenn uns jemand ungerecht behandelt, versuchen wir die Angelegenheit in Ordnung zu bringen, indem wir um Wiedergutmachung bitten, doch wenn das nicht funktioniert, lassen wir los und verschließen unser Herz nicht. Loslassen hat die Wirkung, das Herz zu öffnen.

### Rache oder Versöhnung?

Es ist eine Gegebenheit des Genpools des *Homo Sapiens,* dass wir auf „Zurückschlagen" gepolt sind. Es braucht eine spirituelle Praxis, damit wir uns über diesen natürlichen Impuls hinwegsetzen können. Wir müssen unser Ego individuell anpassen und die Voreinstellung des Herstellers aufheben. Das Zurückschlagen, der Lieblingssport eines primitiven Egos, ist das Gegenteil davon, andere niemals aufzugeben. Sich zu rächen widerspricht den Lehren der Buddhas und Heiligen. Welche spirituelle Praxis ist hier hilfreich? Es ist Liebende Güte: Ein achtsames Ja, Mitgefühl, Verständnis, der Glaube daran, dass alle Menschen Erlösung finden können, und eine Verpflichtung zur Versöhnung. Liebende Güte befreit uns von dem Vergeltungsinstinkt des Egos.

Wenn ich dich, so wie du bist, ohne Protest oder Schuldzuweisung akzeptiere, fühle ich mich nicht dazu getrieben, es dir als Richter oder Scharfrichter heimzuzahlen. Ich bin ein fairer und wacher Zeuge, der Ungerechtigkeit erkennt, aber die Ungerechten nicht bestraft. Stattdessen spreche ich aus, was Sache ist, und arbeite gleichzeitig auf die Transformation der Ungerechtigkeit hin. Eine spirituelle Praxis besteht darin, das Verhalten anderer wahrzunehmen, ohne sie dafür zu kritisieren oder ihnen deswegen Vorhaltungen zu machen. Eine solche spirituelle Praxis hat die Macht, Transformation in anderen zu bewirken.

Zu versöhnen anstatt Vergeltung zu üben, führt zu einer Nähe zwischen denen, die verwundet sind, und jenen, die die Wunden zufügen. Gewöhnlich flüchten wir vor Konflikten, wie wir auch vor Nähe davonlaufen. Dialog ist die Alternative zu Rückzug oder Vergeltung. Ein Erwachsener weiß, dass es gelegentlich zu Verlusten kommt, dass er manchmal ungerecht behandelt wird und dass er das überleben kann. Ein spirituell entwickelter Erwachsener gibt sich nicht mit der Süße der Rache zufrieden, sondern sucht die Freude der Liebenden Güte. Dies geschieht, wenn wir in Übereinstimmung mit den Anforderungen der Liebe agieren. Es geschieht, wenn wir nicht an anderen verzweifeln, was der wahre Ursprung der Vergeltung ist. Die Hoffnung aufzugeben ist der Verlust unseres Gefühls der gegenseitigen Verbundenheit.

Es bedarf hier einer spirituellen Praxis, da uns psychologische Ziele moralisch nicht ausreichend motivieren können. Es braucht ein moralisches Bewusstsein, um jenen vergeben zu können, denen es nicht Leid tut, uns verletzt zu haben.

Wir können nicht planen, Vergebung zu üben oder uns versöhnlich zu verhalten. Es geschieht einfach, wenn wir uns der Nichtvergeltung verpflichten. Wir verspüren gesunden Ärger darüber, wie schlecht man uns behandelt hat. Wir mögen gar unsere Stimme erheben und zum Ausdruck bringen, welche Wirkung die Verletzung auf uns hatte – aber dann lassen wir Vorwürfe und das Bedürfnis nach Bestrafung los. Das ist das direkte Ergebnis des Gelübdes, nicht zurückzuschlagen, das wir jederzeit ablegen können.

Manchmal gestehen Menschen ihre Schuld ein und zeigen Reue. Die menschliche Psyche ist von Natur darauf eingestellt, Mitgefühl auszuschütten, wenn sie Schmerz und Niedergeschlagenheit sieht, so wie sie auch Vergebung ausschüttet, wenn sie Reue sieht. Reue ist Beschwichtigung, Wiedergutmachung und die Verpflichtung, die Verletzung nicht zu wiederholen. Angesichts einer solchen Reaktion bei dem Missetäter, neigt unser Instinkt zu Vergebung. Das erfordert keinerlei Übung. Wenn wir Bußfertigkeit sehen, die echt ist, sind wir so gepolt, dass wir automatisch vergeben. Wir verspüren nur dann kein Mitgefühl oder sind nicht geneigt zu vergeben, wenn wir dem niederträchtigen Ego zum Opfer fallen, das unsere edleren uns angeborenen Instinkte betäubt. Shakespeare erklärt dies in *Der Sturm:*

> Ob sie mich gleich durch schwere
> Beleidigungen bis in die Seele verwundet
> haben, so soll doch mein edleres Selbst über
> meinen Unwillen siegen; es ist mehr Würde
> in großmüthiger Vergebung als in Rache; da
> sie bußfertig sind, so habe ich meine ganze
> Absicht erreicht.

Zurückschlagen bringt die Dinge nicht wieder ins Lot, da es der Seele des Zurückschlagenden schadet und ein ernsthafteres Ungleichgewicht hervorruft. Sokrates war sich dieser Gefahr bewusst und schrieb: „Es ist besser ein Unrecht zu erleiden, als eins zu begehen." Weil nämlich ein Unrecht anderer unseren Körper und Geist beschädigt, durch Rache jedoch unsere eigene Seele Schaden nimmt. Ein spirituell entwickelter Erwachsener ist kein Halsabschneider und glaubt nicht, dass in Liebe und Krieg alles erlaubt ist. Er arbeitet sich nicht mit den Ellbogen an die Spitze, sondern handelt auf jeder Sprosse der Leiter freundlich. Er besitzt persönlichen Ehrgeiz, aber nicht auf Kosten anderer. Dies ist ein Beispiel für eine moralische Norm, die für uns wichtiger werden muss als Erfolg in der materiellen Welt. Für Menschen, die auf spiritueller Ebene wachsen wollen, ist die Freude an einem guten Gewissen der höchste Wert. Bei einem spirituell geschulten Menschen wandelt sich die Haltung gegenüber einem Angreifer zu Mitgefühl für die Dimension des *Leidens* in seinem Angriff. Diese Reaktion hat zudem eine besänftigende Wirkung auf den Angreifer. In der Kampfkunst des Aikido geht es darum, dem Gegner nicht zu schaden, sondern seine oder ihre Aggression umzuleiten und zu transformieren und ihn letztlich zu der Erkenntnis zu bringen, dass Gewalt nicht funktioniert. Eine Alternative zur Gewalt zu finden, ist ein Weg des Erwachens und eine freudvolle Art, seine authentische Kraft zu spüren.

In einer entwickelten, von einem spirituellen Bewusstsein belebten Gesellschaft, würde das Verlangen nach Vergeltung durch den Wunsch nach Wiedergutmachung ersetzt. Man würde Versöhnung suchen und keine Exkommunizierung. In einer solchen Welt – bedauerlicherweise ist unsere noch weit davon entfernt – wäre jedermann verantwortlich und aufgefordert, Wiedergutmachung zu leisten, aber niemand würde bestraft, denn Wiedergutmachung ist das einzige, was wirklich befriedigend ist. *Lebe ich in meinem persönlichen Leben in der vorzivilisierten Welt der Rache oder in der neuen, zugegebenermaßen kleineren Welt der Vergebung und wiederherstellenden Liebe?*

| Vergeltung zielt darauf ab: | Wiedergutmachung strebt danach: |
| --- | --- |
| den Übeltäter als böse zu bestrafen. | die Unwissenheit des „Missetäters" zu heilen. |
| das Bedürfnis der Gesellschaft nach Rache zu befriedigen. | Harmonie zu erlangen. |
| dass jemand bezahlt. | dass jemand Wiedergutmachung leistet. |
| quitt zu werden. | Sorge zu tragen, dass ein gefallener Bruder oder eine gefallene Schwester Erlösung findet. |
| einen störenden oder gefährlichen Menschen loszuwerden. | zu korrigieren und wieder einzugliedern. |
| die Sicherheit der Gesellschaft zu gewährleisten, auch wenn der Aggressor dadurch zum Leiden verurteilt wird und keine Chance auf Rehabilitation hat. | die Sicherheit der Gesellschaft zu gewährleisten, indem man dem Schmerz des Aggressors gegenüber mitfühlend ist und ihm hilft, seine oder ihre Menschlichkeit wiederzuerlangen. |
| die historische Weise des Umgangs mit Ungerechtigkeit zu bewahren (Auge um Auge). | eine aufregendere und menschlichere Lösung bei Ungerechtigkeit zu finden. |
| Hitler zur Hölle zu wünschen und sich vorzustellen, wie er dort für all das Übel, das er angerichtet hat und wofür ihm niemals vergeben werden wird, bestraft wird. | sich Hitler in einem Zen-Kloster vorzustellen, wo ein strenger, aber weiser Abt ihm seine Taten vor Augen führt und ihn lehrt, um Vergebung zu bitten, bis er zu einem erleuchteten Buddha wird und zurückkehrt, um der ganzen Menschheit zu helfen. |
| den „entweder – oder"-Glauben an eine (ewige) Hölle oder einen Himmel aufrechtzuerhalten. | lediglich einen Glauben an ein Fegefeuer oder an Wiedergeburt (zeitlich begrenzt) sowie an einen Himmel und Nirvâna hervorzubringen. |
| sicherzustellen, dass der Kreislauf der Vergeltung aufrechterhalten wird, damit Krieg gerechtfertigt werden kann. | den Kreislauf der Vergeltung zu beenden, damit Krieg keine akzeptable Lösung mehr darstellt. |
| eine Sache zu beenden. | einen Dialog zu beginnen. |

Unser bedingungsloses Ja zu der Gegebenheit von Ungerechtigkeit in der Welt ist ein doppeltes Ja. Wir nehmen einerseits die Ungerechtigkeit, die andere verüben, zur Kenntnis, ohne das Bedürfnis nach Vergeltung zu haben. Wir erkennen an, dass unsere Gesellschaft noch zu primitiv ist, um ein Rechtssystem oder eine Regierung zu besitzen, das oder die bei Kapitalverbrechen und Krieg nach Wiederherstellung anstelle von Vergeltung strebt. Da wir jedoch andere oder die Gesellschaft niemals aufgeben, hören wir nicht auf zu versuchen, die Dinge zum Besseren zu ändern.

Wenn uns jemand in unserem Privatleben ungerecht behandelt, besteht die Herausforderung darin, sicher zu stellen, dass sich in unserer Beziehung etwas ändert – und nicht dafür zu sorgen, dass diese Person bestraft wird. Der erstere Plan entsteht aus dem Wunsch nach Heilung. Der letztere entsteht aus der dunklen Neigung des verletzten Egos, zurückzuschlagen.

Wie wir sehen, gehen wir mit der Gegebenheit der Ungerechtigkeit anders um als mit den übrigen vier Gegebenheiten. Hier gehört zu unserem bedingungsloses Ja, dass wir daran arbeiten, den Umstand zu ändern. In den anderen Fällen akzeptieren wir einfach nur; in diesem Fall akzeptieren wir und arbeiten mit aller Macht an einer Veränderung. Das Ja ist hier eine Hingabe, die der Ausrichtung dient. Wir tun alles in unserer Macht Stehende, um unsere persönlichen und die gesellschaftlichen Vorgehensweisen an den Idealen der Versöhnung und Gewaltlosigkeit auszurichten.

Stellen Sie sich das reife spirituelle Bewusstsein vor, das das folgende Gedicht von Shântideva, einem indischen buddhistischen Lehrer aus dem achtzehnten Jahrhundert, hervorgebracht hat:

> Mögen jene,
> deren Hölle es ist,
> zu hassen und zu verletzen,

> sich in Liebende verwandeln,
> die Blumen darbringen.

Anstatt zu sagen, dass jene, die hassen und verletzen, in die Hölle gehören, bemerkt er mit Mitgefühl, dass es die Hölle sein muss, andere zu hassen und zu verletzen. Anstatt zu wünschen, dass jene, die hassen oder verletzen, bestraft werden, betet er für ihre Transformation. Anstatt zu wünschen, sie mögen in Kröten verwandelt werden, wünscht er sich, dass sie zu Liebenden werden, die glücklich sind und dieses Glück freigebig mit anderen teilen. Um von diesen Sodom-und-Gomorra-Strafen, die vielleicht für unsere religiöse Vergangenheit typisch gewesen sein mögen, loszukommen, muss man zu einem Liebenden werden, der zum Himmel auf Erden erwacht ist.

## Warum wird einem Unschuldigen Leid zugefügt?

Die uralte menschliche Frage ist: „Warum müssen Unschuldige leiden?" Diese Frage impliziert natürlich, dass Schuldige leiden müssen: Sie sollten bestraft werden. Vergeltung ist so tief in unser kollektives Unbewusstes eingeprägt, dass wir ihr garantiertes Eintreten erwarten. Diese Erwartungshaltung wird allerdings meist eher anderen gegenüber an den Tag gelegt als auf einen selbst. Unser Ego verlangt, dass wir „glimpflich davonkommen", und kann ziemlich sauer reagieren, wenn wir aufgefordert werden, für unsere Vergehen zu zahlen.

Die kollektive Konditionierung auf Vergeltung manifestiert sich auch in unserem eigenen tief verwurzelten Gefühl von Schuld. Das lateinische Wort für „bereuen", *poenitere*, steht mit dem lateinischen Wort für „Strafe", *poena*, in Zusammenhang. Schon seit uralten Zeiten wird eine Verbindung zwischen dem Begehen einer Missetat und der Bestrafung dafür hergestellt. Staatliche und gesellschaftliche Autoritäten bedienen sich dieses eingebauten Glaubens, um uns unter ihrer Kontrolle zu halten. Wir verinnerlichen die Befürchtung, dass uns, sobald wir eine Verfehlung begehen, automatisch Vergeltungsmaßnahmen heimsuchen werden. Wir haben das nagende und nicht nachlassende Gefühl, wir hätten etwas falsch gemacht und seien nicht ausreichend dafür bestraft worden, so dass wir darauf warten, dass das Damokles-Schwert auf uns niedergehe. Dies ist die abergläubische Vorstellung von Vergeltung durch die zornigen Götter. Sie bildet einen Teil des primitiven Erbes unseres menschlichen Kollektivs.

Bestrafung ist in dem Sinne eine Form von Aberglauben, als sie für apotropaisch, also Unheil abwendend, gehalten wird. Sie ist ein Versuch, das Böse durch ein Ritual auszutreiben. Doch spirituelles Bewusstsein hilft uns, innere Gegensätze nicht als Dichotomien, sondern als Komplementäre zuzulassen und zu erlauben. Ungeachtet all unserer Forderungen nach Gerechtigkeit leiden die Unschuldigen, und die Schuldigen leiden auch. Die Unschuldigen erfahren Glück, und das tun auch die Schuldigen. Jede Religion verspricht ein Happy End der menschlichen Geschichte. Doch der Gott an der Decke der Sixtinischen Kapelle garantiert nicht, dass am Schluss alle ihr Fett weg bekommen.

Ich kann einen berührenden Spruch nicht vergessen, der auf einer Postkarte stand, die ich vor einigen Jahren von einem katholischen Mönch erhielt. Die Karte zeigte Jesus, der sagte: „Für dich ist der Hügel steiler. Das Kreuz ist schwerer zu tragen. Aber sei nicht entmutigt, denn erinnere dich, wenn du am meisten zu leiden scheinst, sind wir uns als wahre Gefährten am nächsten." Die Frage, warum Gott Leiden zulässt, verändert sich mit dem Entstehen eines reiferen religiösen Bewusstseins. Dann erkennen wir nämlich, dass auch Gott leidet. Dem ist so, weil das, was wir Gott nennen, kein von uns getrenntes höheres Wesen ist, das aus einer unbezwinglichen und unüberbrückbaren Distanz auf uns herabblickt. Gott könnte eher der tiefste Grund und die Wirklichkeit aller Wesen sein. Die Worte des römischen Dichters Terenz treffen auch auf Gott zu: „Nichts Menschliches ist mir fremd." Vielleicht haben wir das in dem Bild von Jesus am Kreuz wahrgenommen. Aus archetypischer Sicht leidet der leidende Gott, weil Gott leidet, nicht weil wir ihn leiden lassen. Friedrich Nietzsche sagt dazu: „So rechtfertigten die Götter das Menschenleben, indem sie es selbst lebten – die allein genügende Theodizee!"[5] Das wahre und überaus spannende Mysterium ist nicht, warum Gott Leiden zulässt, sondern die Frage: *„Welche evolutionäre Kraft muss das Leiden besitzen, wenn selbst Gott daran teil hat?"*

In einem unreifen religiösen Bewusstsein mögen wir beten: „Errette mich von den Gegebenheiten des Lebens." In einem reifen spirituellen Bewusstsein beten wir: „Stehe mir in den Gegebenheiten des Lebens bei, so dass ich mit ihnen umgehen kann. Steh mir lieber in ihnen bei, als sie für mich aufzuheben. Ich möchte nicht auf all das verzichten, was sie mich lehren können."

### Die Kunst, das Ego zu zähmen

Unser Ego ist ungehalten darüber, einen Kotau vor Bedingungen machen zu müssen, die seine Ansprüche auf Ruhm, Glück, Gesundheit, Glücklichsein und Unbesiegbarkeit nicht sicherstellen. Dieses neurotische Ego ist keine Identität, sondern eine Fassade aus Verkrustungen: Furcht, Anhaften, Kontrolle, Ansprüche. Diese Fassade versuchen wir zu wahren und tun alles, um sie nicht zu verlieren. Sie besteht aus den vier Beweggründen des Egos und ist die Ursache unseres Leidens. Wir wahren unsere Fassade und verlieren an Herzlichkeit. Und die Instandhaltung dieser Fassade kann ziemlich teuer sein.

Die Fassade des Egos kann durch spirituelle Hingabe transformiert werden. Furcht kann durch Liebe ersetzt werden.

---

[5] In Friedrich Nietzsche, *Geburt der Tragödie*. (Anm. d. Übers.)

Anhaften kann in Loslassen verwandelt werden. Kontrolle kann zu Zulassen abgemildert werden. Ansprüche können zum Arbeiten für die Gerechtigkeit ohne Hass oder Vergeltung werden. Dieses renovierte Ego hasst nun niemanden mehr. Hass ist kein Bestandteil des Repertoires eines gesunden Menschen – weder psychologisch noch spirituell.

Das Ego ist ein wildes Pferd, das durch ein höheres Bewusstsein gezähmt werden kann, durch den Buddha-Geist, von einem glückseligen Zustand der Achtsamkeit und Offenheit, einem nicht-dualen Bewusstsein, das unsere wahre Natur ist. Ab einem bestimmten Punkt zeigt der Zureiter namens Erleuchtung, dass er nicht mehr aus dem Sattel geworfen werden kann und sich hier einrichten wird. In diesem Augenblick realisiert das „hohe Ross" des Ego, dass es gegen die Bestimmung seines eigenen Lebenszwecks ankämpft: „Meine Unfähigkeit zu gewinnen zeigt mir, wer ich bin und wozu ich bestimmt bin. Deswegen habe ich einen solchen Rücken. Also reitet mich." Und nun arbeiten Pferd und Reiter als Verbündete zusammen.

Unser Ego war niemals dazu bestimmt zu sterben, sondern sollte nur gezähmt werden, damit seine wilden Energien einem besseren Nutzen zugeführt werden können. Seine Fassade kann sich ändern: Die Energie in seiner Furcht wird zur Gespanntheit auf Herausforderungen und Vorsicht bei Gefahr. Die Energie in seinem Anhaften wird zu Verpflichtung. Die Energie in seiner Kontrolle wird zur Fähigkeit, Dinge zu erledigen. Die Energie in seinen Ansprüchen wird zu einem gesunden Sinn für Gerechtigkeit, die unermüdlich für das arbeitet, was recht ist, sich aber niemals dafür hergibt, Vergeltung als eine Lösung anzusehen.

All dies erfordert die Demontage des neurotischen Egos, damit das gesunde Ego gedeihen kann. Wie können wir diesen Übergang erleichtern? Es braucht dazu ein zehnfaches Ja. Machen Sie als spirituelle Übung eine forschende Bestandsaufnahme Ihrer selbst in Hinsicht auf jeden der folgenden zehn Punkte. Wie wahr sind sie für Sie? Wenn das hilfreich ist, formulieren Sie sie neu als Affirmationen:

- Wir werden vollkommen transparent und versuchen nicht mehr, einen guten Eindruck zu machen.
- Wir akzeptieren lieber jegliche Gegebenheit der Existenz, wie geringfügig sie auch sein mag, statt uns gegen sie zu sträuben – wie zum Beispiel beim Auschecken geduldig in der Reihe zu stehen, ohne zu drängeln und zu schieben. Ein sehr viel gewichtigeres Beispiel wäre unsere Akzeptanz des Todes eines Kindes. Trauer umfasst Kummer und Wut, aber das heißt nicht, dass wir verbittert oder lebensmüde werden.
- Wir verhalten uns in unserem Alltag gerecht und arbeiten für Gerechtigkeit in der Gesellschaft.
- Wir verlieren nicht die essenzielle Menschlichkeit jener aus den Augen, die schlecht handeln, und verlieren niemals die Hoffnung auf ihre Transformation. Dies ist eine Folge der Gegebenheit der Vergänglichkeit. Ganz gleich, wie übel eine Person sich verhalten hat, sie kann sich zum besseren wandeln, und daher geben wir niemals die Hoffnung auf. Wir vergeben anderen und suchen nach Wegen der Versöhnung.
- Wir lassen die Erwartung der Dauerhaftigkeit in jeglichem Sein ein für alle Mal fallen, zum Beispiel von absoluter Integrität unserer selbst oder dauernder Gerechtigkeit von Seiten anderer.
- Wir erkennen unsere dunkle Seite an. Wir gestehen unsere Fehler ein – gegenwärtige und vergangene – und üben Wiedergutmachung. Das hilft uns, Bedauern loszulassen und lässt uns demütig bleiben.
- Wir empfinden Mitgefühl mit denen, die unschuldig leiden, und lassen das Warum fallen, wenn das Leiden

von einer natürlichen Katastrophe verursacht wurde, fragen aber nach dem Warum, wenn es von Menschen verursacht wurde.
- Wir hassen nicht.
- Wir hören auf zu versuchen, perfekt zu sein, und wollen nur noch unserer psychologischen Arbeit und unserer spirituellen Praxis treu sein.
- Wir erkennen die Gegebenheiten des Lebens als Augenblicke, die uns ein Geschenk darbringen und uns eine Tür öffnen. In Dankbarkeit überschreiten wir die Schwelle.

## Verpflichtungen jenseits des Egos

Das menschliche Gehirn enthält unsere gesamte Entwicklungsgeschichte. Dem Hirnforscher Paul MacLean zufolge hat unser Gehirn drei Ebenen: die Reptilien-, die Säugetier- und die kognitiv-rationale Ebene. Wir können uns den instinktiven, vom Reptil übrig gebliebenen Kern unseres Gehirns als das vorstellen, was uns in einer Welt, die entweder nährend oder bedrohlich sein kann, ein Gefühl der Handlungsfähigkeit gibt und uns erlaubt, mit Urteilsvermögen zu reagieren. Auf dieser Ebene unseres Gehirns geht es um das Überleben. Unser Säugetier-Gehirn schenkt uns ein Gefühl für das Zusammensein mit anderen und mit der ganzen Natur. Auf dieser Ebene haben Gesellschaft und Kooperation ihre Wurzeln. Unsere Großhirnrinde oder das „menschliche Gehirn", kann uns ein Gefühl dafür vermitteln, sich mit einer Welt jenseits der abgeschabten Fasern der Zeit zu verbinden. Hier wachsen und gedeihen der Intellekt, die Imagination und die Spiritualität.

Wenn unser Ego in Furcht gefangen ist, haben wir keinen Zugang mehr zu unserem Säugetier-Sinn der Zugehörigkeit und all dem wundervollen Potential zur Kooperation, das es bietet. Stattdessen operieren wir aus unserer Reptilien-Vergangenheit heraus, brechen die Brücken zu anderen ab oder werden gar gewalttätig. Dies hemmt das Wachstum unserer ganzen Menschlichkeit, ein Geschenk, das zu gewähren die Natur viele Jahrtausende gebraucht hat. Wir leben manchmal, als ginge es allein ums Überleben, als seien unsere einzigen Ressourcen reptilienartiger Natur. Das ist der Bereich, wo Krieg, Vergeltung und Aggression die Macht übernehmen. Als Menschen sind wir von Natur aus liebevoll, aber Furcht kann verhindern, dass Liebe aufsteigt. Dann darf nur unserer wütender Krieger-Archetyp gedeihen und nicht der freundliche Archetyp des Hüters. Das ist gefährlich, da es eine reduzierte Fassung unserer selbst ist, bloß ein kleiner Fetzen vom ganzen Gewebe unserer Natur. Es ist ein bedingtes Ja zu dem, der wir sind.

Nur eine Minderheit der Menschen geht eine Verpflichtung zu Gewaltlosigkeit und Tugendhaftigkeit ein – ist das eine weitere Gegebenheit, dass es nur so wenige sind? Das ist nicht der Lebensstil der großen Masse, ein solches Verhalten findet sich nur in Randbereichen der Gesellschaft und der Politik. Ein achtsames Ja zu der Gegebenheit, dass so wenige Menschen gewaltlos sind, führt uns dazu, weniger Erwartungen zu haben und andere weniger zu beschuldigen. Die Macht der dunklen Seite des menschlichen Kollektivs in Betracht zu ziehen bedeutet, dass das Ausbrechen eines Krieges uns nicht überrascht. Unser spirituelles Bewusstsein manifestiert sich in unserem Protest gegen den Krieg und in unserem Mitgefühl für jene, die noch nicht an die Möglichkeit einer friedlichen Lösung glauben. Wir sagen Ja zu der Tatsache, dass wir zu einer Minderheit gehören. Wir tun das ohne Verzweiflung, da wir es noch nicht aufgegeben haben, an das Erscheinen einer neu entstehenden Welt zu glauben.

Der kollektive Schatten der Menschheit beinhaltet Krieg, Genozid, Sklaverei, Vergeltung, Rassismus, Schuldzuweisungen und Folter. Die Tendenz, dass dieser negative Schatten die menschlichen Angelegenheiten übernimmt, ist dem jeweiligen Stand der Dekadenz der Gesellschaft proportional. In dem „sowohl – als auch"-Geist bejahen wir lieber diese harten Tatsachen, als sie zu verleugnen. Gleichzeitig arbeiten wir unermüdlich für eine Veränderung, obwohl wir wissen, dass das vollkommene Gutsein letztlich niemals überwiegen wird. Krieg ist eine Gegebenheit unseres Genpools, aber eine, die jederzeit umgekehrt werden könnte, wenn wir uns nur wirklich dazu entschlössen. Oder müssen wir auf den Abgang des *Homo sapiens* und die Ankunft des *Homo spiritualis* warten?

Unsere spirituelle Praxis des Ja-Sagens ist das Paradox der Paradoxe und das Wunder der Wunder. Weil wir nämlich der lebendige Beweis sind – auch wenn er manchmal in Gefahr ist –, dass man der Neigung des menschlichen Kollektivs zum primitiven Schatten trotzen und sich ständig weiterentwickeln kann. Wir bilden in der Tat die einzige Chance für das Überleben dieses Kollektivs. Wir agieren mit gewaltloser Liebe, nicht weil dies eine Strategie wäre, die immer Mal funktioniert, sondern weil es das ist, was wir jenseits des Egos sind.

## Eine achtsame Antwort auf Ungerechtigkeit

Wir können die Achtsamkeit in unseren Alltag hinaus ausdehnen, indem wir darauf achten, wie die Fassade unseres Egos sich in unseren Befürchtungen, in unserem Anhaften – den Vorlieben, an die wir uns klammern –, in unserer Neigung, andere zu kontrollieren, und in unseren Ansprüchen manifestiert. Wir etikettieren sie dann lediglich ohne Scham oder Abneigung als Ursache unseres Leidens. Solche Gelassenheit, Aufmerksamkeit und Akzeptanz bilden ein Heilmittel für das grundlegende Unbefriedigtsein im menschlichen Leben (die erste Edle Wahrheit des Buddhismus). Außerdem gehen „Tun" und „Sein" in der Achtsamkeit eine glückliche Verbindung ein und werden zu *einer* Erfahrung.

Ungerechtigkeit beinhaltet, eine vertrauensvolle Beziehung zu zerbrechen. Achtsamkeit führt zu Mitgefühl, und insofern impliziert Achtsamkeit, ähnlich wie die frühkindliche Entwicklung und die Intimität Erwachsener, Verbundenheit. Es mag so aussehen, als sei Achtsamkeit nur die Aktivität eines Einzelnen und habe daher nichts mit der wechselseitigen Verbundenheit aller Wesen zu tun. Doch der Atem, auf den wir in einer tiefen Achtsamkeits-Meditation Acht geben, ist nicht nur unser individueller Atem, sondern ein Atem, der mit dem Atem aller Wesen und Dinge eins ist. Wir atmen die Luft, die wir jetzt alle miteinander teilen und zuvor bereits geatmet haben. Wir atmen nicht als Individuen, sondern als Teilhabende an einem Universum, das durch uns hindurch atmet. Jede spirituelle Praxis bezieht sich auf die Ganzheit des Lebens, sobald das verängstigte Ego nicht mehr am Steuer sitzt.

Tägliche Meditation und Achtsamkeit führen zur Befreiung aus der Einkerkerung in der Festung des Egos und zu einem uneingeschränkten Leben in Weisheit und Mitgefühl. Achtsamkeit ist tatsächlich eine befreiende Weisheit, denn sie offenbart uns die wahre Fassade unseres neurotischen Egos. Da dies die gleiche Fassade ist, die auch unsere Mitmenschen aufrechtzuerhalten suchen, empfinden wir Mitgefühl mit ihnen. Achtsamkeit wird zu einem Ja zur Liebe.

Achtsamkeit als Meditationspraxis bedeutet, täglich mindestens fünfzehn Minuten zu sitzen, während man sich auf den Atem fokussiert. Wenn die Denkmuster des Egos – Furcht, Verlangen, Urteilen, Planen, Phantasieren – uns ablenken, kehren wir sanft zur Realität des Hier und Jetzt unseres Atems zurück. Dies ist Achtsamkeit als Ja zum gegenwärtigen Augenblick.

Durch ein achtsames Ja nehmen wir zu dem in uns Kontakt auf – dem Buddha-Geist, dem Christus-Bewusstsein, einer höheren Macht –, was nicht von Gerechtigkeit oder Ungerechtigkeit, Gewinn oder Verlust, Erfolg oder Misserfolg, Ruhm oder Nichtbeachtung, Fülle oder Mangel, Lob oder Tadel, Lust oder Schmerz, Freude oder Kummer, Belohnung oder Bestrafung verfolgt wird.

Unsere Verpflichtung, die Gegenwart so anzunehmen, wie sie ist, ihr ihren Lauf zu lassen und das Leben in ihr in vollen Zügen zu leben, verwandelt Gegebenheiten in Gnade. Etwas, das sich ändert und zu Ende geht, gewährt uns einen Ausblick auf die Wirklichkeit der Vergänglichkeit, so dass wir leichter loslassen können. Vereitelte Pläne erwecken uns zum Mysterium der Synchronizität. Wenn wir Gerechtigkeit uns gegenüber vermissen, führt uns das dazu, uns noch eifriger für Gerechtigkeit einsetzen. Das Leiden in uns bringt uns dazu, mitfühlender gegenüber dem Leiden anderer zu sein. Die Unloyalität oder Lieblosigkeit anderer beschert uns das Geschenk der Tränen und wendet uns intensiver der Praxis der Liebenden Güte zu. Unser bedingungsloses Ja zur Gegenwart macht sie zu einer offenen Gegenwart.

---

*Möge ich in all meinen Handlungen gerecht und in all meinem Geben großzügig sein, und möge ich um Gerechtigkeit von anderen bitten, sie aber nicht verlangen und jene nicht bestrafen, denen es nicht gelingt, sie mir entgegenzubringen.*

---

# 4
# Leiden gehört zum Leben

*Damit unser Herz sich ohne Auflehnung dem harten Gesetz der Schöpfung überlassen kann, besteht da nicht ein seelisches Bedürfnis, einen positiven Wert zu finden, der diese schmerzhafte Verschwendung in dem uns formenden Prozess überhöhen kann und es letztlich lohnenswert macht, ihn zu akzeptieren? ... So dunkel und abstoßend es auch sein mag, uns wurde Leiden als höchstes aktives Prinzip für die Vermenschlichung und Vergöttlichung des Universums offenbart.*

PIERRE TEILHARD DE CHARDIN

Eine Gegebenheit des Lebens ist, dass alles seinen Preis hat, und Leiden ist ein Teil dieses Preises. Diese Gegebenheit wird in der ersten Edlen Wahrheit des Buddhismus formuliert, die oft mit „Leben ist Leiden" oder „Leben ist unbefriedigend" übersetzt wird. Eine andere Weise, diese Wahrheit oder Gegebenheit zum Ausdruck zu bringen, ist: *Schmerz ist keine Bestrafung und Lust ist keine Belohnung.* Sie sind einfach nur Merkmale einer jeglichen Existenz.

Wir leiden physisch, psychisch und spirituell, und das ist auch die Weise, auf die wir wachsen. Schmerz scheint in jeder Phase ein Bestandteil des Wachstums zu sein und scheint an jeder Schwelle zu weiterer Entwicklung zu stehen. Doch Leiden ist kein Instrument, das von so einer Kraft da oben im Himmel benutzt wird, damit wir wachsen. Es keine Tracht Prügel. Es wird uns nicht aufgezwungen, sondern ist in die Natur des Wandels selbst eingebaut – ein weiteres Mysterium, welches das Ego nicht zur Kenntnis nehmen möchte.

Auf der physischen Ebene kann uns Schmerz heftig zu schaffen machen, wie beispielsweise bei einem Unfall oder wenn uns jemand eine Wunde zufügt. Schmerz kann auch chronisch werden und kann auf Behandlungen, die ihn lindern sollen, nicht reagieren. Manche Menschen fügen sich auch selber physischen Schmerz zu, und das kann ein Anzeichen für eine ernsthafte psychische Störung sein.

Es gibt viele Arten psychischen Schmerzes. Wir unterliegen alle mentalen Belastungen: Stimmungsschwankungen oder Krankheiten, einschließlich Depression, Angst, Besessenheit, Zwanghaftigkeit, Persönlichkeitsstörungen und Suchtproblemen. Mancher psychische Schmerz ist das Ergebnis von natürlichen Ereignissen, die in jedem Menschenleben auftreten. Diese Art von Schmerz wird durch Verlust, Enttäuschung, Verrat, Verlassenwerden, bösartiges Verhalten und so weiter hervorgerufen.

Ein Beispiel ist der Schmerz, den wir bei einem Verlust erfahren. Es ist eine Gegebenheit, dass wir in jedem Unterfangen oder bei jeder Aktivität einen Verlust erfahren können. Wir können einen Partner verlieren, einen Elternteil, ein Kind oder einen Freund. Wir können verletzt oder ausgeraubt werden, sowohl in unserer Heimatstadt als auch auf Reisen. Wir können an der Börse verlieren, in der Liebe verlieren oder unseren Kopf verlieren. Nicht in der Lage zu sein, den Schmerz bei einem Verlust, Rückschlag, Ende, einer Ungerechtigkeit oder einer anderen Gegebenheit zu akzeptieren, ist ein Gebrechen. Es wird uns schwer fallen, glücklich zu leben, wenn wir die Gesetze des Lebens nicht anzunehmen verstehen. Die Gegebenheiten werden zu Ursachen von Leiden, wenn wir darauf bestehen, sie zurückzuweisen oder wenn wir angesichts ihrer zusammenbrechen. Alles andere als ein Ja ist ein Handicap.

Manche Leute ziehen Schmerz und Krisen an; manche lassen sie sich aufdrängen und erfahren aufgrund ihrer Art und Weise, darauf zu reagieren, noch mehr Schmerz. Wir alle müssen uns dem Schmerz stellen, und wenn wir ihn in Achtsamkeit erfahren, spüren wir ihn einfach, wie er ist. Wenn wir jedoch die Egostrukturen hinzufügen, die Denkmuster von Furcht, Tadel, Scham, Hängen an einem Ergebnis, Klagen und Besessenheit, dann machen wir die Dinge nur noch schlimmer.

Ein Beispiel: Ich tätige eine schlechte Anlage und verliere Geld. Der Schmerz, der mit einem solchen Verlust einhergeht, ist Gram. Ich füge meiner Betrübnis über den Verlust jedoch noch neue und heftigere Dimensionen hinzu, wenn ich mich tadle, mich einen Idioten nenne und ständig über meinen Fehler nachgrübele. Ich versuche dann, all meine zukünftigen Geldangelegenheiten sorgfältiger denn je zu kontrollieren und werde phobisch in Bezug auf das Geldausgeben. Jetzt bin ich in Ketten gelegt, die mein eigenes Gemüt geschmiedet hat. Deshalb ist das Loslassen des Egos so ungemein wichtig für die Befreiung. Es gestattet uns, die Wirklichkeit mit ihren natürlichen Konsequenzen zu erfahren, die niemals so schwerwiegend sind wie diejenigen, die wir uns im Kopf ausmalen. Außerdem sind die Wirklichkeit und ihre Konsequenzen vertrauenswürdige Synchronizitäten, die uns zu neuen Perspektiven und Möglichkeiten führen. Wäre es möglich, dass dieses ganze Karussell unserer Gedanken eine Flucht vor der Wirklichkeit und unserer Bestimmung ist?

Es gibt Menschen, die ihr Leben gelassen ohne Krisen oder großen Schmerz leben. Ist das nur ein Zufall oder steht eine Absicht dahinter? Jung behauptete, es gäbe in der sinnvollen Welt der Psyche keinen Raum für Zufälle. Der Buddhismus führt alle Ereignisse auf eine unsichtbare Ordnung des Karma zurück. Die jüdisch-christlichen und islamischen Religionen meinen, es gebe einen sinnvollen göttlichen Plan, ganz gleich wie konfus die Dinge auch erscheinen mögen. Die Tiefenpsychologie sieht alle Geschehnisse als aufeinander abgestimmte Wege zur Verwirklichung und zum Ausleben unseres vollen Potentials an.

Ereignisse geschehen, um die Wahrheit darüber, worum es in unserem Leben geht, zu offenbaren, eine Wahrheit, die wir so eifrig zu vermeiden, zu negieren oder umzukehren suchen. Doch es ist auch eine Gegebenheit, dass wir niemals verstehen werden, warum bestimmte Dinge geschehen. Im Grunde wirft die Tatsache, dass Erklärungen uns derart beruhigen, die Fragen nach der Authentizität dieser Erklärungen auf. Vielleicht ist unser Bedürfnis, zu „wissen", ein Teil des Verlangens des Ego, die Kontrolle zu haben. Eine Lebensweise, die nach Erklärungen giert, kann der ganzen Palette an Mysterien, denen wir im Leben begegnen, nicht gerecht werden. Eine Psychologie oder Religion, die alles erklärt, schneidet uns von einem Gefühl des Staunens über die Welt ab und beschneidet das Wachstum unserer Demut in Hinsicht auf uns selbst. Der spanische Mystiker Johannes vom Kreuz verkündete glücklich seine spirituelle Bredouille: „Ich trat ein, ich weiß nicht wo, und da stand ich nun nicht wissend: Nichts gab es mehr zu wissen."

Alle Traditionen scheinen sich einig zu sein, dass sinnvolles Wachstum um den Preis des Leidens kommt. Warum? Das ist ein Mysterium, und die Tatsache, dass es keine befriedigende Antwort darauf gibt, steht in Verbindung mit der ersten Edlen Wahrheit, dass das menschliche Leben durch und durch unbefriedigend ist. Sie kann lediglich mit einem Ja begrüßt werden und lässt sich nicht durch eine Antwort dekonstruieren.

Im Buddhismus bildet Karma die Grundlage allen Vertrauens auf das Geschehen, des Zutrauens zu den Karten, die uns gegeben werden, des Vertrauens auf den Schmerz, mit dem wir nicht gerechnet haben. Der Glaube an Karma erfordert Vertrauen, dass etwas im Gange ist, was das Ego nicht heraufbeschworen hat. Das ist vielleicht das Etwas, von dem wir nicht wissen was und wie es ist, das immer am Werke ist, so dass die Evolution weitergehen und sich durch uns entfalten kann. Etwas in unserer Wirklichkeit gestaltet uns ständig durch Leiden um. Ist es das, was mit der Freude im Leiden gemeint ist?

Es heißt, dass uns niemals mehr Schmerz zugeteilt wird, als wir ertragen können. Ein Erwachsener hat die Gegebenheit akzeptiert, dass es niemanden da oben gibt, der uns das garantiert. Jung meinte in der Tat, manchmal verlange das Göttliche zuviel von uns. Das Ausmaß dessen, was wir ertragen können, entspricht genau dem Ausmaß der inneren Stärke und der Ressourcen, die wir im Laufe unseres Lebens entwickelt haben. Ein Sinn für die Schätze der Natur, Dichtung, Kunst, Musik, Liebe, spirituellen Integrität, ein kohärentes Selbstverständnis, Zugang zu einer erwachsenen Auffassung von einer höherer Macht und die uns lieben Beziehungen – all das kann eine unerschöpfliche Kraftquelle für uns sein.

Unser Vermögen, mit Schmerz und Leiden umzugehen, wächst in Übereinstimmung mit unserer spirituellen Praxis und unserer psychologischen Arbeit. Aber selbst dann, wenn wir an uns selbst gearbeitet haben, kann es durchaus Ereignisse oder Augenblicke geben, die einfach überfordern. Demut bedeutet, die Wirklichkeit mit all ihren Überraschungen zu akzeptieren und uns selbst mit all unseren Begrenzungen anzunehmen.

Mit dem umzugehen, was geschieht, haben wir nicht nur durch unsere Arbeit an uns selbst gelernt. In der Kindheit waren es die Menschen, die für uns Sorge trugen, die uns nährten und beschützten. Unsere Eltern passten auf uns auf, damit wir nicht mit mehr konfrontiert würden, als wir ertragen könnten. Das gelang ihnen jedoch nicht in allen Fällen. Für uns Erwachsene heißt Sicherheit nicht, dass wir nicht verletzt werden oder sterben könnten. Es bedeutet vielmehr, dass wir die Unterstützung anderer annehmen und alles tun, was wir von uns aus tun können, und es dem Leben dann gestatten, sich auf seine Weise zu entfalten.

Unser kindliches Hängen an den weisen Wächter-Eltern hat uns tatsächlich geholfen zu lernen, wie man sich selbst schützt. Wiederholte Erfahrungen eines sicheren Anhaftens führen zu einem Gefühl innerer Sicherheit: „Weil du mir geholfen hast, mit Dingen umzugehen, kann ich nun mit dem umgehen, was mir geschieht." Als gesunde Erwachse verinnerlichen wir die sichere Grundlage, die von unseren Sorge tragenden Eltern gelegt und gewährleistet wurde. Dieses Gefühl einer inneren verlässlichen Sicherheit ist gemeint, wenn man von Gegründetheit oder Zentriertheit spricht. Es ist auch das, was mit einem inneren Gefühl der Gegenwart Gottes oder des Buddha als Zuflucht gemeint ist.

Menschen, die heftige Schmerzen ertragen, können später an posttraumatischen Stress-Störungen leiden. Eine verblüffende Ausnahme wurde bei tibetischen Mönchen beobachtet, die in Konzentrationslagern von den Chinesen gefoltert wurden. Sie scheinen diese traumatischen Erfahrungen relativ unversehrt überstanden zu haben. Das liegt wohl daran, dass sie während ihrer Tortur in ihrer Praxis von Mitgefühl für ihre Folterknechte zentriert blieben und sie in dem Bewusstsein durchlebten, die Wirkung ihres Karma zu erfahren. Sie sagten dadurch auf eine egolose Weise Ja zu der rauen Wirklichkeit ihrer schrecklichen Lage. Sie wollten später auch keine Vergeltung üben. Sie hassen ihre Verfolger nicht. Sie leben offenbar in einem Gleichmut, der mit unberührter Liebe voranschreiten lässt. Gäbe es ein besseres Argument für die Notwendigkeit einer spirituellen Praxis für Menschen, die auf gesunde Weise überleben wollen?

### Sind wir Opfer?

Wenn wir Gott als Erretter oder Vater im Himmel betrachten, ist es möglich, dass wir uns von seinem Schutz abhängig wähnen und unseren Glauben an ihn verlieren, wenn nichts davon bei uns ankommt. Geben wir unsere kindliche Sichtweise des Lebens auf, dann stehen wir allein da, zwar umgeben von anderen, aber von ihnen nicht unbedingt gegen die beunruhigenden Bedrohungen des Lebens verteidigt. Ohne einen „Vater" auf dem Ausguck, stellen wir fest, dass uns manchmal mehr zugemutet wird, als wir ertragen können, und wir können unter dem Druck zusammenbrechen. Auch dies erfordert ein Ja. Es geht im Leben nicht darum, jederzeit aufrecht zu bleiben, sondern mit Anmut zusammenzubrechen, wenn es das ist, was geschehen soll. Die Tatsache der Vergänglichkeit schenkt uns die Hoffnung, dass wir wieder aufstehen werden.

Selbst der wagemutigste Held muss manchmal eine Niederlage hinnehmen und ist darauf angewiesen, dass andere ihn retten, wobei niemals sicher ist, ob die Hilfe der anderen auch bei ihm ankommt. Da das Leben eine Reise ist, wachsen wir nicht nur, indem wir die Furcht besiegen, sondern auch dadurch, dass wir uns ihr gelegentlich ergeben. So ist dann der Umstand, dass wir manchmal mehr aufgeladen bekommen, als wir zu einer bestimmten Zeit tragen können, kein Makel des Lebens oder unserer selbst, sondern eine Weise, auf die wir uns selbst verwirklichen, indem wir unser so widerspenstig individualistisches Ego demontieren. Wir lernen, uns auf andere zu verlassen, wie unzuverlässig deren Hilfe auch sein mag, und erkennen auf diese Weise unsere wechselseitige Verknüpftheit an.

Die Selbsthilfe-Bewegung besteht, manchmal vielleicht zu rigide, darauf, dass wir uns niemals zu Opfern machen lassen sollten. Doch ein erwachsener Mensch weiß, dass eine volle Erfahrung des Lebens unvermeidlich auch die Erfahrung des Opferseins enthält. Wir werden alle manchmal ausgenutzt, manchmal betrogen, manchmal verraten, manchmal enttäuscht, gehen manchmal auf die Bretter und werden angezählt. Ganz gleich, wie sehr wir uns bemühen, diese Möglichkeiten zu vermeiden, ganz gleich, wie hektisch wir nach Abhilfe suchen, wenn sie eintreten, wir können sie nicht gänzlich vermeiden. Jeder menschliche Archetyp, einschließlich der des Opfers, hat zu dieser oder jener Zeit seine Berechtigung, sobald wir demütig genug sind, die Tatsache zu akzeptieren, dass jedermann alles passieren kann. (Das bedeutet natürlich, es schon in Ordnung zu finden, ein Jedermann zu sein, anstatt darauf zu bestehen, etwas Besonderes zu sein.)

Menschlich sein heißt verletzlich sein, und ein Ego, das dies nicht verkraften und durch diese Erfahrung hindurchgehen kann, gefährdet unsere spirituelle Entwicklung. Wenn alles zusammenbricht, werde ich damit umgehen, indem ich bei den Bruchstücken bleibe und sie aufsammele. Diese Stückwerk-Übung hilft uns, zwei Arten von Opfern zu unterscheiden: Manche Opfer machen sich selbst für Schmerz und Missachtung zugänglich. Vielleicht warten sie ja auf jemanden, der vorbeikommt und sie befreit. Indem sie ihre Grenzen verlieren, öffnen sie sich immer weiter für das Ausgenutztwerden.

Andere Opfer jedoch sind lediglich auf eine offene und gesunde Weise verletzlich und versagen sich nicht die Erfahrungen von Verrat, die das Leben und die Beziehungen manchmal mit sich bringen. Sie sind zwar verletzt, haben aber eine spirituelle Technik, um mit ihrer Verletzung umzugehen. Sie schlagen nicht zurück. Sie lassen sich nicht noch mehr verletzen. Sie stehen für sich ein und wünschen all jenen, die sie verletzen, Erleuchtung. Auf diese Weise öffnen sie ihr Herz mehr denn je und werden Feinden gegenüber stark, ohne jedoch die Durchlässigkeit für das, was Shakespeare die „Pfeile und Schleudern der Liebe" nennt, zu verringern. Sie sind vielleicht Opfer, aber sie sind keine Todesopfer.

Schmerz ist manchmal ganz persönlich. Jemand sagt etwas zu mir, das meine Gefühle verletzt. Zu anderen Zeiten geht die Verletzung über meine Person hinaus. Jemand macht mich zum Sündenbock oder verletzt mich aufgrund meines Glaubens, meiner Rasse oder meiner sexuellen Neigung. Ein solches aus Hass begangenes Verbrechen geht auf die kollektive dunkle Seite der Menschheit zurück. Kein menschliches

Wesen kann oder sollte allein mit einer derart gefährlichen Bürde umgehen; man braucht eine Gemeinschaft, in der man solche Verletzungen ertragen und damit umgehen kann. Sonst fühlt man sich schrecklich isoliert und zerstückelt. Von dem archetypischen Leiden unserer Rasse besessen zu sein, ist für jeden zuviel, sogar für einen Helden. So kann zum Beispiel jemand den Einfluss von Krieg oder Antisemitismus so stark spüren, dass er vor Gram erstarrt oder wegen der fanatischen Wünsche anderer, seinesgleichen zu vernichten, zu selbstmörderischen Aktionen getrieben wird. „Schon gibt Verzweiflung mir ein bessres Leben", sagt Kleopatra in Shakespeares *Antonius und Kleopatra*. Wir können mit unserer misslichen Lage arbeiten und sie als Weg annehmen.

Ein spirituell entwickelter Erwachsener sucht keine Antwort, sondern er will wissen, was etwas zu bedeuten hat. Was undefiniert ist und uns Rätsel aufgibt, ist nämlich schwerer zu ertragen. Das, was für einen reifen Menschen sinnvoll ist, ist nicht unbedingt ein klares Verständnis, sondern vielmehr das Wissen darum, welche Gelegenheiten zur Förderung von Weisheit und Mitgefühl sich aus einem Ereignis ergeben. Den Sinn eines Ereignisses zu verstehen ist eher eine Sache der Wertschätzung als die einer intellektuellen Gewissheit.

Lassen Sie mich drei wunderbar zu unserem Thema passende Aussagen zitieren. C. G. Jung sagte. „Sinn macht die Dinge erträglich, vielleicht alle Dinge." Das sagt uns, dass wir zu allem, was uns passiert, Ja sagen können. Die Mystikerin Teresa von Avila meinte: „Wenn wir das annehmen, was uns widerfährt, und das Beste daraus machen, dann preisen wir Gott." Das Ja ist also ein Gebet, das uns befreit und transformiert. Der hinduistische Weise Govinda fügte dem hinzu: „Wir werden durch das, was wir annehmen, verwandelt. Und wir verwandeln das, was wir angenommen haben, indem wir es verstehen."

Die Herausforderung für einen Erwachsenen besteht also darin zu glauben, dass es einen Plan gibt, der sich in unserem

Leben durchsetzen will, auch wenn alles zu zufällig und unordentlich aussieht. Ein Ja, das achtsam und bedingungslos ist, bildet das Vergrößerungsglas, mit dessen Hilfe wir diesen Plan erkennen können. Dann sieht es für uns so aus, als betrachteten wir ein Sternbild und nicht eine Menge in zufälliger Anordnung über den Himmel verstreuter Sterne.

### Ein Ja dem Leiden, das die Natur mit sich bringt

*Erlösung ist eine Loslösung und Befreiung von einem früheren Zustand der Dunkelheit und Unbewusstheit und führt zu einem Zustand der Erleuchtung und des Sieges über alle „Gegebenheiten".*

C. G. Jung

Die Geschichte von der Erleuchtung des Prinzen Siddhârtha, der dadurch zu Buddha wurde, dem „Erwachten" oder „Erleuchteten", verdeutlicht die Tatsache, dass Leiden und Dunkelheit Teil der natürlichen Ordnung der Dinge sind – und dass die Natur eine Verbündete für uns ist, wenn wir uns unmittelbar mit den Realitäten des Lebens auseinandersetzen wollen. Der Legende nach saß Siddhârtha nach vielen Jahren der spirituellen Suche unter einem (später Bodhi-Baum genannten) Baum und legte das Gelübde ab, sich nicht wieder zu erheben, bevor er nicht Erleuchtung erlangt habe. Während er dort saß, griffen ihn die bösen Verbündeten Mâras, der Verkörperung aller die Erleuchtung verhindernden Kräfte, in Gestalt einer Armee von Dämonen an.

Nach einer thailändischen Version der Geschichte war Siddhârtha zu dieser Zeit von ihn lobpreisenden Devas, freundlichen halbgöttlichen Geistern, umgeben. Doch aus Furcht vor Mâra flohen sie bei dessen Angriff alle augenblicklich. Nur die Erdgöttin Nang Thoranee wich nicht von Siddhârthas Seite. Als der Buddha sie berührte, das heißt, als er die Erde berührte,[6] stieg sie als schöne Frau vor ihm auf. Da sie sich daran erinnerte, dass Buddha ihr einmal ein Wasseropfer dargebracht hatte, wrang sie ihr nasses Haar aus, so dass Wasserströme den Weg der anmarschierenden Armee überfluteten. Dann brachte sie Donner und Erdbeben hervor und schlug sie damit gänzlich in die Flucht. Die dunkle Seite der Erde wurde zu einer helfenden Kraft in Form von Naturkatastrophen. Die Mächte der Dunkelheit wurden nicht vernichtet, sondern nur vertrieben. Dies erkennt den Schatten-Archetyp an, der unter uns verbleibt, wie sehr wir uns ihm auch entgegenstellen mögen. Der Schatten ist eine unausrottbare Gegebenheit des Lebens.

Als Siddhârtha erleuchtet und zum Buddha wurde, waren die Dämonen angesichts so viel Lichts, das in die Welt kam, konsterniert. Dies ist der Archetyp der Verbindung der Gegensätze: Licht bringt Schatten hervor und Schatten bringt Licht hervor. Das Gute wird von bösen Mächten angegriffen und die Kräfte des Guten kämpfen gegen die Kräfte der Dunkelheit.

Der „Schatten" ist C. G. Jungs Bezeichnung für die dunkle Seite der Psyche, die in Einzelpersonen und kollektiven Ereignissen der Geschichte personifiziert und verkörpert werden kann. Unsere Verwirrung und die Impulse des Schattens dienen dazu, uns für uns selbst interessanter zu machen. Da die Natur einen Teil des Bewusstseins bildet, hat auch sie eine Schattenseite. Diese nimmt die Form von Erdbeben, Flutkatastrophen, Vulkanausbrüchen, Hurrikans, Tornados, Tsunamis und so weiter an. Die Natur besteht nicht nur aus Blumen und

---

[6] Die buddhistische Ikonographie stellt Shâkyamuni Buddha, den historischen Buddha, meist in Meditationshaltung sitzend dar, wie er mit einer Hand die Erde berührt, um sie als Zeugin seiner unerschütterlichen Entschlossenheit, Erleuchtung zu erlangen, anzurufen. (Anm. d. Übers.)

Häschen; sie enthält auch einige unangenehme und zutiefst zerstörerische Elemente. Die Natur zu lieben muss nicht heißen, an all ihrer Wechselhaftigkeit und ihren Launen Gefallen zu finden. Aber es bedeutet, alle Jahreszeiten und Erscheinungsformen der Natur zu ehren.

Was ist mit dem Ehren der Natur gemeint? Es ist das Ja der schlichten Anerkennung der schmerzvollen und unangenehmen Aspekte der natürlichen Welt – wie unerträglich sie auch sein mögen – als etwas Notwendiges und Unvermeidliches. Das heißt, dass wir uns mit dem Dunklen anfreunden statt es zu fürchten oder zu hassen. Wir schaffen einen Platz für den Schlamm, den Schleim, die giftigen Insekten, die Ratten, für all die Dinge und Orte, die uns so grässlich erscheinen, für die Gerüche und Geschmäcker, die uns so ekelig vorkommen, und für die unerwarteten Ereignisse, die uns erschrecken und verletzen. „Ich sah die Wasserschlangen ... keine Zunge könnte ihre Schönheit verkünden", sagt Coleridges Alter Seefahrer in seinem Augenblick der Erleuchtung. Erleuchtung zu finden heißt, Licht in der Dunkelheit zu sehen – eine weitere Verbindung von Gegensätzen.

Wir können ohne Klagen oder Zögern ein bedingungsloses, achtsames Ja zu den vielfältigen Erscheinungsformen von Licht und Dunkelheit in unserer planetaren Existenz aussprechen. Eine in Gut und Böse aufgespaltete Welt aufrechtzuerhalten, hat zur Folge, dass wir uns selbst in Furcht vor dem einen und Verlangen nach dem anderen aufspalten. Die Wirklichkeit mit ihren Gegensätzen ganz und gar anzunehmen und die Gegensätze miteinander zu versöhnen, ist Freiheit von den Fesseln von Furcht und Begierde. Auf diese Weise können psychische Gesundheit und Klarheit zu einer Gelegenheit zum Erwachen werden.

Im Buddhismus und in vielen anderen Religionen begegnen wir Darstellungen von glückseligen und rasenden Natur-Gottheiten. Diese sind Personifizierungen der unterschiedlichen

Aspekte unseres Innenlebens. Sie stellen keine gegensätzlichen Archetypen dar, sondern repräsentieren die vereinigte Wirklichkeit, die von unserem analysierenden Verstand so oft aufgespalten wird. Was bedeutet *glückselig* und *rasend*? Es sind subjektive Begriffe: Wenn wir im Ego gefangen sind, erscheinen uns die Archetypen unseres inneren Lebens als rasend; sind wir aber achtsam, erscheinen sie als glückselig. Sie wollen unsere Freunde sein und stellen unsere Loyalität mit ihrer schrecklichen Erscheinungsform auf die Probe. Schattengestalten, die uns erschrecken, werden zu Verbündeten, denn wenn wir uns mit ihnen konfrontieren, gewähren sie uns ihre Furchtlosigkeit. Dies geschieht, wenn wir eher von einem affirmierenden Ja motiviert sind als von der Frage nach dem Warum.

## Mit dem Schmerz anderer sein

Achtsamkeitsmeditation sollte zu einer täglichen Übung werden. Es gibt zwei Arten von Meditation, die wir in Betracht ziehen können. Die erste heißt Konzentrationsmeditation; dabei richten wir unsere Aufmerksamkeit in ruhigem Verweilen auf eine Vorstellung, ein Objekt oder ein Bild. Ruhiges Verweilen heißt, dass wir dabei nicht von Geisteshaltungen des Egos wie Furcht und Begierde unterbrochen oder umgetrieben werden. Die andere Art der Meditation heißt Achtsamkeitsmeditation; dabei konzentrieren wir uns nicht auf ein äußeres Objekt, sondern sind einfach nur von Minute zu Minute der Aktivitäten unseres Geistes gewahr. Wir nehmen das fortlaufende Geplapper in unserem Kopf wahr und realisieren, wie es zu dem Glauben führt, wir seien ein von anderen getrenntes Ich. Wir sind tatsächlich individuelle Wesen, aber wenn wir uns auf diese Tatsache versteifen, verlieren wir die Sicht auf die andere Wahrheit – dass wir miteinander verknüpft und letztlich nicht auf fixierte, endgültige oder unabhängige Weise voneinander getrennt sind. Achtsamkeit offenbart unsere wahre Natur innerhalb der Natur.

Psychologie und Spiritualität gehen ständig ineinander über. Für Jung gab es eine positive Dimension in dem mentalen Geplapper, das besonders während der Meditation um sich zu greifen scheint. Er sah es als einen Weg, die Bilder und Gedanken des Unbewussten zu erforschen. Der Buddha lehrte, dass wir in achtsamer Präsenz für den Augenblick leben sollten. Heinz Kohut, ein Vertreter der „Psychologie des Selbst", spricht von „emphatischer Immersion" (einfühlsamem Eintauchen). Das ist das engagierte Gegenwärtigsein des Therapeuten für seine Klienten – oder des Freundes für den Freund –, ohne die Einmischung von Urteilen, Vorhaben, ihn oder sie zu bessern oder zu ändern, und ohne persönliche Projektionen.

Achtsame Gegenwart bedeutet, dass ein Mensch den inneren Garten eines anderen betritt und hindurchgeht, ohne irgendeine Blume niederzutrampeln, ohne jemanden wegen des Unkrauts zu beschimpfen, aber mit großer Achtung für all die Zeit und die Mühe, die es brauchte, damit er so wachsen konnte, wie er ist. Wie kann man das in unseren Beziehungen erreichen? Es braucht einen zielgerichteten Fokus, zu dem man am besten in Kontemplation gelangt, der achtsamen reinen Aufmerksamkeit eines wachen und mitfühlenden Zeugen. Eine kontemplative Präsenz beinhaltet Hören, Sehen und gegenwärtig Sein, ohne die ablenkenden Geisteshaltungen von Furcht, Begierde, Kontrolle, Urteilen oder Projektion.

Auf diese Weise führt Erleuchtung dazu, uns von der Rüstung des Egos zu befreien. Dann lassen wir automatisch das Licht durchscheinen, da unser Ego nicht mehr im Wege steht. Wir werden zu einem Vehikel und nicht zu einer Straßensperre für das Licht. Um auf diese Weise bei uns selbst oder bei einem Freund oder Partner bleiben zu können, ist es erforderlich, dass wir frei von dem Bedürfnis sind, irgendetwas in Ordnung zu bringen oder die Kontrolle zu übernehmen. Ein Mensch akzeptiert einfach die Wahrheit des anderen, wie unklar, gebrochen, verzweifelt oder fragmentarisch sie auch sein mag.

In achtsamer und mitfühlender Gegenwart ist es für uns wie auch für andere völlig in Ordnung, einfach dahinzutreiben statt auf Kurs zu sein, das Ziel zu verfehlen, Sehnsucht ohne Erfüllung zu empfinden. Jeder Art menschlicher Erfahrung wird in diesem Zendô der Liebenden Güte Gastfreundschaft gewährt. In der buddhistischen Tradition ist Avalokiteshvara der Buddha des Erbarmens, und sein Name bedeutet wörtlich „Er, der die Schreie der Leidenden hört". Zuhören ist offenbar eine heilende Übung.

Einfühlsame Präsenz bedeutet, dem Schmerz eines anderen mit den folgenden fünf Qualitäten zu lauschen: Aufmerksamkeit, Annahme, Wertschätzung, Zuneigung und Zulassen. Wir sind aufmerksam, ohne abgelenkt zu sein. Wir nehmen das an, was gesagt wird, ohne es zu bearbeiten, etwas hinzuzufügen oder etwas zu entfernen. Wir spüren echte Anteilnahme an dem, was diesem Menschen geschieht und was ihm geschehen wird. Wir lassen jegliche Gefühle zu, jegliches Schweigen oder jegliche Hirnfilme, die beim anderen in diesem Augenblick ablaufen, ohne zu versuchen, ihn zu tadeln, ihn zu bremsen oder ihn zu kritisieren. Dieselben fünf Qualitäten sind notwendige Bestandteile von Unterstützung, Spiegeln, Mitgefühl und inniger Liebe.

Ein Freund, der in unserer Gegenwart leidet, wird bald die beruhigende Gewissheit haben, dass es immer in Ordnung ist, in unserer Gegenwart verstört, deprimiert oder durcheinander zu sein. Er weiß, dass wir nicht von ihm erwarten, „sich am Riemen zu reißen". Er weiß, dass wir ihn nicht mit tröstenden Zitaten von Buddha oder Christus eines Besseren belehren werden. In diesem tragenden Umfeld von Empathie darf der leidende Mensch die schroffen und schmerzensreichen Winkel seiner Psyche erkunden. Er hat einen Kameraden gefunden, der mit ihm im Dunkeln sitzen kann. Er kann seine schlimmste Seite zeigen, ohne Tadel oder Beschämung auf sich zu ziehen.

Diese spirituelle Praxis von nicht-urteilender Gegenwart hat paradoxe Auswirkungen. Denn wenn einem Gefühlszustand oder einer unmittelbaren Erfahrung in vollkommener Sicherheit Gehör verschafft wird, findet eine wunderbare Öffnung statt. Automatisch verändert sich etwas. Sobald jemand in vollem Umfang einen Moment der Selbstbestätigung erfährt, wird ihm eine innere Erlaubnis, loszulassen und weiterzugehen gewährt, die aus der Tiefe der Psyche kommt. Man gewinnt eine Peilung, wenn der Steuermann eine ehrliche Sicht der Position des Schiffes hat, ganz gleich wie verloren oder weitab vom Kurs es sein mag. Der Dichter Christopher Buckley empfiehlt, dass wir „uns für etwas zu dessen eigenen Bedingungen öffnen". Diese Praxis der Einfühlung ist nicht weniger als das bedingungslose Ja, das auf die unmittelbare Erfahrung des Leidens angewandt wird.

Mitleid mit jemandem zu haben ist kein Mitgefühl, da es letzten Endes hierarchischer Natur ist. Mitgefühl geschieht, wenn wir den anderen als gleich akzeptieren und den Schmerz des anderen als etwas, was auch wir zuweilen spüren können. „Lass uns einfach beisammen sitzen und uns das gemeinsam anschauen. Das ist dir passiert. Lass mich hier mit dir sein, während wir beide Zeuge des Geschehens sind." Ich bin nicht der Zeuge der Wirklichkeit dieses Menschen; *wir* sind ihre Zeugen. Das ist ein ungemein wichtiges Merkmal dieses Paradoxes. Auch der andere Mensch muss einen Schritt zurücktreten und auf seine eigene Erfahrung als mitfühlender und wacher Zeuge zurückblicken und nicht als Richter, Opfer oder Strafverfolger. Nur bei gleichzeitiger Achtsamkeit kann es zu der heilenden Veränderung kommen.

Wie aber kommt es zu dieser Veränderung? Wenn wir gemeinsam in Achtsamkeit kontemplieren, dann sehen wir die andere Person mit mehr Empathie und sie sieht sich selbst mit mehr Empathie. Eine solches Weichwerden dem Ereignis und sich selbst gegenüber führt zu einer Veränderung der Geschichte. Wenn Scham ein Problem war, muss das Ereignis zensiert worden sein. Eine achtsame Kontemplation löst dies auf. Wenn

Furcht ein Problem war, kann die Situation für Alternativen geöffnet werden, und das verringert das Gefühl, in der Falle zu sitzen, von dem die Angst lebt.

Wenn ich auf diese Weise emphatische Achtsamkeit übe, gewinne ich selbst, weil ich lerne, mit liebevoller Neugier hinzusehen. Ich kann die Gegebenheit einer Mondlandschaft zulassen, statt einen üppigen Garten zu verlangen. Ich bin für das, was geschieht, präsent und lehne es nicht zugunsten meiner Lieblingsversion der Wirklichkeit ab oder versuche, den anderen dazu zu bringen, „die Sache doch endlich zu vergessen". Ich habe keine Fragen oder Vorschläge, sondern richte lediglich meine Aufmerksamkeit auf die Worte, Gefühle, Stimmungen, Gesten, Körpersprache, Augen und jegliche andere Arten der Kommunikation. Ich bin vollkommen präsent, weil ich den Geist eines Anfängers habe. Ich spiegele die Gefühle des anderen wider. Ich bin mir klar darüber, was ich selbst fühle, ohne mich in die Gefühle des anderen einzumischen. Wenn ich auf diese Weise Spiegelung und Übereinstimmung miteinander verbinde, verleihe ich dem anderen das Gefühl, gehalten zu werden. Ich sorge für einen Behälter, in dem sogar die schrecklichsten Augenblicke des anderen beachtet, durchlebt und überlebt werden können.

Unsere geistigen Überlagerungen wie Furcht, das Verlangen zu kontrollieren oder etwas in Ordnung zu bringen, das Urteilen oder Zensieren sowie Illusion oder Projektion sind ganz normale Reaktionen für alle von uns, wenn wir eine Geschichte hören. Wir denken automatisch an Lösungsmöglichkeiten, wenn wir mit Problemen konfrontiert werden. Achtsamkeit bedeutet, aus dem Zug der Gedanken auszusteigen. Wenn wir Achtsamkeit praktizieren, können wir unsere Reaktionsmuster vorübergehend aufheben, damit wir für die nackte Qual eines anderen wirklich präsent sein können. Wenn ich mich selbst dabei ertappe, zu urteilen, nehme ich es einfach nur wahr und kehre zu dem Augenblick und zu dem, was die Person mir gegenüber erfährt, zurück. Wenn ich feststelle, dass ich meine eigenen Ängste auf den anderen übertrage, klopfe ich mir metaphorisch auf die Schulter und richte meine Aufmerksamkeit wieder auf die Gefühle des anderen.

Ich stelle fest, dass ich viel mehr mit meinem Herzen und seiner Empathie in Kontakt bin, wenn meine eigenen Reaktionsmuster (Furcht, Urteilen, Tadel, das Bedürfnis einzugreifen, Haften an einem Ergebnis) in den Hintergrund treten. Ich reagiere mit einem Verständnis, das den anderen nicht als Opfer ansieht. Ich sehe das alles schlicht und einfach als *Tatsache* an, und die Tatsache spricht für sich selbst und erscheint vor mir mit einer machtvollen und herausfordernden Eindringlichkeit.

Unsere Empathie umfasst auch uns selbst. Wir erfinden alle eine Story des Lebens, um uns selbst oder andere zu verurteilen oder reinzuwaschen. Aus dieser Geschichte, die wir uns selbst und anderen immer wieder erzählen, stellen wir dann einen Satz zentraler Skripts zusammen; wir sind beispielsweise hilflose Opfer unserer Vergangenheit oder der Art und Weise, wie Menschen uns heutzutage behandeln. Diese Drehbücher erklären unsere Lebenssituation und befreien uns von der Aufgabe, unser Leben auf bewusste Weise zu verbessern. Achtsam in unserem eigenen Schmerz präsent zu sein, ist eine Befreiung aus diesem Unterstand aus Illusionen. Es bedeutet, sich lieber in die explizite Wirklichkeit zu begeben, als sich in der impliziten Illusion zu verstecken.

## Wenn Aufmunterung nicht funktioniert

Ich bemerke, dass ich oft in Versuchung bin, aufmunternde Bemerkungen zu machen, wenn ein Freund deprimiert oder aus irgendeinem Grunde leidet. Die bewährten und wahren Plattitüden von Hoffnung und Verheißung unterbrechen jedoch das, was in dem verzweifelten Menschen gerade geschieht. Manchmal ist alles, was jemand empfinden kann, Verzweiflung. In der dunklen Nacht der Seele verlieren wir den Schlüssel zu der Weisheits-Bibliothek mit all ihren tröstenden Worten, wie die Dinge sich bessern würden, dass es immer ein Licht am Ende des Tunnels gäbe und dass der Tod zur Wiederauferstehung führe. Der archetypische Wert spiritueller Wahrheiten ist dem Bewusstsein nicht immer zugänglich, wenn wir uns in den Tiefen der Verzweiflung befinden. Diese Leere verdient ihre eigene Zeit und ihren eigenen Raum.

Hoffnung ist eine Fanfare, die nur ertönen – oder gehört werden – kann, wenn die rechte Zeit gekommen ist. Wir sind achtsam, wenn wir das ehren, was in diesem Augenblick persönlich wahr ist, nicht das, was zu allen Zeiten universell wahr ist. Dieser unserer Wahrheit – auch wenn es nur eine begrenzte ist – Ausdruck zu verleihen, hat im Moment Vorrang vor jener Wahrheit, von der wir glauben, dass sie im Großen und Ganzen gilt.

Eine existenzielle Wirklichkeit wird durch ihren Augenblick und unsere Stimmung konditioniert. Das ist die Gestalt, die wir in unserer Bedingtheit erfahren. Die essenzielle archetypische Wirklichkeit ist der Grund, der bedingungslos ist. Die existenzielle Wirklichkeit haben wir genau vor der Nase; die essenzielle Wirklichkeit ist solange unsichtbar, bis wir in sie hinübergleiten. Die Herausforderung besteht darin, unerschütterlich im Hier und Jetzt der existenziellen Wirklichkeit zu stehen, wie unerquicklich diese auch sein mag, während die essenzielle Wahrheit – die immer tröstlich ist – noch irgendwo hinter den Kulissen verborgen ist und auf ihren Auftritt wartet, der kommt, wenn es ihr gefällt.

Das Paradoxe ist, dass tieferes Hineingehen in die Verzweiflung Zugang zur Hoffnung gewährt, ganz und gar in den Schmerz hineinzugehen, Zugang zu Heilung gewährt, und gänzlich in die Dunkelheit zu gehen, eine Öffnung zum Licht schafft. Eine bedingungslos angenommene missliche Lage bildet die Schwelle zu dem, was als nächstes kommen wird. Das „entweder – oder" wandelt sich zu „sowohl – als auch". Wie? Wir galoppieren nicht mehr mit dem Banner der Hoffnung in das unerforschte Gebiet einer jeden Laune oder eines jeden Schmerzes und behaupten, alles unter Kontrolle zu haben. Wir bleiben einfach bei unserer eigenen Wahrheit und der des anderen, und diese Treue schafft ein Milieu, in dem Transformation geschehen kann.


### Die trächtige Leere

*Wenn wir herausfinden, dass die große Leere von Ch'i erfüllt ist, erkennen wir, dass es so etwas wie ein Nichts nicht gibt.*

CHANG TSAI


Der Römische Dichter Ovid schrieb: „Erkennst du nicht, dass das Jahr in Nachahmung unseres eigenen Lebens vier Teile hat?" Die Jahreszeiten in der Natur spiegeln die Perioden von Licht und Dunkelheit in unserem eigenen Leben wider. Ewigen Frühling zu erwarten, ist keine erwachsene – oder natürliche – Weise, in der Zeit zu leben. Das Jahr beginnt mit dem Frühling, in dem neues Leben sowohl in der Pflanzen- als auch in der Tierwelt erscheint. Im Sommer ist das Leben in voller Blüte, wenn Jungtiere geboren werden und wachsen und Früchte heranreifen. Im Herbst ist die Wachstumsfülle zur Ernte reif. Im Winter fällt alles in einen Ruhezustand der Unproduktivität, so wie manche Tiere Winterschlaf halten. Im darauf folgenden Frühling kehrt alles ins Leben zurück, wenn der Zyklus erneut beginnt. Leiden und Zuendegehen charakterisieren jede einzelne Phase wie auch Freude und Erneuerung.

Entsprechend erfahren wir in unserem Leben die vier Jahreszeiten: Neuheit, Fülle, Ernte und Ruhezeit, und dann beginnt alles von neuem. Jede dieser Zeiten bringt ihre eigenen schmerzvollen Herausforderungen mit sich. Dunkle Zeiten sind die Vorraussetzung für Erneuerung. Eine Rose kann ihr Wiedererscheinen im nächsten Frühling nur garantieren, wenn sie zur Samenkapsel wird und stirbt. Die Samen sind erst bereit, wenn die Blüte verwelkt ist, und nur solche gereiften Samen werden in Zukunft keimen können. Das Ende ist die notwendige Voraussetzung für die Wiederauferstehung. Wir müssen womöglich auf vielfältige Weise sterben, damit wir auf neue Art leben können. Die Natur gibt ein Beispiel für achtsames Loslassen, da sie keinen Trennungsschmerz empfindet, wie wir es tun. Sie hält sich einfach an ihre Jahreszeiten und geht ohne Widerspruch durch sie hindurch, wie dunkel sie auch sein mögen. Doch unser Ziel ist es nicht, genauso wie die Natur zu sein. Wir ahmen ihr Loslassen nach, nicht aber ihren offenkundigen Stoizismus. Unsere Tränen sind wertvoll, notwendig und ein Teil dessen, was uns zu solchen liebenswerten Geschöpfen macht.

Zur Topographie unseres Planeten gehören weite Wüstengebiete. Aus archetypischer Sicht repräsentieren sie die dunkle Seite der blühenden Welt. Die Natur ist eine Metapher unseres inneren Lebens. Insofern können wir erwarten, dass es auch in unserer Psyche eine quälende Zeit einer inneren Wüste gibt, in der sich nichts zu bewegen und nichts in uns zu wachsen scheint. Eine solche qualvolle Leere ist die dunkle Nacht in unserem Leben, wenn die Fülle verschwunden ist, wenn uns nichts zu beleben oder zu erneuern vermag, wenn die Dinge nicht besser werden, so sehr wir uns auch bemühen, wenn unsere spirituelle Praxis schal wird und keinen Trost mehr spendet. Dies ist die unbarmherzige Schattenseite unserer psychischen Welt, eine Wildnis ohne einen Silberstreifen am Horizont.

Wir schätzen Wüsten als für den Planeten nützliche Landschaften. Aber wir vertrauen meist nicht darauf, dass unsere eigenen leeren und verwüsteten Augenblicke Inkubationszeiten in der evolutionären Ökologie unserer Innenwelt sein können. Jeder Tag beinhaltet einen klaren Mittag und eine geheimnisvolle Mitternacht. Da dies so regelmäßig und einem jeden von uns geschieht, muss es wohl berechtigt und sogar nützlich sein, zu manchen Zeiten vollkommen klar und glücklich und zu anderen Zeiten unglücklich und im Dunkeln zu sein. Tatsächlich geht der Brotteig im Dunkeln auf. Wir werden von Licht *und* Dunkelheit genährt. Ein spirituelles Leben führt, wer einen Weg findet, zu beidem Ja zu sagen.

Zeiten qualvoller Leere sind deshalb eine Herausforderung, bei uns selbst zu bleiben. Zu bleiben heißt Ja zu sagen. Achtsamkeit ist eine Praxis des Aufmerksam-Seins und Verweilens. Achtsame Präsenz in der Leere geschieht, wenn wir dem, was ist, Aufmerksamkeit schenken, ohne zu versuchen, es zu verstehen, und wenn wir dabei bleiben, ohne zu versuchen, es zu beenden. Wenn wir einfach nur bei der Erfahrung der Leere bleiben, wird sich schließlich etwas in ihr und in uns öffnen.

Aus unserem Ja zur Leere wird nicht Leerheit geboren, sondern weiter Raum, Transparenz – zwei leuchtende Beschreibungen eben jenes des Nicht-Selbst, das wir im spirituellen Erwachen finden. Wir sagen Ja zur stillen Dunkelheit, und sie erweist sich als eine notwendige – ja sogar freundliche – Oase in unserer inneren Landschaft. Wir suchen nicht mehr nach Dingen oder Menschen, die uns retten. Schließlich wird der Raum so bedeutsam und so nährend wie die Dinge oder die Menschen, die ihn füllen sollten.

In der Leere fühlen wir uns zersplittert und sogar unwirklich. Der britische Psychiater D. W. Winnicott sagt: „Es ist ungesund, die jedem Menschen eingeborene Kapazität zu leugnen, nicht integriert und entpersönlicht zu werden und zu spüren, dass die Welt unwirklich ist." Es ist, mit anderen Worten, eine

Gegebenheit des Lebens, dass wir uns manchmal isoliert und unwirklich fühlen. Dann fühlen wir uns verloren und verwirrt. In H. D. Thoreaus Leben finden wir eine natürliche Metapher dafür. Er betrachtete das ziellose Umherstreifen in den Wäldern als spirituelle Praxis: „Erst wenn wir uns verloren fühlen … fangen wir an, uns selbst zu finden und zu begreifen, wo wir sind und wie unendlich das Ausmaß unserer Beziehungen ist."

Wir brechen manchmal zusammen. Das ist eine Gegebenheit. Unser achtsames Ja ist der Weg, sie zu durchleben. Die richtige Anstandsregel in der Leere ist nicht, die Kontrolle wiederzugewinnen, sondern einfach im Dunkeln zu sitzen. Dies erfordert Vertrauen und Demut. Vertrauen bedeutet zu glauben, dass dies nicht geschehen würde, wenn es nicht dazu diente, uns wachsen zu lassen. Demut bedeutet, die Wirklichkeit zu akzeptieren ohne zu versuchen, sie auszutricksen.

Im alten Ägypten war der Skarabäus (oder Heilige Pillendreher) ein heiliges Symbol für Einheit und Selbstregenerierung. Die Evolution des Skarabäus vom Ei zum ausgewachsenen Käfer ist eine Metapher für unsere Reise zur spirituellen Reife. Der Skarabäus legt und befruchtet seine Eier in Kot, der verachtenswertesten Form von Materie, und verknüpft so mit unverblümter Sachlichkeit seine Metamorphose mit der Erde. Der Skarabäus rollt den Dung, der seine Eier enthält, zu einer Kugel, rollt sie bei Tage vor sich her und vergräbt sie bei Nacht im Sand. Der Zwölfstunden-Zyklus der Bewegung vom Licht, dem Bekannten, zur Dunkelheit, dem Unbewussten, repräsentiert die notwendigen Rollen sowohl des Bewussten als auch des Unbewussten – Klarheit und Leere – in der Erzeugung und während des Reifeprozesses zum spirituell Ausgewachsenen dar. Wachstum erfordert eine sowohl Licht wie Dunkelheit umfassende Reise. Der Käfer rollt seine Dungkugel über die Erde, gibt auf sie Acht, bleibt bei ihr, ist ihr gegenüber loyal und vertraut auf den alchimistischen Transformationsprozess, der eintritt. Dies ist die Verbindung von Vertrauen und Demut.

Das Ei des Käfers nimmt die Form einer Larve an. Diese Larve ernährt sich dann von dem Dung, der Grundlage der Erde, um sich zu entfalten. Die Larve des Skarabäus wird dann zu einem klebrigen undifferenzierten Kokon. Diese dunkle Nacht der Seele, die Leere, in der wir nicht wissen, wer wir sind und uns unwirklich fühlen, erweist sich nun auch für unsere Evolution zur spirituellen Reife als notwendig. Wenn der Skarabäus aus dem Kokon hervorkommt, ist er ausgewachsen und bereit, den Zyklus neu zu beginnen und seinen eigenen Nachwuchs hervorzubringen. Die Jahreszeiten im Leben eines Skarabäus sind die Jahreszeiten unseres spirituellen Lebens: Geburt, Tod, Wiedergeburt.

Die Metapher des Skarabäus zeigt dem rationalen Verstand, dass Zyklen nicht mechanisch sind. Sie sind eine tägliche und häufig riskante Chance zur Wiedergeburt. In der Natur gibt es ein Licht, das aus der Dunkelheit aufsteigt. Das ist die Morgendämmerung. Es gibt eine Geburt, die aus dem Tod entspringt. Das ist Vegetation. Es gibt eine Erneuerung, die aus einem Ende hervorgeht. Das ist Frühling. Wir tragen genau diese selben Verheißungen in unserem Herzen, und alles, was nötig ist, damit sie weiterhin auftreten, ist ein Ja zum Leben mit all seinen zwingend notwendigen Einfaltungen und all seinen gewissen Entfaltungen. Wir gelangen zu spiritueller Reife, wenn wir bereitwillig in die Dunkelheit gehen und das Licht weitergeben, das entsteht, wenn wir Ja zum Ende sagen und einen neuen Anfang bemerken, wenn wir Ja zum Verlust sagen und Erneuerung entdecken. Wie geschieht das? Das ist das unserem bedingungslosen Ja inhärente Ergebnis.

Auch Shakespeare bringt letztlich zum Ausdruck, wie die Jahreszeiten der Natur und unsere Verbindung zu ihnen uns lehren, wer wir sind und worin unsere Herausforderung besteht. In der Rede des Herzogs in *Wie es Euch gefällt* personifiziert er die dunklen Möglichkeiten der Natur als weise Führer, die uns helfen, uns mit Achtsamkeit und Gefühl selbst zu finden:

Sind diese Wälder
Nicht sorgenfreier als der falsche Hof?
Wir fühlen hier die Buße Adams nur,
Der Jahrszeit Wechsel; so den eisgen Zahn
Und böses Schelten von des Winters Sturm;
Doch, wenn er beißt und auf den Leib mir bläst,
Bis ich vor Kälte schaudre, sag ich lächelnd:
«Dies ist nicht Schmeichelei; Ratgeber sind's,
Die fühlbar mir bezeugen, wer ich bin.»
*(Hervorhebung des Autors)*

---

*Möge ich, indem ich Ja sage zum Umstand des Leidens, die dunkle Seite des Lebens akzeptieren und einen Weg durch sie hindurch finden, und möge ich dann jenen, die ebenfalls leiden, ein mitfühlender Begleiter sein.*

---

# 5
# Die Menschen sind nicht immer liebevoll und loyal

*Denn wir müssen uns über eines im Klaren sein: Wenn man nur dann lebt oder liebt, wenn man weiß, dass man vertrauen kann, nur dort, wo man sich sicher und aufgehoben fühlt, wo man nicht verletzt oder im Stich gelassen werden kann, wo das Versprochene für ewig bindend ist, so bedeutet das, allem Unheil und damit dem echten Leben aus dem Wege zu gehen. Und es spielt keine Rolle, um was für ein Gefäß des Vertrauens es sich handelt – Analyse, Ehe, Kirche oder Gesetz – jegliche menschliche Beziehung.*

JAMES HILLMAN

Manche Menschen agieren unehrenhaft; manche lügen; manche sind scheinheilig. Zum Erwachsenwerden in psychologischer und spiritueller Hinsicht gehört, all dies zu erkennen, ohne es zu zensieren oder Vergeltung üben zu wollen. Wir gestatten es anderen nicht bereitwillig, uns gegenüber unehrlich oder verletzend zu sein, wenn wir es verhindern können. Wenn sie es sind, verlangen wir Wiedergutmachung. Wenn das alles nichts nützt, lassen wir los. Wenn sich herausstellt, dass diejenigen, die wir als Lehrer oder Vorbilder respektieren, in ihrem persönlichen Leben Scheinheilige sind, verringert das nicht die Berechtigung ihrer Lehren. Ein Erwachsener weiß, dass die Lehre der Lehrer ist. Der Mensch, der lehrt, ist nur ein Sprachrohr, und ein Rohr ist selten perfekt. Ich genieße die Bootsfahrt, auch wenn sich herausstellt, dass der Steuermann ein Schlitzohr ist.

Die Menschen halten manchmal ihre Versprechen und manchmal nicht. Manchmal werden wir loyal und ehrlich, ja sogar bedingungslos geliebt. Manchmal werden wir gehasst, abgelehnt, verlassen oder verraten. Ein Erwachsener hat gelernt, locker damit umzugehen. Wir spüren den Schmerz, aber er schmettert uns nicht nieder oder bringt uns aus dem Gleichgewicht. Wir empfangen mit Offenheit und Wertschätzung Liebe. Wir empfangen Loyalität mit Dankbarkeit. Wir handeln bei Verrat mit der Stärke, die wir durch unsere psychologische Arbeit gewonnen haben. Wir lassen den Wunsch nach Vergeltung los und handeln dank unserer spirituellen Praxis mit Mitgefühl. Wir wollen uns von dem, was andere tun, nicht so sehr in Mitleidenschaft ziehen lassen, dass wir unsere Fähigkeit zu lieben verlieren, die alles ist, worauf es uns jetzt ankommt.

Manche Menschen mögen uns und manche mögen uns nicht; manche stehen für uns ein und manche verraten uns; manche sorgen sich zärtlich um unsere Gefühle und manche trampeln auf ihnen herum. Diese Vielfalt als Gegebenheit zu akzeptieren, verringert die Wahrscheinlichkeit, dass wir uns von den Reaktionen anderer in unserem persönlichen Wert bestimmen lassen. Unsere spirituelle Praxis ist ein freimütiges Ja zum vollen Spektrum der menschlichen Reaktionen, denen wir in unserem Leben begegnen. Das befreit uns davon, ein schlechtes Gefühl in Bezug auf uns selbst zu haben oder jemand anderem Unrecht zu tun, weil er uns nicht liebt. Kein menschliches Wesen ist jemals von allen geliebt und respektiert worden. Das müssen wir als einfache Tatsache des Lebens in uns aufnehmen. Dann nehmen wir die Reaktionen der anderen auf uns mit Achtsamkeit wahr und fahren fort, die anderen zu lieben und zu respektieren, was auch immer geschehen mag. Unsere Fähigkeit zu lieben wird unversehrt überleben.

Unsere spirituelle Praxis der Liebenden Güte allen Wesen gegenüber hilft uns, diese raue Haut mit einem weichen Herzen zu verbinden. Auf diese Weise helfen uns Verletzungen, unser eigenes Potential für bedingungslose Liebe und bedingungsloses Mitgefühl zu entdecken. Menschen tun Dinge, die uns verletzen, aber später realisieren wir, dass sie uns damit durch ein Tor in uns gestoßen haben, von dem wir nicht einmal geahnt hatten, dass es vorhanden war. Der Schmerz, den wir empfunden haben, war das Gefühl, gestoßen zu werden.

Wir können zwei Arten von Verletzungen unterscheiden: Absichtliche und Folgeverletzungen. Wenn wir zum Beispiel eine Beziehung eingehen, ist eine der Gegebenheiten, dass beide Partner sie beenden können. Zu absichtlicher Verletzung kommt es, wenn die Menschen uns auf grausame und gedankenlose Weise verlassen. Dies bereitet uns Schmerzen, und wenn wir ein spirituelles Bewusstsein haben, spüren wir diesen Schmerz, ohne Pläne zur Vergeltung zu schmieden. Folgeverletzungen stellen sich als natürliche und unausweichliche Ergebnisse von Ereignissen und vernünftigen Entscheidungen ein. Unser Partner beendet beispielsweise unsere Beziehung auf freundliche und respektvolle Weise. Wir beide haben beide unser Bestes versucht, aber die Beziehung funktionierte einfach nicht. Wir fühlen uns verletzt, aber dies ist eine Folgeverletzung und keine absichtliche Verletzung, und sie führt zu Kummer und dazu, dass wir weitergehen.

Manchmal verletzen wir andere. Wenn wir es absichtlich tun, verspüren wir Schuldgefühle – das ist ein eingebautes Warnsignal, das uns hilft zu erkennen, dass Wiedergutmachung angesagt ist. Wenn es infolge einer berechtigten Entscheidung zu Verletzungen kommt – etwa wenn wir eine ungesunde Beziehung beenden –, machen wir uns keine Vorwürfe. Wir finden Wege, mit Freundlichkeit und nicht mit Bitterkeit zu gehen und wir stehen weiterhin zur Verfügung, um am Schmerz des Partners so lange Anteil zu nehmen, wie es angemessen ist.

Wenn andere uns nicht anerkennen oder uns verächtlich behandeln, uns ablehnen oder uns nicht beachten, ist es vollkommen natürlich, verletzt zu sein, da wir aus durchlässigem Stoff gemacht sind. Unsere Arbeit als psychologisch gesunde Erwachsene besteht darin, den Schmerz zu spüren anstatt vor ihm davon zu laufen. Unsere Praxis als spirituell reife Wesen besteht darin, den Schmerz zu spüren, ohne Vergeltung üben zu müssen. Wenn wir uns stärker verletzt fühlen als der Anlass rechtfertigt, sollten wir uns vielleicht selbst prüfen und uns fragen, ob unser Ego mit seinen Ansprüchen und Forderungen da nicht im Spiel ist. Wenn dem so ist, dann können wir unsere Fassade im Spiegel betrachten und sagen:

- Furcht: Ich befürchte, nicht zu überleben, wenn ich nicht von allen geliebt werde, und werde so zur Quelle meines eigenen Leidens.

- Anhaften: Ich hänge an einer bestimmten Vorstellung von dem, was man mir schuldig ist, und bin somit eine Quelle meines eigenen Leidens.

- Kontrolle: Ich will die Reaktionen der anderen mir gegenüber kontrollieren und bin auf diese Weise eine Quelle meines eigenen Leidens.

- Ansprüche: Ich glaube, dass ich ein Recht auf Liebe und Loyalität von jedem habe, bestehe auf Erfüllung dieser Ansprüche und mache mich auf diese Weise zur Quelle meines eigenen Leidens.

- Ich lasse die Furcht los, indem ich mehr Liebe zeige und die Herausforderungen des Lebens reizvoll finde.

- Ich lasse vom Hängen an meinen Vorstellungen, wie andere sich mir gegenüber verhalten sollten, ab und ak-

zeptiere die Gegebenheit des Lebens, dass nicht jeder mir gegenüber die ganze Zeit liebevoll, wahrhaftig, ehrlich, fürsorglich und loyal ist.
- Ich lasse die Kontrolle los und lasse andere mich mögen oder nicht mögen, wie es ihnen gefällt.
- Ich lasse meine Ansprüche los, von jedermann geliebt und respektiert zu werden, und entscheide mich stattdessen, meinen Fokus darauf zu richten, allen, denen ich begegne, gegenüber liebevoll und respektvoll zu sein. Darauf kommt es mir jetzt an.
- Ich bin mir immer dessen bewusst, dass auch ich nicht ständig liebevoll und loyal bin, und arbeite daran, es zu werden.

### Der lebenslange Einfluss der Kindheit

Als Jugendlicher habe ich versucht, meine ersten Barthaare zu verbergen. Ich erinnere mich, dass ich mich ihrer sogar geschämt habe. Es schien mir gefährlich zu sein, in meiner eng verbundenen italienischen Familie ein Erwachsener zu werden. Ich dachte, ich würde meinen Platz im Haushalt verlieren, wenn es so aussähe, als sei ich bereit, mein Heim zu verlassen. Mein Bedürfnis der Zugehörigkeit war viel stärker als mein Impuls zu wachsen. ==Der Preis der Zugehörigkeit ist manchmal der, klein zu bleiben.==

In einer tragenden Umgebung entsteht ein Gefühl der Zugehörigkeit, sie bietet einen sicheren Rahmen, der alles, was wir sind, aufnimmt und willkommen heißt und unsere jeweils einzigartige Richtung des Wachstums fördert. Andere Säugetiere laufen *irgendwo hin,* wenn sie sich bedroht fühlen oder sich in einer Krise befinden, doch Primaten laufen *zu jemandem.* Um diese Familienbindung zu gewährleisten, müssen wir vielleicht unsere Erwachsenen-Bedürfnisse einschließlich unseres Wachstumsbedürfnisses aufgeben. Wir könnten uns zum Beispiel selbst zensieren statt frei heraus zu reden. Bei manchen Fernsehfilmen heißt es im Vorspann: „Dieser Film wurde verändert, damit er auf Ihren Bildschirm passt." So etwas könnte auch auf uns selbst zutreffen. Unser wahres Selbst muss möglicherweise modifiziert werden, damit es auf unseren Familienbildschirm passt. Wir müssen dann vielleicht bestimmte Phantasien schaffen, wie etwa die Vorstellung, dass Barthaare gefährlich sind und verborgen werden müssen. Denn schließlich ist ein Heiligtum, so zugig es auch sein mag, besser als ein leeres Haus.

Wenn wir jung sind, streben wir nach Verständnis. Wir werden zornig, wenn wir es nicht bekommen. Wenn unsere Eltern unserem Bedürfnis nach Verständnis nicht entsprechen, verzweifeln wir. Manchmal funktioniert nichts von dem, was wir tun, um die Liebe zu erhalten, die wir suchen, und der Haushalt selbst – der ein Heiligtum sein sollte – wird erschreckend und gefährlich. Wir empfinden Panik – Furcht ohne die Möglichkeit einer Lösung. Es ist sogar noch schlimmer, wenn der Elternteil, zu dem wir gern laufen würden, derjenige ist, der uns Angst einjagt. Anstelle einer nährenden Mutter haben wir vielleicht eine Hexe als Mutter gehabt, und es gab keine Zuflucht, wo wir uns geborgen fühlten. Ein solcher Verrat kann dazu führen, dass wir emotional unfähig sind, erfolgreich Beziehungen zu knüpfen. Wir können beispielsweise ständig den anderen misstrauen, besonders unseren Liebespartnern. Mit Hilfe unserer zweihändigen Übung (siehe Seite 43) können wir beide halten: „Man kann den Menschen nicht immer trauen" und „Ich verschließe mich wegen dieser Tatsache nicht für andere".

Wenn wir uns der unerquicklichen Gegebenheit, dass uns jedermann betrügen kann, bewusst werden, akzeptieren wir folgerichtig die Tatsache, dass unser Vertrauen in andere ein vorläufiges sein muss und kein uneingeschränktes sein kann. Die Rolle des Zeugen macht uns stark, sie schenkt uns die

Kraft, Zuverlässigkeit zu schätzen, aber nicht mehr davon abhängig zu sein, dass sie absolut ist. Wir trauen uns nun, sowohl Loyalität in Dankbarkeit anzunehmen als auch streng mit Verrat umzugehen, ohne dabei je rachsüchtig zu sein.

Vertrauen beginnt in der frühesten Kindheit. Einige von uns haben zuverlässige Eltern gehabt, andere nicht so zuverlässige. Es kann sein, dass wir heute nach Partnern suchen, die unsere ursprünglichen Erfahrungen umkehren oder wiederholen. Es ist eine machtvolle Gegebenheit des Lebens, dass die Kindheit einen langfristigen Einfluss auf unsere Entscheidungen ausübt, ob diese nun nur uns selbst oder unsere Beziehungen betreffen.

Unser Wünsche und Ängste der Vergangenheit sind unauslöschlich in jede Zelle unseres Körpers eingeprägt. Wir suchen immer nach der Liebe, die uns gefehlt hat. Wir fürchten, dass sich die Schicksalsschläge, die wir nicht vergessen können, wiederholen. Wir suchen eine oder alle der intimen Qualitäten, derer wir in unserem Erwachsenenleben ebenso wie in unserer Kindheit bedürfen: Aufmerksamkeit, Akzeptanz, Wertschätzung, Zuneigung und Zulassen.

Einige unter uns haben zu wenig bekommen. Einige unter uns haben zu viel bekommen. Eltern, die uns verhätschelt haben, haben uns eher Bedürfnisse eingeimpft als sie erfüllt. Unerfüllte oder nicht ganz erfüllte Bedürfnisse werden später übertrieben. Übererfüllte Bedürfnisse können zu der Angst führen, erdrückt zu werden, einem Gefühl, dass Intimität zudringlich ist, wie zärtlich sie auch sein mag. Nicht ausreichend erfüllte Bedürfnisse können zu Unersättlichkeit führen. Bedürfnisse, die zuverlässig und stetig erfüllt wurden, können später im Leben von erwachsenen Partnern mit einer bescheidenen Menge der fünf Qualitäten befriedigt werden, der einzigen Menge, die ein Erwachsener braucht und der einzigen Menge, die ein anderer Erwachsener geben kann oder geben will.

Manche von uns erinnern sich nicht mehr an ihre Kindheit. Wir erinnern uns nicht mehr so recht daran, wie wir behandelt wurden, bis uns ein Partner auf die gleiche Weise behandelt, wie unsere Eltern es getan haben. Dann kommt dieses: „Das habe ich doch schon einmal erlebt!" Je mehr wir uns erinnern können, desto wahrscheinlicher ist es, dass wir die Vergangenheit betrauern und sie dann loslassen können, damit wir anderen Erwachsenen nicht als Figuren aus unserer Vergangenheit, sondern als richtigen Menschen in der Gegenwart begegnen können. Das ist die Reise zur Achtsamkeit. Wenn unsere Beziehungen alte Wunden bloßlegen, wenn wir uns in einem Gestrüpp emotionalen Schmerzes wieder finden, begreifen wir, dass wir hier im Sattel sitzen. Das Reittier, das uns durch diese Sache hindurchtragen kann, ist bereits und immer vorhanden. Das Pferd ist die uns angeborene Gabe, uns unseren Problemen stellen und mit ihnen umzugehen zu können – unsere achtsame Aufmerksamkeit, unsere Haltung des Ja. Dieses Pferd kennt den Weg hindurch und hinaus. Wenn wir auf diesem Pferd der Achtsamkeit reiten, sind wir in der Lage, weiterzugehen – die Alternative eines Erwachsenen, wenn wir das, was wir brauchen, nicht dort bekommen können, wo wir gerade sind. Ein Zen-Ausspruch besagt: „Wenn dem so ist, wie soll ich fortfahren?" Das stellt viel eher eine erwachsene Frage dar als „Wenn dem so ist, wessen Fehler ist es oder warum passiert das mir?"

Eltern, die mit sich selbst im Reinen sind und die ihre eigenen Kindheitsprobleme überwunden haben, schaffen eine Atmosphäre, in der sicheres Anhaften und dadurch optimales Wachstum möglich ist. Worauf es für Eltern wie für Kinder ankommt, ist nicht, was ihnen zugestoßen ist, sondern ob das Geschehene behandelt, bearbeitet und gelöst wurde. Die Auflösung führt zu Gesundheit; ungeordnete Erfahrung führt zur Zersplitterung. Für die geistige Gesundheit ist nicht wichtig, was geschehen ist, sondern wie wir mit dem Geschehenen umgehen.

## Wie man auf sich Acht gibt,
## wenn man sich anderen gegenüber öffnet

Es ist eine Gegebenheit von Beziehungen, dass die fünf Qualitäten nicht unsere ständigen Wegbegleiter sind und sicherlich auch nicht in dem Maße, wie wir es uns wünschten. Ein bedingungsloses Ja der Tatsache, dass unser Partner so beschaffen ist, führt uns aus einer Märchenwelt in die Realität des Erwachsenen. In dem Maße, in dem wir die Wirklichkeit der Unzulänglichkeiten anderer akzeptieren, beginnen sich unsere eigenen Bedürfnisse zu verändern. Wir wollen nicht mehr das erhalten, was man uns nicht geben kann: „Ich höre auf, mir das zu wünschen, was gerade nicht zu haben ist." Wir passen unsere Bedürfnisse den verfügbaren Ressourcen unseres Partners an. Paradoxerweise werden unsere Bedürfnisse dann letztlich mehr erfüllt, weil unser Partner sich nämlich weniger unter Druck fühlt, wenn wir unsere unrealistischen Erwartungen zurücknehmen, und sich dann freier entfalten kann – manchmal kann die Annahme der Wirklichkeit der Wirklichkeit helfen, sich zu verändern.

Unsere Herausforderung als Erwachsener besteht darin, selbstgenügend zu werden, während wir gleichzeitig in der Lage sein sollten die fünf Qualitäten zu geben und empfangen. Was bedeutet es, selbstgenügend zu sein? Es bedeutet, etwas von dem, was man braucht, in sich selbst zu finden. Wie kann man innere Ressourcen aufbauen, um dies umzusetzen? „Finde es in dir selbst" bedeutet, es in dem Anteil von sich zu finden, der sich der Übung spiritueller Praktiken widmet und nicht in dem bedürftigen Anteil, der bei einer Krise oder in verzweifelten Momenten in den Vordergrund tritt. Sie können lernen darauf zu vertrauen, dass es eine gesunde, weise und nährende Quelle in Ihnen gibt. Je genauer Sie wissen, was Sie wirklich wollen, desto weniger verzweifelt verlangen Sie im Grunde danach. Das passiert, weil Ihre Selbstwertschätzung, Ihr Zutrauen und Ihre Klarheit wachsen. Es folgen einige hilfreiche Übungen:

- Sitzen Sie jeden Tag fünfzehn Minuten lang mit Achtsamkeit in der gegenwärtigen Wirklichkeit. Das bedeutet, Ihre missliche Lage ohne Anhaftung oder Abneigung anzuschauen und ohne sich selbst oder jemand anderen dafür zu tadeln, ohne zu versuchen, sie zu ändern, zu beheben oder zu beenden. Seien Sie einfach nur mit dem, was gerade geschieht. Seien Sie bei Ihrer Erfahrung, als würden Sie sie auf Ihrem Schoß halten wie die Madonna in Michelangelos *Pietà*.

- Werden Sie sich Ihrer tiefsten Bedürfnisse, Werte und Wünsche bewusst und folgen Sie ihnen mit einer klaren Ausrichtung. Mit anderen Worten, finden Sie heraus, was Sie lieben, und stürzen sich dort hinein, wie merkwürdig sich das auch anfühlen mag. Wir entdecken unsere tiefsten Bedürfnisse, Werte und Wünsche, wenn wir uns die fünf Qualitäten zugestehen: Wir richten unsere Aufmerksamkeit auf das, was wir empfinden und was uns wachsen lässt. Wir akzeptieren uns so, wie wir von oben bis unten sind. Wir würdigen und wertschätzen uns und empfinden Zuneigung zu uns. Wir gestatten es uns, neue Dinge auszuprobieren. All dies geschieht in der Folge eines bedingungslosen Ja zu uns selbst.

- Führen Sie sich Ihren Platz im Universum vor Augen. Rufen Sie sich bewusst Ihre ursprüngliche Familie und Ihre Ahnen ins Gedächtnis und werden Sie sich Ihrer Verbundenheit mit der ganzen Menschheit bewusst. Tun Sie dies, um ein Gefühl für Kontinuität zu bekommen und um Ihre Ahnen um Unterstützung zu bitten, damit Sie ein reiches Erbe an Stärke in sich selbst finden können.

- Beginnen Sie, andere Menschen als Weggefährten zu betrachten und nicht als Heiligtümer, die Ihnen Trost spenden und Antworten geben sollen. Das Heiligtum ist in Ihrem eigenen Herzen. Andere Menschen können sich als hilfreich für Sie erweisen, Sie jedoch niemals vervollständigen.

- Behandeln Sie alle Wesen mit Freundlichkeit und Respekt. Üben Sie dies als spirituelle Praxis und nicht als Taktik, um andere zu manipulieren.

- Stellen Sie jeden Tag auf verschiedene Weisen einen Kontakt zur Natur her. Kommunizieren Sie still und im Zwiegespräch mit ihr. Die Natur ist die Mutter eines Gefühls der Zugehörigkeit, und das *ist* ein Gefühl des Selbst.

- Geben Sie die Standard-Fluchtwege von Alkohol und Drogen auf. Untersuchen Sie Ihren Lebenswandel hinsichtlich der von Ihnen genutzten Fluchtwege, und geben Sie die ungesunden unter ihnen auf. Wenn Sie an einer Sucht leiden, wenden Sie sich an eine Selbsthilfegruppe, die mit einem 12-Schritte-Programm arbeitet.

- Arbeiten Sie mit Hilfe von Psychotherapie oder Beratung an sich. Widmen Sie sich einer spirituellen Praxis und schließen Sie sich Gruppen an oder lesen Sie Bücher, die eine solche Praxis unterstützen.

Gleichzeitig ist es durchaus nicht kindisch, nach Augenblicken zu suchen, in denen man getragen wird und Fürsorge durch andere Erwachsene erfährt. Solche Augenblicke sind wirklich wichtig für unser Glücklichsein, und angesichts der Tatsache, dass sich in uns alles wandelt und vergänglich ist, können wir sowieso nur Augenblicke von einander verlangen. Diese Augenblicke der Liebe von einem anderen Erwachsenen sind kostbar und haben eine heilende Wirkung. Sie sind ein bedingungsloses Ja zu unserer Existenz und zu unserer Liebenswürdigkeit. In solchen Augenblicken vermögen wir zu sagen: „Wenn du mich auf diese Weise hältst, spüre ich, dass du Bedürfnisse erfüllst, die ich vor langer Zeit aufgegeben habe." Geliebt zu werden hilft uns, uns nicht aufzugeben.

Die Natur und die Spiritualität sagen uns, dass wir alle miteinander verknüpft sind, aber die traditionelle westliche Psychologie behauptet, dass es unsere Lebensaufgabe sei, uns zu trennen und ein Einzelwesen zu werden. Das kann sich wie eine Spaltung zwischen unserem natürlichen Instinkt und unserer psychologischen Arbeit anfühlen. Einer Sichtweise, die die ganze Palette unseres Menschlichseins umfasst, ist am hilfreichsten für uns. Die wichtigste Erkenntnis des reifen spirituellen Bewusstseins in Hinsicht auf die wechselseitige Verbundenheit ist, dass unsere Bedürfnisse als Menschen in einer Welt der anderen interaktiv sind. Wir entwickeln keinen Charakter, indem wir die Spannung unserer eigenen Triebe entladen, sondern indem wir uns der ständigen Bindung an andere in Liebe verpflichten, ganz gleich, was geschehen mag oder wie sie sich verhalten. Verbundenheit ist so bedingungslos wie Liebe, da sie unter allen Umständen überlebt.

In den Verbindungen, die uns erfüllen, entdecken wir, wie vollkommen offen unser Herz sein kann; in jenen, die uns enttäuschen, entdecken wir, wie zart und verletzbar unser Herz sein kann. In jedem Falle wird das Manna der Ganzheit letztlich zwischen unserem Herzen und dem eines anderen ausgetauscht, geschenkt und gesegnet. Welch ein Glück haben wir Menschen, dass Liebe, nur die Liebe, sich als die einzige Morgenröte erweist, die es braucht, um die Isolation zu vertreiben.

*Und wenn ich dich nicht liebe,*
*Dann kehrt das Chaos wieder.*

WILLIAM SHAKESPEARE, OTHELLO

## Gegebenheiten erwachsener Beziehungen

In einem früheren Buch mit dem Titel *Wenn die Seele erwachsen wird* habe ich die Kennzeichen reifer und anhaltender Liebe erkundet. Wenn wir die Tatsache akzeptieren, dass Menschen nicht immer liebvoll oder loyal sind, machen wir einen riesigen Schritt in Richtung des Erwachsenwerdens in unserer Beziehung. Aber es gibt noch andere wichtige Gegebenheiten einer erwachsenen Beziehung, die ebenfalls nach einem Ja der die Dinge zurechtrückenden Hingabe verlangen. Benutzen Sie die folgende Liste als persönliche Checkliste, um zu sehen, inwieweit Sie mit diesen Gegebenheiten einverstanden sind. Zu welchen können Sie leichten Herzens Ja sagen und gegen welche haben Sie etwas einzuwenden?

- Sie werden vielleicht nicht mit all dem Aufheben, das in Ihrer Kindheit um Sie gemacht wurde, behandelt, und das kann sich so anfühlen, als würden Sie nicht geliebt. Es ist ganz normal, dass sich der Grad an Aufmerksamkeit, der Ihnen entgegengebracht wird, im Laufe des Lebens von gespannter Aufmerksamkeit im Säuglingsalter bis hin zu einer quasi Unsichtbarkeit im Alter verändert.

- Wie schlecht Ihre Eltern Sie auch behandelt haben mögen, sie können Sie jetzt nicht davon abhalten, wenigstens etwas von der therapeutischen Arbeit zu leisten, die es braucht, um dies zu überwinden. Sie werden immer erkennen, wie Ihre Eltern die Form, die Ihr Leben angenommen hat, beeinflusst haben, aber Sie können loslassen, ihnen Vorwürfe dafür zu machen.

- Wenn sich Ihnen immer wieder die nagende Frage stellt: „Warum bekomme ich im Leben nicht das, was ich will?", könnte eine der Fragen, die dahinter stehen, lauten: „Was schleppe ich aus meiner Vergangenheit noch immer mit mir herum?"

- Liebe ist ein Lehrmittel. Wenn Ihre Eltern Ihnen eine oder mehrere der fünf Qualitäten haben zukommen lassen, haben sie mehr getan, als nur Ihre Bedürfnisse zu befriedigen. Sie haben Ihnen beigebracht, wie Sie diese fünf Qualitäten sich selbst und anderen geben können. Jede Zelle Ihres Körpers erinnert sich daran, wie es geht.

- Ihr Verstand mag vielleicht sagen: „Ich wünsche mir eine friedliche Beziehung", aber Ihr Körper könnte sich vielleicht das wünschen, was er in der Kindheit kannte: Das Drama immer wiederkehrender Angst und unbefriedigten Verlangens. Ein Hinweis auf diese Dynamik ist, wenn Sie dazu neigen, „den Kessel anzuheizen", es Ihrem Partner zurückzuzahlen, statt die Probleme, denen Sie beide sich gegenüber sehen, zu betrachten, zu bearbeiten und zu lösen. Sucht man in einer Beziehung das Drama, dann fürchtet man den Aufruhr genauso wie man ihn sich herbeiwünscht. In einer echten Konfliktsituation, zum Beispiel, hören Sie auf zu argumentieren, wenn sie merken, dass dies zu nichts führt. Wenn Sie weiter argumentieren, suchen Sie eher nach Drama als nach Harmonie.

- Der Zweck von Beziehungen ist derselbe wie der Zweck unserer Arbeit und unseres Lebens: Zu vollkommen entwickelten Erwachsenen zu werden, die die fünf Qualitäten im Überfluss geben und nehmen: Aufmerksamkeit, Akzeptanz, Wertschätzung, Zuneigung und Zulassen. Alles, was nicht daran heranreicht, führt zu einer Unterentwicklung unserer selbst.

- Das Kriterium für das In-Beziehung-Sein ist dasselbe wie für jede andere Entscheidung in unserem Leben: Ist dies der Rahmen, in dem ich die Sicherheit finde, ich selbst sein zu können, im Einklang mit meinen tiefsten

Bedürfnissen, Werten, Wünschen und Potentialen zu leben und meine Lebensbestimmung zu erfüllen?
- Das Ego fragt sich in Hinsicht auf eine Beziehung: „Was bringt sie mir?" Eine spirituell gesunde Frage würde lauten: „Was braucht es, um hier meinen Teil beizutragen?"
- In einer engagierten Beziehung oder Freundschaft können die Partner einander herausfordern, ohne Angst haben zu müssen, die Verbindung zu sprengen oder zu beenden.
- Manche Menschen, besonders die Introvertierten, gewinnen an Stärke, indem sie sich in sich zurückziehen. Können Sie mit einem solchen Verhalten Ihres Partners umgehen, oder betrachten Sie es als Ablehnung?
- Sex ist so sehr von Bedürfnissen, der persönlichen Geschichte und dem Ego überlagert, dass seine Bedeutung Ihnen selbst oft ein Geheimnis bleibt.
- In einer Beziehung sehen Sie sich immer zwei Möglichkeiten gegenüber: Wirklichkeit und Phantasie. „In wieweit ist diese Beziehung auf Fakten gegründet und inwieweit auf meine eigenen unrealistischen Vorstellungen oder mein Wunschdenken darüber, was in diesem Menschen vor sich geht oder wer er oder sie ist?"
- Wenn es in einer Beziehung Spannungen gibt, entfernt sich ein Erwachsener von „Er hat Schuld" und bewegt sich hin zu „Ich entscheide mich, hier zu sein".
- Sie mögen eine Form des Anhaftens suchen – oder sich in einer solchen befinden –, die sich gut *anfühlt,* und mögen das Liebe nennen, statt in einer Verbindung zu sein, die gut *ist* und tatsächlich Liebe ist.
- Die Angst vor Intimität besteht im Wesentlichen darin, dass Sie die Kontrolle darüber aufgeben müssen, wie je-

mand Sie liebt. Wenn ein Partner Ihnen zu nahe kommt, mögen Sie Angst haben, erdrückt zu werden. Entfernt sich der Partner zu weit, mögen Sie Angst vor dem Verlassenwerden haben. Sie können Ihr ganzes Leben lang auf irgendeine Weise furchtsam sein, aber Sie müssen sich nicht mehr von der Furcht bestimmen lassen. Es gibt in der Therapie und der spirituellen Praxis Möglichkeiten, mit Furcht zu arbeiten.

- Wenn Sie fürchten, verlassen zu werden, ist es natürlich, dass Sie große Angst haben, wenn jemand Sie kritisiert oder seine Enttäuschung über Sie zeigt. Dies kann daher kommen, dass es sich wie eine ernsthafte und dauerhafte Ablehnung anfühlt, wie das Durchtrennen einer verzweifelt benötigten Bindung: „Diese Kritik bedeutet, dass sie mich nicht mag, mich verlassen will und mich nicht mehr liebt. Wenn die Leute mich nicht mögen, ist es mein Fehler."

- Die Tatsache, dass „Liebe blind ist", gibt uns allen die Chance, von jemandem geliebt zu werden.

- In der Kommunikation haben wir die Wahl zwischen zwei Ansätzen: einer erwachsenen Problemlösung, die sich auf das Problem konzentriert, oder einem egoistisch-wettkämpferischen oder defensiven Stil, bei dem es darum geht, der Sieger zu sein, sich selbst zu behaupten und nicht das Gesicht zu verlieren.

- Können Sie zwischen echten Bedürfnissen und dem, was Sie für Ihre Bedürfnisse halten, unterscheiden? Als Erwachsener brauchen Sie zum Beispiel niemanden, der sich um sie kümmert, aber Sie können in dem Glauben leben, so jemanden zu brauchen.

- Ein Seelengefährte ist kein Mensch, der sagt, sie oder er sei Ihre andere Hälfte, sondern jemand, der Ihnen zeigt, dass Sie ganz sind.

- „Er ist alles, was ich habe" – Das könnte der Grund sein, warum Sie in einer unhaltbaren Beziehung bleiben. Wenn Sie sich derart in den Schmerz ergeben, führt das zu Verzweiflung, dem Verlust Ihrer lebendigen Energie. In diesem Kontext bedeutet Verzweiflung zu glauben, es gäbe keine Chance für die fünf Qualitäten. Das wäre eher ein Grund zur Trauer denn zur Aufgabe.

- Erwartung ist eine persönliche Sehnsucht, jemanden anderen dazu zu bringen, sich um uns zu kümmern. Ein Erwachsener hat so etwas aufgegeben.

- Wenn Sie einen Charakterzug Ihres Partners unangenehm finden, ist es wichtig, nicht zu versuchen, ihn zu ändern, sondern daran zu arbeiten, wie man mit dem umgehen kann, was man unsympathisch findet. Es ist schwieriger, einem Tiger die Reißzähne zu ziehen, als zu lernen, sich selbst zu schützen.

- Kein Mensch und kein Ereignis kann Sie zu einer negativen Reaktion zwingen, wenn Sie sich den Grundsätzen der Liebenden Güte verschrieben haben.

- Wir unvollkommenen menschlichen Wesen brauchen einander und nicht Perfektion, um glücklich und heil zu werden. Wir sind so, wie wir sind, „gut genug" für einander.

- Es gibt einen grundlegenden Unterschied zwischen dem Leben in einer engagierten Beziehung und dem Leben als Single. Für jemanden, der allein lebt, sind die Tugenden Demut, Mitgefühl, Aufmerksamkeit, Fürsorge und Geduld empfehlenswert. Für jemanden, der in einer Beziehung lebt, sind sie notwendig.

## Grenzen in unseren Beziehungen – eine Checkliste

Niemand besitzt sämtliche Schlüssel zu den inneren Kammern Ihres Wesens, und so sollte es auch sein. Es verbleibt immer das Mysterium Ihres Kerns und die Aufgabe, die Grenzen nicht zu locker und nicht zu fest zu ziehen. Wir sollten unsere eigenen Vorlieben und Stimmungen kennen und nicht ein Leben der Reaktion auf die Vorlieben und Stimmungen der anderen führen. Für einen Erwachsenen ist seine Liebe bedingungslos, aber unsere Hingabe ist dadurch bedingt, wie kooperativ unser Partner ist und wie vernünftig die Anforderungen der Beziehung sind. Die folgende Liste kann uns vielleicht helfen zu erkennen, wo wir stehen. In der linken Spalte geht es um Beziehung als Anpassung. In der rechten Spalte geht es um Beziehung als Gesprächsführung.

| Wenn Sie Ihre Grenzen in einer Beziehung aufgeben, dann ... | Wenn in einer Beziehung Ihre Grenzen gewahrt bleiben, dann ... |
|---|---|
| brechen Sie Vereinbarungen mit Freunden, weil der für Sie so wichtige Mensch plötzlich verfügbar ist. | entwerfen Sie Ihren Zeitplan auf kooperative Weise, aber unter Berücksichtigung Ihrer eigenen Bedürfnisse und Pläne. |
| bemerken Sie nicht, wie unglücklich Sie sind, da es Ihnen hauptsächlich darum geht, zu erdulden. | erkennen Sie, wann Sie glücklich und wann unglücklich sind. |
| tun Sie immer mehr für immer weniger. | tun Sie mehr, wenn mehr tun Ergebnisse zeitigt (Ihre Verpflichtung zu helfen ist angebracht und gründet sich auf Wirksamkeit). |

| | |
|---|---|
| benötigen Sie die Anerkennung anderer, um sich selbst zu schätzen. | nehmen Sie die Kritik anderer als Information, ohne dass Ihre Selbstwertschätzung darunter leidet. |
| leben Sie in der Hoffnung, während Sie darauf warten, dass sich etwas verändert. | leben Sie mit Optimismus, weil Sie etwas zum Wandel beitragen. |
| sind Sie zufrieden, so lange Sie zurechtkommen und überleben. | sind Sie nur zufrieden, wenn Sie gut und erfolgreich leben. |
| lassen Sie das Versprechen eines anderen oder die kleinste Verbesserung Ihre Stagnation aufrechterhalten. | werden Sie nur durch gegenseitige Verpflichtung dazu ermutigt, etwas zu ändern. |
| haben Sie nur wenige Hobbys, weil Sie keine Aufmerksamkeitsspanne für selbstbestimmte Aktivitäten haben; Sie sind fremdbestimmt. | haben Sie angeregtes Interesse an Sie fördernden Hobbys und Projekten, ungeachtet dessen, ob die anderen sich Ihnen anschließen oder nicht. |
| machen Sie Ausnahmen für diesen Menschen bei Dingen, die Sie bei niemandem sonst durchgehen ließen, und akzeptieren seine oder ihre Alibis oder Lügen. | haben Sie persönliche Grundsätze, die, wenn auch flexibel, für alle gelten, und Sie haben keine Angst, um Rechenschaft nachzusuchen. |
| lassen Sie sich durch Schmeichelei manipulieren, so dass Sie Ihre Objektivität verlieren. | begrüßen Sie Feedback und können es von Manipulationsversuchen unterscheiden. |
| versuchen Sie, Intimität mit einem Narzissten zu schaffen. | sind Sie nur für Beziehungen mit Partnern offen, mit denen wechselseitige Liebe möglich ist. |
| sind Sie so stark von einem anderen beeinflusst, dass Sie von ihm besessen sind. | sind Sie vom Verhalten Ihres Partners angemessen beeinflusst und betrachten es als Information. |
| werden Sie jegliche persönliche Grenze aufgeben, um Sex oder das Versprechen darauf zu bekommen. | integrieren Sie Sex, so dass Sie ihn genießen können, aber niemals auf Kosten Ihrer eigenen Integrität. |
| sehen Sie Ihren Partner als Ursache Ihrer Erregung. | sehen Sie Ihren Partner als Stimulans Ihrer Erregung. |

| | |
|---|---|
| fühlen Sie sich verletzt und als Opfer, wagen aber nicht, dies zu zeigen. | lassen Sie Wut in sich zu, sagen „Aua!" und tun Ihr Bestes, um Ihre Situation zum Besseren zu wenden. |
| agieren Sie aus Fügsamkeit, um Kompromisse einzugehen und den Partner zu beschwichtigen. | handeln Sie aus Einverständnis und als Ergebnis eines Gesprächs. |
| tun Sie Gefallen, die Ihnen innerlich zuwider sind, während Sie durch Schuldgefühle und Verpflichtung motiviert sind (nicht Nein sagen können). | tun Sie nur Gefallen, die Sie auch tun möchten, und fühlen sich nicht schuldig (können Nein sagen). |
| können Sie nachklingende Schuldgefühle nicht loswerden, auch wenn Sie bereits viel Wiedergutmachung geleistet haben oder Sie gar keine Schuld trifft. | sind Sie zufrieden und nicht mehr nachtragend, sobald Wiedergutmachung geleistet worden ist. |
| missachten Sie Ihre Intuition zugunsten von Wunschdenken. | achten Sie auf Ihre Intuition und können sie von Wünschen unterscheiden. |
| erlauben Sie Ihrem Partner, Sie und Ihre Kinder, Familie oder Freunde zu missbrauchen. | bestehen Sie darauf, dass die Grenzen anderer genauso gewahrt bleiben, wie die eigenen. |
| sind Sie meistens ängstlich oder verwirrt. | fühlen Sie sich meistens sicher und klar. |
| sind Sie immer mehr in ein Drama verstrickt, das sich Ihrer Kontrolle entzieht. | sind Sie sich der Wahlmöglichkeiten, die Sie haben, bewusst, anstatt sich gefangen oder anderen ausgeliefert zu fühlen. |
| leben Sie ein Leben, das nicht das Ihre ist und sind sich wahrscheinlich dessen nicht einmal bewusst. | leben Sie ein Leben, das meistens Ihre tiefsten Bedürfnisse, Werte und Wünsche widerspiegelt. |
| glauben Sie, Sie hätten kein Recht auf Privatsphäre oder ein eigenes Leben. | schützen und genießen Sie Ihre Privatangelegenheiten, ohne zu lügen oder es heimlich tun zu müssen. |

| | |
|---|---|
| glauben Sie niemals, Sie hätten genug gegeben. | geben Sie in großzügiger und vernünftiger Manier und lassen es dann los. |
| fürchten Sie, Ihr Partner würde Sie verlassen oder bestrafen, wenn Sie ihn oder sie enttäuschen, und Sie können sich kein Leben ohne Ihren Partner vorstellen oder ein solches ertragen. | trauen Sie sich zu, in der Lage zu sein, mit dem Kommen und Gehen umzugehen, und recht gut überleben zu können, wenn Sie allein gelassen würden; man könnte Sie nicht mit der Drohung, Sie zu verlassen, erpressen. |
| arrangieren Sie die Dinge so, dass Ihr Partner vor Ihren wahren Gefühlen oder der Wahrheit geschützt ist. | bringen Sie nachdrücklich und freundlich dem anderen gegenüber zum Ausdruck, was Sie fühlen, denken und wollen. |
| dulden Sie die Sucht oder die Süchte Ihres Partners, selbst wenn sie zu Missbrauch führen. | stellen Sie sich Suchtverhalten entgegen und trennen sich von Ihrem Partner, wenn sich keine Veränderung anbahnt. |
| verzichten Sie auf all Ihre moralischen Grundsätze, um jemandem zu gefallen oder zu ihm zu halten. | halten Sie Ihre eigenen Prinzipien konsequent aufrecht. |
| bringen Sie Ihre physische Gesundheit in Gefahr. | schützen Sie Ihren Körper in allen Situationen. |
| werden Sie durch Blicke, Charme, Rhetorik, Sex, gemeinsame Geschichte oder finanzielle Sicherheit beeinflusst. | genießen Sie die Extras als Nachtisch, lassen sich aber niemals von ihnen kontrollieren. |
| geben, verleihen oder investieren Sie Geld unsachgemäß. | gehen Sie mit Geldangelegenheiten weise, großzügig und objektiv um. |
| verlieren Sie Ihre Objektivität, Intelligenz und persönliche Macht. | behalten Sie Ihre ganze Palette an persönlichem Urteilsvermögen und Macht bei. |
| *Die obenstehenden Einträge definieren Koabhängigkeit* | *Die obenstehenden Einträge definieren Selbstfürsorge* |

## Ichlose Liebe

Sich mit der Liebe, die uns andere geben können, zufrieden zu geben, bedeutet, dass Sie keine Forderungen mehr an sie stellen. Wir schätzen Liebe in jeglicher Form und jeglichem Umfang bedingungslos. Gleichzeitig gehen wir keine Bindung mit jemandem ein, wenn die von ihm oder ihr angebotene Liebe nicht hinreichend ist. Wir würdigen sie, wenn uns das Beste, das dieser Mensch bieten kann, gegeben wurde. Doch wenn das Beste noch immer nicht ausreichend ist, lautet die einzige Frage: „Was tue ich als nächstes?" Die meisten von uns fragen jedoch stattdessen: „Was sollte er/sie als nächstes tun, um mich zufrieden zu stellen?" Angesichts dessen, was *ist,* warum sollten wir da mit einem *„sollen"* kommen?

In einem Rahmen der Fülle und nicht einem der Bedürftigkeit kann es am ehesten zu bedingungsloser Liebe kommen. Eine solche innere Fülle läuft spontan in die fünf Qualitäten hinüber, die eine Technik der Öffnung bilden. Wenn ich auf diese fünf bedingungslosen Weisen präsent bin, öffne ich mich. Und wenn ich die fünf Qualitäten auf mich anwende, wächst meine Selbstwertschätzung.

Unsere spirituelle Praxis hat einen direkten Einfluss auf unser Vermögen, in einer Beziehung auf erwachsene Art und Weise Liebe zu zeigen: Achtsamkeit hilft uns, Aufmerksamkeit, Akzeptanz und Zulassen zu üben. Liebende Güte hilft uns, Zuneigung und Anerkennung zu zeigen.

Fragen Sie sich als spirituelle Übung nach den Anzeichen, ob Ihre Liebe für jemanden wirklich bedingungslos ist:

- Sie haben ein Gefühl der Verbundenheit mit dem anderen, das Bestand hat und durch nichts verdrängt werden kann.

- Sie haben durchweg wohlmeinende Gedanken und wünschen dem anderen alles Beste.

- Sie handeln freundlich, zuweilen sogar anonym, ohne etwas zurück zu erwarten.
- Sie spüren, wie sich Ihr Herz öffnet, wenn Sie mit dem anderen zusammen sind oder an sie oder ihn denken.
- Sie bemühen sich stets mehr darum, den anderen und die Beziehung zu nähren, als das eigene Ego zu hätscheln.
- Sie werden nicht mehr von Angst vor zu großer Nähe oder Entfernung vom anderen getrieben oder gebremst.
- Sie lassen sich nicht auf egoistisches Wettkampfgebaren oder Aggression ein, weder aktiv noch passiv.
- Sie sind den Gefühlen des anderen gegenüber sensibel und setzen alles daran, sie oder ihn nicht absichtlich zu verletzen.
- Sie haben eine ungezwungen mitfühlende, vergebende, großzügige und nicht nachtragende Haltung in Ihren Gedanken und Aktionen. (Es gibt keine rachsüchtige Macht im Universum. Rache ist eine ausschließlich menschliche Angelegenheit.)
- Sie halten Ihre eigenen Grenzen aufrecht, so dass Ihre Liebe immer bedingungslos ist, aber Ihr Engagement ist auf intelligente und angemessene Weise bedingt.
- Sie sind sich der negativen Züge Ihres Partners bewusst, und Sie betrachten sie mit Mitgefühl und Amüsiertheit, ohne sich von ihnen verletzen zu lassen. Sind Sie in der Lage, auf dem Beziehungsschachbrett von Licht und Dunkel zu spielen?
- Bedingungslose Liebe findet letztlich immer ganz und gar in der Gegenwart statt. Sie hegen keinen Groll aus der Vergangenheit oder halten ihm oder ihr die Vergangenheit vor. Denken Sie an das, was Don Murray in dem Film *Bus Stop* zu Marilyn Monroe sagte, als sie anbot, ihm von ihrer verdorbenen Vergangenheit zu erzählen: „Ich

mag dich so, wie du bist. Warum sollte es mich kümmern, wie du so geworden bist?"

---

*Möge ich Liebe und Überfluss in mir und in anderen finden, wenn ich zu den Gegebenheiten der Beziehung Ja sage, und möge ich immer anderen gegenüber liebevoll sein, wie unloyal sie auch mir gegenüber sein mögen.*

---

# 6
# Zuflucht vor den Gegebenheiten

Wir leben in einer Gesellschaft, die die Gegebenheiten mit Zähnen und Klauen bekämpft. Die Betonung von Jugend und Schönheit sowie Reichtum und Prestige lassen diejenigen leiden, die nicht in dieses Schema passen. Diese Gesellschaft sagt Nein zu den unerbittlichen Bedingungen des Lebens und arbeitet hart daran, Produkte und Maßnahmen zu erfinden, die diese wieder umkehren können. So lange dies der Fall ist, leben wir nicht in einer Welt, die sich auf Wahrheit gründet, wir haben vielmehr Angst vor der unausweichlichen Wechselhaftigkeit des Lebens. Ein Beispiel hierfür ist das Älterwerden. Wenn wir älter werden, stärker von Beziehungen gezeichnet und weniger attraktiv sind, werden wir unsichtbar oder lästig. Deshalb ist es so wichtig, eine Reihe von Werten zu haben, die nicht das Oberflächliche schätzen, sondern die die dauerhaften Werte von Tugend und Integrität repräsentieren. Dann haben wir, wenn wir älter werden, immer noch alles Nötige.

## Religion als Zuflucht

Angst wird niemals ein weltliches Phänomen sein. Es ist eng mit der Vorstellung verknüpft, es gäbe jenseits von uns Mächte, die uns schaden oder helfen können. Deshalb hat Religion soviel zu dem Thema zu sagen, wie man Angst loslässt, und auch warum sie so viel dazu tut, uns Angst zu machen. Unsere tiefsten Ängste kreisen die Bedingungen unseres sterblichen Daseins. Religion versucht, auf diese Angst in uns einzugehen. Es gibt beispielsweise ein Anzahl christlicher Antworten auf die Gegebenheiten. Zur Gegebenheit der Vergänglichkeit sagt der heilige Paulus [2. Kor 5.1]: „Wenn unser irdisch Haus, diese Hütte, zerbrochen wird, so haben wir einen Bau, von Gott erbaut, ein Haus, nicht mit Händen gemacht, das ewig ist im Himmel." Irdische Dinge sind vergänglich, aber uns wird ein himmlisches Haus, das ewig ist, versprochen. Und in der christlichen Tradition wird der Umstand, dass die Dinge nicht immer nach Plan verlaufen, durch den göttlichen Plan aufgewogen sowie durch eine verlässliche Fürsorge, auf die man vertrauen kann, dass sie alles zum Besten richtet.

Angesichts eines Mangels an Gerechtigkeit, erklären die meisten Religionen, es gäbe einen Tag des letzten Gerichts, an dem das Gute belohnt und das Schlechte bestraft würde. Zu der universellen Tatsache des Leidens sagt Jesus: „Nimm dein Kreuz auf dich und folge mir nach" sowie „... und alsdann wird [der Vater] einem jeglichen vergelten nach seinen Werken" (Mk 8:34-35; Mt 16:24-27). Leiden besitzt im Christentum und in den meisten anderen religiösen Traditionen einen erlösenden und heilbringenden Wert. Was die Tatsache angeht, dass die Menschen nicht immer liebevoll und loyal sind, tröstet uns das Wissen, dass „Gott Liebe ist". Und wenn auch die Menschen uns verlassen mögen, so lässt Gott uns niemals im Stich. Schließlich hören wir, dass uns keine Gegebenheit des Lebens schwerer aufgeladen wird, als wir ertragen können, so wie der Apostel Paulus das Versprechen Christi darlegt: „Lass dir an meiner Gnade genügen." [2. Kor 12:9]

Jede Religion konstatiert, dass unsere sterbliche Welt nicht alles ist, was es gibt. Ihre Gegebenheiten sind nicht das letzte

Wort. Religionen bestätigen den Umstand der Gnade und helfen uns dabei, das bedingungslose Ja auszusprechen. In dieser Hinsicht sind religiöse Ressourcen positiv. Sie werden jedoch negativ, wenn sie als Schutzschild gegen die volle Stoßkraft der Daseinsbedingungen oder als Flucht vor diesen benutzt werden. Dann verwässert und verringert Religion den Sinn dieses Lebens, indem sie uns eine Aufhebung der Gegebenheiten in einem kommenden Leben verspricht. Wenn das Leben hier auf Erden lediglich als Übergang zum wahren Leben im Paradies gesehen wird, wird die Zuflucht zur Religion bloß zu einer Hintertür, durch die wir vor der Wirklichkeit fliehen.

Ein reifes religiöses Bewusstsein bietet uns geschickte Mittel an, mit deren Hilfe wir uns den Gegebenheiten des Lebens mutig und sogar fröhlich stellen können. Ausgereifte Religion würdigt dieses Leben hier und jetzt als eine aufregende evolutionäre Herausforderung, als außerordentlich bedeutsam und als rechten Ort und rechte Zeit, um unsere Bestimmung genau *durch* die Gegebenheiten zu erfüllen. Jesus ist dann ein Vorbild für das bedingungslose Ja, wie Paulus sagt: „Denn auf alle Gottesverheißungen ist in ihm das Ja." [2. Kor 1:20]

Glaube ist wahrhaftig, wenn er die Bedingungen des Lebens begrüßt, ohne den Anspruch auf eine Ausnahme zu stellen und ohne Garantien, dass die Bedingungen jenseits des Grabes aufgehoben werden. Der Gott, der die Gegebenheiten für uns annulliert, ist ein Gott des Nein zu dem Leben, das er erschaffen hat. Dieser Gott ist ein Erretter der Opfer und ein die Missetäter Strafender. Der Gott, der sich uns in den Gegebenheiten anschließt, wie es Jesus und die Heiligen getan haben, ist die höhere Macht des Ja. Dieser Gott ist der Gefährte des Menschen.

Die traditionelle Sichtweise, Gott würde als *Deus ex machina* intervenieren, um die Gegebenheiten außer Kraft zu setzen oder abzumildern, ist nicht die Hoffnung des Erwachsenen. Worauf wir uns verlassen können, ist göttliche Präsenz – in gegenseitiger Verbundenheit – und nicht Intervention. Das Göttliche ist die Macht, die Erfahrungen bereitstellt, welche dazu führen, dass wir Menschen von Tiefe, Mitgefühl und Weisheit werden. Das geschieht, wenn wir uns den Gegebenheiten stellen und Ja zu ihnen sagen. Die „Hilfe Gottes" garantiert keine Sicherheit vor den Gegebenheiten, sorgt aber für Unterstützung im Umgang mit ihnen, so dass wir uns weiter entwickeln können. Unsere Güter mögen vielleicht noch nicht ganz intakt sein, aber unsere Güte ist es. Dies ist ein Anzeichen für gnaden-reiche Unterstützung. Göttliche Intervention bedeutet nicht, dass eine Hand alles auf magische Weise verändert. Es bedeutet, dass wir immer noch lieben können, ganz gleich, was uns zustoßen mag.

Ein reifes Gebet ist nicht: „Lass mich bitte nicht da hindurchgehen müssen", sondern „Hilf mir, daran zu wachsen". Ein Gebet als Offenheit für die Gnade, die mit jeder Gegebenheit einhergeht, kann an die Stelle von Gesuchen treten, die Art und Weise, wie die Gnade kommt, abzuändern. Gnade ist bereits überall und erledigt alles. Wir brauchen uns nur noch der Geschenkdimension des Lebens öffnen. Das Gebet ist Ja und Danke. Mit unseren Kontrollbemühungen negieren wir die Gnade.

Wir Menschen hier auf Erden sind Abgeordnete eines höheren Bewusstseins, und durch ein schlichtes, klares Ja zur Wirklichkeit erfüllen wir unsere Mission. Eine unerschütterliche Loyalität zum Wirklichen trägt uns zum Höhepunkt des menschlichen Bewusstseins. Wie Pierre Teilhard de Chardin sagte: „Unermüdlich und rastlos suchen wir nach Etwas, wir wissen nicht was, das letzten Endes jenen erscheinen wird, die bis zum eigentlichen Kern der Wirklichkeit vorgedrungen sind." Der Weg zu einer Macht, die höher ist als das Ego, besteht darin, zu der misslichen Lage, in der wir uns im Hier und Jetzt befinden, Ja zu sagen. Eine Religion, die sich darauf gründet, uns vor dem Leben zu retten, beschneidet und unterdrückt die Gegebenheiten, so dass sie nicht ihren vollen Einfluss auf uns ausüben können. Dann verlieren wir unsere besten Gelegenheiten zum Wachsen.

Die Gegebenheiten sind das, *was ist*. Dies wurde traditionsgemäß Gottes Wille genannt – einfach die Komponenten, die es braucht, um die Bestimmungen der Evolution zu erfüllen. „Dein Wille geschehe" ist das bedingungslose Ja, das Evolution zum Erblühen bringt. Das Ego findet es wahrscheinlich schwer zu sagen: „Nicht mein, sondern Dein Wille geschehe."

Ein reifes religiöses Bewusstsein heißt die Mysterien der unausweichlichen Tatsachen des Lebens willkommen. Es ist damit zufrieden, dass die Gegebenheiten ein Hauch von Mysterium bewahren, statt zu versuchen, sie wegzuerklären oder abzuwehren. Wenn ich um einen Apfel bitte, können Sie mir den Weg zum Apfelbaum weisen. Wenn ich um ein Hemd bitte, können Sie mir eines aus Ihrem Schrank holen. Doch wenn ich Sie um Ihre Liebe bitte, wohin gehen Sie dann? Die kostbarsten Gegebenheiten im menschlichen Leben entziehen sich unserem Zugriff, sind aber im Mysterium unseres Herzens vorhanden. Die Gegebenheiten des Lebens sind die ältesten Mysterien in der Geschichte der Menschheit. Reife Religionen erklären sie nicht weg, sondern ehren sie, indem sie sie in gewisser Weise ohne Erklärung belassen. Das Wort „Mysterium" kommt von einem griechischen Wort her, das auch Initiation bedeutet. Ein Mysterium verlangt nicht, dass wir nach Lösungen suchen, sondern Einweihung in die Öffnung von Herz und Geist.

Jede der Bedingungen unserer Existenz öffnet uns für ein besonderes Merkmal der Welt und unserer selbst, das uns in Tiefen führt, die unsere kognitiven Kräfte überschreiten. Das bedingungslose Ja ist so viel geeigneter als Antwort als die Frage Warum. Es bedeutet, dass wir von der Frage zur Entscheidung, von der Formel zur Akzeptanz übergehen. Warum ist für Probleme, die man lösen kann. Ja ist für Mysterien, an denen wir Anteil haben können. Warum macht die Gegebenheiten zu

Problemen, und dann suchen wir nach Möglichkeiten, ihrer vollen Wucht auszuweichen. Das Ja ehrt die Gegebenheiten als Untergrund der Wirklichkeit, auf dem das Haus der Evolution gebaut werden kann. Sowohl Spiritualität als auch Religion können uns helfen, uns der Wirklichkeit als das Projekt eines Erwachsenen zu stellen und auf sie zu bauen.

| Eine nicht auf Erwachsene ausgerichtete Religion … | Reife Religion oder Spiritualität … |
|---|---|
| besteht darauf, dass wir einer Autorität folgen. | bietet Führung an und überlässt die Entscheidung uns. |
| besteht auf unveränderter Beibehaltung des althergebrachten Glaubens; wir sollen uns an das halten, was bereits bekannt ist. | respektiert unsere einzigartigen und neuen Erkenntnisse; wir treten in etwas ein, das wir bislang nicht kannten. |
| formuliert klar umrissene Dogmen und moralische Verhaltensanweisungen. | unterstützt die Entwicklung von Glaubensformen, die aus dem Dialog entstehen, und unterdrückt diesen nicht. |
| basiert auf Furcht vor „dem Verlust des Himmels und den Qualen der Hölle", obgleich sie auch Trost beinhaltet. | betont Mitgefühl und das tröstende Gefühl einer liebenden Absicht im Universum. |
| besteht auf Mitgliedschaft in einer Institution. | gestattet teilnehmende Präsenz, ohne das Bedürfnis nach Zustimmung zu haben. |
| hält die Schlüssel zu den Mitteln der Gnade in den Händen und beschränkt sie auf spezifische Sakramente und Rituale. | bietet die Kraft, die Mittel der Gnade ohne Einschränkung zu finden, zu gestalten und auszuweiten. |

| *Die Gegebenheit* | *Unsere Angst vor ihr* | *Wie wir unsere Angst kaschieren* | *Das Ja, das am besten passt* |
|---|---|---|---|
| Alles verändert sich und endet irgendwann. | Wir könnten verlieren, was wir haben. | Indem wir uns weniger engagieren oder stoisch werden. | Trauern und loslassen. |
| Nicht immer geht alles nach Plan. | Unsere Erwartungen werden nicht erfüllt. | Indem wir jedes Detail planen und versuchen, die Kontrolle zu behalten. | Annehmen, was geschieht, und daraus lernen. |
| Das Leben ist manchmal nicht gerecht. | Wir könnten nicht unseren gerechten Anteil bekommen. | Indem wir darauf bestehen, mit allen quitt zu werden und jenen Vorwürfe machen, die ungerecht sind. | Eine Haltung des „Manchmal gewinnt man, manchmal verliert man" annehmen, während man sich für Gerechtigkeit einsetzt. |
| Leiden gehört zum Leben. | Es könnte mehr sein, als wir verkraften können. | Indem wir versuchen, stets auf der Hut zu sein, um Leiden zu vermeiden. | Lassen Sie das Leid, das natürlich ist, zu und fügen Sie kein weiteres Leid hinzu, indem Sie versuchen, es zu kontrollieren. |
| Die Menschen sind nicht immer liebevoll und loyal. | Wir könnten verletzt werden und müssten traurig sein. | Indem wir versuchen, in Zukunft Nähe zu vermeiden. | Sie sagen laut „Aua!" und haben dabei keinerlei Neigung, Vergeltung zu üben. |

## Religion und Zuflucht zur Natur

Am achten Tag seiner Meditation unter dem Bodhi-Baum wurde Siddhârtha Gautama plötzlich zum Licht des Bewusstseins erweckt, und er rief aus: „Wunderbar, allen Dingen wohnt Buddha-Natur inne." Nach Dôgen Zenji kommentierte der Buddha das Eintreten der Erleuchtung mit den Worten: „Beim Erscheinen des Morgenstern erlangen ich und die große Erde mit all ihren Wesen gleichzeitig Buddhaschaft."

Siddhârtha begriff, dass das formlose Licht des Bewusstseins überall ist, in jeder Form und jeder Gegebenheit. Es liegt nur an unserer konditionierten und verschleierten Ego-Sichtweise, dass wir das nicht wahrnehmen. Siddhârthas Erleuchtung war die Erkenntnis, dass es hinter den Erscheinungen der Sterblichkeit, sowohl in uns als auch in der Natur, etwas gibt, das jenseits von Geburt und Tod ist. Buddhas Worte finden ein Echo in Shakespeares *Kaufmann von Venedig:* „Sanfte Stille und Nacht, stimmt zu den Klängen süßer Harmonie ... So voller Harmonie sind ewge Geister: Nur wir, weil dies hinfällige Kleid von Staub [das Ego] uns grob umhüllt, wir können sie nicht hören."

Der Buddhismus und alle anderen Religionen bieten tröstende Zuflucht vor den strengen Weisungen des Lebens. Diese Antworten sind eng mit der Natur verbunden. Es ist bezeichnend, dass Buddhas Geburt, sein Erwachen und sein Tod alle unter einem Baum stattfanden. War der Bodhi-Baum nur eine Kulisse oder war er an dem Erwachen beteiligt? Buddha beantwortet diese Frage deutlich, als er nach seiner Erleuchtung weitere sieben Tage dem Baum gegenüber sitzt, um seiner Dankbarkeit für dessen Anteil an seinem Erwachen Ausdruck zu verleihen. Die Natur ist ein Weg zu einem erleuchteten Leben.

Die wesentlichen Lehren des Buddha sind: die Universalität des Leidens; die Wichtigkeit des Loslassens von Anhaften; die Tatsache der Vergänglichkeit; das Nichtvorhandendsein von

Getrenntheit oder eines eigenständigen Ich oder Selbst; und die Macht der Praxis von Achtsamkeit und Liebender Güte. Die Natur bietet genau dieselben Lektionen: Wir und die ganze Natur leiden. Die Bäume lassen ihre Blätter los und Blumen ihre Blüten und wir unsere Jugend und schließlich unser Leben. Lebensabschnitte und Jahreszeiten lehren Vergänglichkeit. Die Ökologie lehrt, dass alles miteinander verbunden ist. Gegensätze vereinen sich in Abenddämmerung und Morgenröte. Sogar die Praxis der Liebenden Güte wird in der Natur widergespiegelt, da die Natur ihre Geschenke an die Weisen und an die Unwissenden gleichermaßen verteilt.

Die buddhistische Lehre, dass es kein getrenntes Ich gibt, passt zu der Definition von Spiritualität des Thomas von Aquin, der sie als eine „Verbundenheit mit allen Dingen" bezeichnet. Das ist eine Wertschätzung der Natur. Die Mystik des Heiligen Franziskus beinhaltet auch die Erkenntnis, dass die Dinge der Natur unsere Brüder und Schwestern sind, „Bruder Sonne, Schwester Mond". Darüber hinaus gibt es in der christlichen Liturgie, die die Hebräische Bibel widerspiegelt, die Worte „Himmel *und Erde* sind von Deiner Glorie erfüllt!" (Hervorhebung des Autors). Gleichzeitig gibt es in den traditionellen religiösen Lehren auch Elemente, welche die Erde verunglimpfen:

- Die Welt der Natur ist nur ein Wohnsitz für uns Menschen, während wir an unserem Heil arbeiten. Sie ist kein Mittel der Gnade, *durch* das wir erlöst oder erweckt werden. Die Natur ist lediglich ein Mittel zum Zweck.
- Nur der Mensch ist nach dem Bilde Gottes geschaffen.
- Uns Menschen wurde die Herrschaft über den Rest der Natur gegeben.
- Die Natur ist hierarchisch in Ordnungen und Klassen aufgeteilt, mit dem Menschen an der Spitze.

- Die Natur soll uns unterstützen, während wir sie aufbrauchen. Und sie ist nur von zeitweiligem Wert, da sie im Feuer enden wird.
- Gott hat die Natur geschaffen und steht über ihr. (Wenn Gott männlich ist, so wie in den Traditionen des Judentums, Christentums und des Islam, so hat er die Welt geschaffen und ist von ihr getrennt. Wenn eine Mythologie behauptet, eine Göttin habe die Welt geschaffen, dann ist diese Welt ihr eigener Körper. (Zum Beispiel ist Nut in der ägyptischen Mythologie die Göttin, die die Sonne bei Sonnenuntergang verschluckt und sie in der Morgendämmerung wieder gebiert, während sie selbst der Himmel ist.)

John Scotus Erigena, ein katholischer Theologe des dreizehnten Jahrhunderts, schrieb, die natürliche Welt sei „Gott, wie er sich selbst sieht". Dôgen Zenji kommentiert das *Nirvâna Sûtra* im selben Jahrhundert mit den Worten: „Alle fühlenden Wesen ohne Ausnahme haben Buddha-Natur." Für ihn besitzen alle natürlichen Dinge Buddha-Natur, repräsentieren sie und werden gar zur Epiphanie von ihr. Dôgen schätzte die Fähigkeit der Natur, uns zu lehren: „Wenn du richtig übst, werden die Klänge und Formen der Ströme im Tal und die Formen und Klänge der Berge alle zu Sûtra-Versen. ... Flehe die Bäume und Felsen an, den Dharma zu lehren."

In der islamischen Tradition heißt es im Koran (45:4-6,20): „Wahrlich in den Himmel und auf der Erde sind Zeichen für jene, die glauben. ... Und in eurer Erschaffung und all der Geschöpfe ... und in dem Wechsel von Nacht und Tag und in der Versorgung, die Allah vom Himmel nieder sendet, wodurch ER die Erde neu belebt nach ihrem Tod, und in dem Wandel der Winde sind Zeichen für Leute, die Verstand besitzen."[7]

---

[7] *Der Koran,* München (Heyne) 1992, 4. Aufl., S. 431.

Der hinduistische Lehrer Sri Aurobindo schreibt: „Der geheime Prozess der Natur besteht darin, das essenzielle Sein durch die Manifestation ihrer Kräfte und Formen zu offenbaren ... Zu uns selbst zu werden, ist die eine Sache, die Not tut; aber das wahre Selbst ist das, was innerhalb von uns ist, unser göttliches Wesen. ... Durch inneres Wachstum ... gelangen wir dazu, eine Welt zu schaffen, die der wahre Lebensraum des Göttlichen Lebens sein wird. Das ist das letzte Ziel, das die Natur uns gesetzt hat ... Zu sein, und in Fülle zu sein, ist das Ziel der Natur in uns." Natur kann daher als Einheit von Sterblichkeit und Göttlichkeit wahrgenommen werden. Dann können wir uns unseres Planeten als ein überaus teures und fruchtbares spirituelles Königreich erfreuen. Er ist ein Neues Jerusalem, das Reine Land des Buddha, der Himmel der Heiligen, ein natürliches Nirvâna, eine heilige Zuflucht.

Die Evolution bewegt sich auf größere Komplexität zu, das heißt auf mehr Sinn und auf mehr Bewusstsein zu. Im Laufe der Jahrhunderte wird dies zu einem Ichempfinden und dann, zum Beispiel, zur Verpflichtung der persönlichen Liebe zwischen einem Menschen und einem anderen. Diese Liebe weitet sich dann nach außen auf alle Wesen aus. Auf diese Weise ist das Bewusstsein der Ursprung von Güte und die Evolution schreitet ständig in Richtung auf universelle Liebe fort. Dies geschieht automatisch, weil wir aus dem Traum des „Ich bin" zur Vision des „Wir sind" erwacht sind. Es ist ein Team-Ansatz, und die Natur ist Teil unseres Teams. Ökologie ist Spiritualität, ist menschliche Erkenntnis. Das „Wir" sind alle Wesen, wie es von niemand anderem als dem strengen Prediger Jonathan Edwards aus dem Neu England des achtzehnten Jahrhunderts formuliert wurde: „Wahre Tugend besteht nicht aus der Liebe zu ganz bestimmten Wesen oder aus Dankbarkeit darüber, von ihnen geliebt zu werden, sondern aus der Vereinigung unserer Herzen zum Wesen im Allgemeinen."

## Dreifache Zuflucht

Das Judentum, der Islam und das Christentum bezeichnen Gott als Zuflucht. Die buddhistischen Lehren bieten uns eine dreifache Zuflucht an, wenn das Leben zu einer Herausforderung wird, drei Zufluchtnahmen, mit denen wir uns den Gegebenheiten des Lebens mit Mut und Weisheit stellen können. Diese sind der Buddha, der Dharma und der Sangha. Diese stellen keine äußeren Kräfte dar, die uns auf irgendeine Weise vor den Schmerzen des Lebens schützen; sie sind vielmehr die Verkörperung dreier Energien des Erwachens in uns. „Buddha" bezieht sich nicht auf die Person, die vor etwa zweitausendfünfhundert Jahren in Indien gelebt hat – es ist der erleuchtete Geist eines jeglichen heute lebenden Menschen. Der Buddhismus lehrt, dass wir alle Buddha-Natur haben – sie ist unsere Essenz, ob wir nun dessen gewahr sind oder nicht. Der Dharma bezieht sich auf die vom Buddha vermittelten Lehren und Praktiken, die uns zur Erleuchtung führen. Der Sangha ist die Gemeinschaft der Weggefährten auf dem Pfad zur Erleuchtung.

Die dreifache Zuflucht des Buddhismus ist für alle Menschen jeglichen Hintergrunds offen. Für jedermann kann der Buddha Erinnerung und Inspiration sein: Wie er, können auch wir zu unserer wahren Natur erwachen. Wir können schließlich begreifen, dass wir an einer Illusion litten – in Wirklichkeit sind wir nicht voneinander getrennt. Die Zuflucht des Dharma ist die der engagierten spirituellen Praxis, die beinhaltet, dass man den Pfad der Liebenden Güte einschlägt. Und in der Zuflucht des Sangha oder der Gemeinschaft teilen wir unsere Absicht, zu erwachen, mit anderen und gewinnen durch unsere Verbundenheit mit anderen an Kraft auf dem Pfad der Weisheit und des Mitgefühls.

Die Welt der Natur spiegelt alle drei Zufluchtnahmen wider. Der Buddha-Geist ist in allem in der Natur Existierenden offensichtlich. Die Natur ist eine weite Ökologie von wechselseitigen Verknüpfungen, die uns deutlich macht, dass nichts für sich allein steht. Der Dharma ist die Ordnung der Wirklichkeit, und diese wird in der Natur sichtbar. Und wenn wir Zeit in der Natur verbringen, beginnen wir einzusehen, dass die gesamte Familie lebendiger Dinge unser wahrer Sangha ist.

Nach Ansicht der buddhistischen Tradition sind wir alle bereits Buddhas, jeder von uns Menschen und alles in der Natur. Die meisten von uns wissen jedoch noch nicht, wer sie wirklich sind. Aber die Natur scheint es zu wissen. In der Welt der Natur ist die Wirklichkeit ständig präsent und man wird unnachgiebig mit ihr konfrontiert. Der japanische Meister Dôgen Zenji sagte: „Die Natur praktiziert den Buddhismus." Die Natur ist immer in dem, was ist, gegenwärtig; die Natur sagt immer Ja.

Das buddhistische Konzept des Dharma kann auch als das innere Gesetz der Dinge verstanden werden, die Gesetze, durch die sie sich selbst und ihre Rolle in der Evolution erfüllen. Die Haltung des bedingungslosen Ja zu den unvermeidlichen Herausforderungen des Lebens gestattet uns, uns selbst zu erfüllen und zu wachsen. Aus meiner Sicht besteht die Essenz spiritueller Praxis darin, das bedingungslose Ja zu kultivieren. Die Gegebenheiten des Lebens werden zu Toren zur Erleuchtung, wenn wir in Gedanken, Wort und Tat zum Ja werden.

Die Zuflucht des Sangha ist, wie ich bereits erläutert habe, die Gruppe, mit der wir gemeinsam unsere spirituelle Praxis üben. Doch Sangha kann auch unsere Familie oder eine unterstützende Gruppe sein, oder er besteht aus den Menschen, mit denen wir uns über wichtige Ziele und Glaubenssätze austauschen. Während wir gemeinsam unseren Weg verfolgen, spüren wir, wie wir zu Gefährten werden. Wir vertrauen auf die Unterstützung unserer Gefährten und geben ihnen die unsere. *Können wir lernen, zu lernen?* Wir vertrauen den Mitgliedern unseres Sangha unsere Lebenserfahrungen an, und indem wir dies tun, tun wir kund, dass wir keine diskreten Wesen sind, sondern miteinander verknüpfte, interaktive Wesen.

Die drei Zufluchtnahmen, die wir im Buddhismus finden, sind drei Funken, die uns anfeuern, drei ermutigende Liebesgaben, die uns zu Trägern des Lichts machen, drei Stöße, die uns helfen zu springen. Deshalb werden sie auch als die drei Kostbarkeiten bezeichnet, das heißt, drei wertvolle Schätze auf dem spirituellen Weg. Ein poetischer Versuch (mit Humor):

*Möge die Flugechse des unüberwindbaren Dharma*
*Sich auf mein schlüpfriges Ego stürzen*
*Und es rein picken*
*Im Adlerhorst der unentrinnbaren Erleuchtung.*

### Ablenkung oder Ressource?

Manche Zufluchten sind hilfreich, andere können uns schaden. Manche sind einfach ungeeignet; manche sind nur „Wochenend-tauglich". Gelegentliche Einkaufsorgien oder gelegentliches Trinken führen noch nicht zur Verdammnis. Nur wenn sie zur Sucht werden, werden sie gefährlich. Ich bin davon überzeugt, dass eine spirituelle Praxis eine wichtige Rolle im Prozess der Entziehung von einer Sucht spielt. Doch die geschickten Mittel bei einer Entziehungskur sind vielfältig; es gibt nicht nur ein einziges. Solche komplexen Wesen, wie wir es sind, brauchen alle Hilfe, die sie bekommen können. Ich habe festgestellt, dass die 12-Schritte-Programme einen zuverlässigen Weg zur Entwöhnung bieten, besonders dann, wenn sie von Therapie und spirituellen Übungen unterstützt werden.

Manche Zufluchtnahmen sind Ablenkungen und manche sind Ressourcen. Die Weisheit, das eine vom anderen zu unterscheiden, macht einen Teil der Spiritualität eines Erwachsenen aus. Drogen lenken ab; eine Wanderung in der Natur gewährt eine Ressource. Eine positive Zuflucht voller Ressourcen bilden Beziehungen, Freundschaften, Kunst, Natur, Musik, Kreativität, Karriere, Unterhaltung, Meditation und die Vielfalt von nicht schädigenden Weisen, die wir haben, um unsere tiefsten Bedürfnisse und Wünsche zu erfüllen.

Für sehr viele unter uns hat die ressourcenreiche gleichmütige dreifache Zuflucht des Buddhismus – Buddha, Dharma, Sangha –, keine Chance gegenüber einer Zuflucht, die Adrenalin steigernde Kicks oder ein Besuch an den Ufern des Lethe, des mythischen Flusses des Vergessens, bieten können. In der Tat kann ein Mensch manchmal soweit gehen zu sagen: „Nun, ich kann immer noch Selbstmord begehen, um meine Probleme zu lösen. Das behalte ich mir vor." So lange wir diese Alternative haben, sind wir niemals motiviert, all unsere kreative Erfindungsgabe zu nutzen, um den manchmal deprimierenden Dilemmas des Lebens zu begegnen. Eine Beziehung zu Buddha oder Christus oder zur Natur hilft uns, diese zwar Unterschlupf bietende, aber destruktive Alternative aufzugeben. Shakespeare spricht in *König Lear* von einer solchen gesunden Überantwortung:

> O ihr mächtigen Götter! Ihr ewig gütigen Götter,
>   nehmt mein Leben,
> Dass nicht mein böser Sinn mich nochmals treibt,
> Zu sterben, eh es euch gefällt.

Es ist kein Zufall, dass der dreiundzwanzigste Psalm eher bei Begräbnissen als bei Hochzeiten gelesen wird. Vielleicht hat jemand gemerkt, dass „grüne Auen" und „frische Wasser" für Lebende nicht so reizvoll sind. Eine der Zufluchten, die der spirituelle Weg bietet, zu wählen heißt, veränderte Bewusstseinszustände und Flucht in Zerstreuungen zugunsten des Lebens, wie es ist, aufzugeben. In dieser Wirklichkeit zu verweilen, schenkt uns eine Gemütsruhe, die viele von uns wohl ziemlich langweilig finden würden. „Manchmal bezweifle ich, dass mir ein stilles, ruhiges Leben gefallen hätte – und dennoch sehne ich mich zuweilen danach", schrieb Lord Byron. Ich glaube, dass viele von uns mit dieser Aussage übereinstimmen, auch wenn sie behaupten, wirklich auf Gelassenheit aus zu sein.

Ein Sabbat kann sich in jedem Augenblick einstellen, in dem wir nicht von Furcht oder Begierde getrieben oder gebremst werden. Häufig bevorzugen wir das Drama, die Stürme von Furcht und Leidenschaft, die Unsicherheit und Verwirrung, die mit komplizierten Beziehungen und Entscheidungen einhergehen. Diese Neigung ist nicht vollkommen zu verurteilen. Stress und Aufruhr können in kleinen Dosen kreativ oder gar ein Katapult zu neuen Ufern sein. Sie können unsere Vorstellungskraft aufrütteln und uns dazu anstiften, auf neue Horizonte zuzugehen. Wir sind aufgerufen, einige Zeit auf dem Marktplatz und einige Zeit in der Au zu verbringen. Es kann auch sein, dass wir direkt in das hinein gehen, was wir zuvor unterdrückt haben und nach dessen Integration wir uns sehnen. Manchmal müssen wir verrückt werden, um heil zu werden.

## Magisches Denken

Angesichts der Gegebenheiten des Lebens können wir Zuflucht zu Aberglauben oder magischen Rituale suchen, die wir erfinden, um uns vor der vermeintlich Furcht erregenden, unvorhersehbaren und strafenden Welt zu schützen. Dies ist magisches Denken, in dem wir unsere Wünsche oder Ängste benutzen, um zu erklären, was geschieht oder geschehen kann. Es geht auf unserer kollektives primitives Gefühl der Gefahr und die daraus folgenden Illusionen zurück. Wir halten fälschlicherweise eine gefürchtete oder gewünschte Verbindung für eine wirkliche. Ich führe hier einige Beispiele für magisches Denken an:

- Die Wirklichkeit wird so werden oder bleiben, wie ich sie mir in meinem Kopf vorstelle.
- Gefährliche Kräfte werden auftreten, wenn ich mich nicht sehr genau an Richtlinien oder Rituale halte.
- Mit mir war schon immer etwas nicht in Ordnung und ich kann nicht erkennen, was es ist oder wie ich es beheben kann – obwohl sich alle anderen darüber im Klaren sind.
- Ich bin seit den Anfängen meines Lebens schuldig und bin noch immer nicht gänzlich bestraft worden.
- Wir bekommen das, was wir verdienen.
- Ich stehe in einer ewigen Schuld. Immerwährend schulde ich Gott etwas oder muss weiter für etwas bezahlen, das ich getan habe und das irreparabel falsch bleibt.
- Wenn diese eine Sache nicht passiert wäre oder wenn eine bestimmte Sache geschähe, wäre jetzt alles in bester Ordnung.
- Bedürfnisse werden nur selten erfüllt, also muss ich hart arbeiten und mich glücklich schätzen, wenn ich wenigstens ein bisschen Befriedigung finde.
- Ich muss diese Chance jetzt sofort beim Schopf packen, oder ich verliere sie. Es bleibt keine Zeit dafür, innezuhalten und achtsam hinzuschauen.
- Wenn die Leute wüssten, wie ich wirklich bin, würden sie mich nicht lieben oder mich wollen.
- „Wie man in den Wald hineinruft, so schallt es zurück." Dies ist der Wunsch eines frustrierten, Vergeltung suchenden Egos und keine karmische Gewissheit.
- Wenn ich nicht die Kontrolle behalte, fällt alles zusammen.
- Die spirituelle Ebene existiert nicht, denn sie kann nicht durch wissenschaftliche Methoden nachgewiesen werden, d. h., sie kann nicht kontrolliert werden. (Unglaube geht oft auf den Wunsch, die Kontrolle zu behalten, zurück.)

- Wenn ich eine Angelegenheit ans Tageslicht bringe, wird sie noch schwieriger und bedrohlicher. Wenn ich sie niemals erwähne, wird sie verschwinden.
- Glücklichsein wird nicht andauern, wenn ich es zu sehr genieße. Das Leben in vollen Zügen zu genießen ist gefährlich.
- Dem Reichtum folgen Katastrophen: Nach jeder Hausse folgt eine Baisse, und umgekehrt.
- Es wird in der Geschichte eine Zeit kommen, in der es keine Gewalt und nichts Böses mehr geben und der menschliche Schatten verschwunden sein wird.

Ein Verbündeter des magischen Denkens ist das Wunschdenken. Zum Beispiel erwarte ich, dass in der Zukunft alles besser werden wird, obgleich ich nichts dazu tue, dass dies geschieht. Ich glaube, dass die Wirtschaft sich bald wieder erholen und es einen Aufschwung geben wird. Solche Selbsttäuschungen beruhen auf Wunschdenken, nicht auf Wirklichkeit. Sind wir erst einmal erwachsen, befriedigt uns nur noch die Wahrheit dessen, was wirklich ist, so glanzlos und unattraktiv sie auch sein mag.

### Zuflucht als Hintertür

Wenn wir Angst vor den Gegebenheiten unserer Existenz haben, suchen wir in den kindischsten Verstecken Zuflucht. Das kann die absolute Sicherheit von Religion sein oder die Hintertür der Sucht. Es kann alles sein, was Zerstreuung und Trost bietet. In der auf Furcht gebauten Arena verlieren wir den Kontakt zu unseren authentischen Bedürfnissen und Wünschen. Das Wort „authentisch" stammt von einem griechischen Wort ab, das „Selbst-Verfassender" bedeutet, ebenso wie das lateinische Wort „Autor", und so heißt authentisch zu sein, der Urheber unserer Bedürfnisse und Wünsche zu sein. Sie ahmen nicht die Bedürfnisse und Wünsche der anderen nach, noch werden Ihnen diese von anderen aufgezwungen. Sie sprechen selber als Autorität.

Die wirklichen Refugien sind für viele von uns, ungeachtet unserer ausgewiesenen Glaubensrichtung, nicht Gott oder die Natur oder Buddha, Dharma, Sangha. Angesichts von Stress, Konflikt oder innerem Aufruhr flüchten wir uns in Alkohol, Essen, Sex, Drogen, Spielleidenschaft, Kaufrausch usw. Oder wir suchen Zuflucht in unserem Verstand. Das können wir auf zweierlei Weise tun. Wir leugnen das Geschehene oder den Einfluss des Geschehenen oder wir finden Entschuldigungen für das Geschehene, damit wir als Reaktion darauf nichts empfinden müssen. Vielleicht trauen wir der Erfahrung der Achtsamkeit noch nicht so recht, der sorgfältigen und gesunden Aufmerksamkeit auf die Wirklichkeit ohne die Zerstreuungen und den Trost, die der Verstand ausklügelt.

Wenn wir unsere Verletzlichkeit zeigen, gehen die Menschen eher auf uns zu. Vielleicht verbergen wir unsere Gefühle deshalb. In meinem eigenen Leben kann ich erkennen, dass ich oft die Gefühle verberge, die mich für andere reizvoller machen würden. Ich vermeide, anderen zu zeigen, wie entblößt, verängstigt und bedürftig ich mich manchmal fühle. Ich verberge die Tatsache, dass eine der Gegebenheiten – nämlich, dass Schmerz zum Leben gehört – auch für einen „Überflieger" wie mich gilt. Das Gegenteil davon wäre, zu einer spirituellen Übung, zu einem Mitglied des Sangha oder einer religiösen oder sozialen Gemeinschaft, zu einem Therapeuten oder Freund zu gehen und meine Gefühle zu zeigen, um Hilfe zu bekommen, mir über die Dinge klar zu werden oder wenigstens jemanden zu haben, der meinen Schmerz bezeugen kann. Zuflucht zu den Vorspiegelungen zu suchen, die vom Geist des Ego geschaffen wurden, steht im Gegensatz zur Besinnung auf meine innere Stärke oder meinen erleuchteten Geist, dem Höheren Selbst oder Buddha oder Christus im Inneren, die mir empfehlen würden, der Wirklichkeit gegenüber aufmerksam und achtsam zu sein, statt den intellektuellen Machenschaften zu frönen, die mich genau das vermeiden lassen.

Ich kann auch erkennen, dass ich angesichts einer schmerzhaften Wirklichkeit zum Essen greife. Ich stopfe mich voll oder nasche oder suche nach tröstendem Essen. Ich tröste mich eher beim Essen, als dass ich mich für die Zuflucht öffne, die die spirituelle Praxis bereithält. Wenn mich etwas deprimiert, höre ich dagegen auf zu essen oder esse nur sehr wenig. Mein Appetit ist nach all den Jahren so trainiert, dass er meine Stimmungen widerspiegelt. Er ist nicht darauf trainiert, direkt zu den Drei Kostbarkeiten des Buddhismus oder zu den Werten, die Religion bieten kann, zu gehen. In meiner Kindheit war Essen eine Zuflucht und ein Ritual. Essen war kein Brennstoff, es war eine Antwort. Wenn ich meiner Großmutter sagte, ich sei traurig, dann sagte sie: „Iss etwas von den Parmesanauberginen, und du wirst dich besser fühlen." Ich gebe nicht meiner Vergangenheit oder meinen Verwandten die Schuld, ich bemerke lediglich, wie meine Vergangenheit mich auf Zuflucten hin orientiert hat, die ich fälschlicherweise noch immer für verlässlich halte.

Sicherlich war in der Kindheit auch Religion eine Zuflucht. Die Schönheit katholischer Rituale mit all ihren sinnlichen Genüssen war außerordentlich verführerisch. Der Geruch von Bienenwachs und Weihrauch, die Farben der Gewänder und Bilder, der Klang der Gesänge und Hymnen, der Geschmack und die Berührung der Sakramente sorgten für einen greifbaren Beweis, dass die Kirche eine Zuflucht vor den Gegebenheiten der Welt bot. Ich konnte dorthin gehen, wann immer ich bedürftig, traurig oder ängstlich war. Tatsächlich ist ein Name der Jungfrau Maria *Zuflucht für die Sünder*. Ich schätze die Reichhaltigkeit meiner religiösen Vergangenheit und hoffe, ich werde mein religiöses Bewusstsein weiter entwickeln. Unsere Arbeit besteht nicht darin, alles über Bord zu werfen, sondern das zu finden, was gut daran ist, und es auszuweiten.

## Sicherheit in der Zufluchtlosigkeit

*Erst, wenn alle Krücken und Stützen zerbrochen sind
... und es keine Hoffnung auf Sicherheit mehr gibt,
wird es möglich, den Archetyp des Sinns zu erfahren.*

C. G. JUNG

Den meisten von uns machen die fünf Gegebenheiten Angst. Wir finden den Gedanken, dass das, was uns so viel bedeutet, verloren gehen wird, bedrohlich. Wir fürchten, dass unsere Pläne fehlschlagen. Wir fühlen uns von Ungerechtigkeit und dem Leiden, das zum Leben gehört, bedroht. Wir fürchten, dass die Menschen uns verletzen könnten.

Wir hoffen auf eine Zuflucht oder eine Sicherheitsgarantie angesichts der Bedingungen des Lebens. Eine Zuflucht kann Ja-orientiert oder Nein-orientiert sein. Sie ist negativ, wenn sie zur Flucht verhilft, sie ist positiv, wenn sie uns für die Wirklichkeit, wie sie ist, öffnet und uns Mittel gibt, mit ihr umzugehen. Die dreifache Zuflucht des Buddhismus ist eine Ressource, die völlige Präsenz in der Gegenwart empfiehlt und die mit den Erfindungen unseres Kopfes weder ausschmückt noch gepanzert ist. Der Schutzraum, den die Achtsamkeit uns bietet, ist der einer Sicherheit ohne Flucht. Wenn das Ego nicht flüchten kann, ist dies ein Sieg unserer Buddha-Natur, unserer wahren Identität.

In dem letzten Monat seines Lebens sprach der Buddha zu seinen Jüngern: „Nehmt Zuflucht zu euch selbst und zu nichts anderem. In euch sind der Buddha, der Dharma und der Sangha. Sucht nicht in der Ferne danach. Das alles ist in eurem eigenen Herzen vorhanden."

Die Hauptabsicht des Zufluchtnehmens zu irgendeiner erwachsenen spirituellen Praxis besteht darin, in unsere Erfahrung hineinzugehen, ganz gleich welche Form sie angenommen hat. Wir fühlen alles und sind in unserer Erfahrung gegenwärtig, so wie sie ist, und wir versuchen nicht, sie zu verändern, sie zu beheben oder zu beenden. Wir lassen ihr ihre eigene Zeit, sich auszuleben. Wir lassen uns von ihr erheben oder niederschmettern. Das ist genau das, was in der heute aktuellen Psychologie empfohlen wird: zu einer Lösung zu kommen, indem man vollkommen in die Erfahrung hineingeht, so schmerzlich sie auch sein mag. In die Angst hineinzugehen und am anderen Ende wieder herauszukommen ist ein Weg, den viele bewusste Menschen letztlich zu beschreiben beginnen.

Wir können nicht zu einem guten Gefühl Zuflucht nehmen, weil es sich nicht aufrechterhalten lässt. Was sich aufrechterhalten lässt und was uns aufrecht erhält, ist ein Ja zu dem, was ist, „in guten wie in schlechten Zeiten". Dazu kann es nur kommen, wenn wir nicht an Vorstellungen davon haften, wie Dinge sein sollten. Vorstellungen helfen uns nicht, höchstens jene, die die Wirklichkeit genau widerspiegeln. Vielleicht ist es das, was der tibetische Meditationsmeister Chögyam Trungpa meint, wenn er sagt: „Gut, schlecht, glücklich, traurig, verschwinden wie die Spur eines Vogels im Himmel."

Und schließlich ist Zuflucht keine Einbahnstraße. Buddha und Christus nehmen auch Zuflucht zu uns, da sie uns brauchen, um in unserer Welt lebendig zu werden. Das Licht der Weisheit und des Mitgefühls scheint nur dann, wenn einzelne Menschen mit Mitgefühl und Weisheit agieren. Das ist das Mysterium der Inkarnation: zeitlose spirituelle Kräfte, die durch Einzelwesen in der Welt der Zeit aktualisiert werden. Das Sein erreicht uns in Lebewesen – und wir sind diese Wesen. Zuflucht hat damit direkt mit dem höchsten menschlichen Potenzial zu tun: dasselbe Herz zu haben wie von Jesus oder Buddha, um in unserem Leben das zu werden, was sie in ihrer Zeit waren. Wie Dôgen sagt: „Diese Geburt und Tod [der Zyklus des Samsâra] sind ein geeigneter Weg zum Buddha-Geist." Ich bin eine persönliche Offenbarung Gottes und des Buddha-Wesens.

Ich stelle fest, dass ich noch immer meine alten Lieblingsrefugien aufsuche. Doch meine neue Praxis besteht darin, inne zu halten, und sei es nur für einen Augenblick, und auf achtsame Weise das anzuschauen, was ich gerade tue. Dann bin ich mehr und mehr in der Lage, meine gewohnten Zuflüchten beiseite zu lassen und um neue zu bitten, um jene, die mehr Verlässlichkeit bieten. Wir mögen vielleicht nicht immer dazu fähig sein, der Verpflichtung zu der dreifachen Zuflucht des Buddhismus oder den Zufluchten unserer eigenen religiösen Tradition gerecht zu werden, aber wir können es immerhin versuchen.

### Die Weisheit in uns

C. G. Jung stellte das Konzept einer Schatzkammer der kollektiven Psyche vor, in die Einzelwesen über die Jahrhunderte ihre individuellen Erfahrungen und ihre persönliche Weisheit einbringen. Jede weise Erkenntnis eines jeglichen Menschen trägt zu einem immer reicher werdenden Speicher bei, aus dem alle schöpfen können – wiederum ein Beispiel für die wechselseitige Verknüpftheit. Dieses selbe Konzept einer Schatzkammer der Verdienste oder Gnade findet sich als die Doktrin der Kommunion der Heiligen, der gegenseitigen Verbundenheit aller Wesen, ob tot oder lebendig, auch in der katholischen Theologie. In diesem universalem Bewusstsein gibt es keinen Dualismus von Vergangenheit und Gegenwart, da aller Reichtum der Weisheit jederzeit verfügbar ist. Jede Gnade, die wir als Einzelwesen erfahren, stammt aus einem kollektiven Erbe. Das ist die positive Dimension des Karma. Wir alle helfen einander, uns durch das Karma hindurchzuarbeiten. Wir sind eine Zuflucht für einander.

Die Quelle und die Ernte religiöser Weisheit sind in der Vorratskammer unserer eigenen Seele zu finden. Wenn Weise und Heilige ihre Einsichten mit uns teilen, bringen sie eine universelle Weisheit zum Ausdruck, die immer schon in uns war und ist. Wenn wir von Schriften oder Sûtras ergriffen sind, vernehmen wir das Raunen unserer eigenen uralten Intelligenz. Die Ergriffenheit kommt aus dem Innern. C. G. Jung sagt: „Die Aussagen in den Heiligen Schriften sind auch Äußerungen der Seele."

Wir sind ein mystischer Körper der Menschheit. Jede neue oder neu entdeckte Offenbarung und Intuition löst in uns allen eine bis dahin unangeschlagene Resonanz aus. Wenn eine genügend große Anzahl von uns mit einem bedingungslosen Ja zur Quelle der Weisheit gelangt, öffnet sich eine weite Aussicht für das Kollektiv. Diese Transformation der wechselseitig verknüpften Menschheit wirkt sich in einem sehr viel größeren Umfang aus, als es durch persönliche Meditation oder Affirmation geschehen kann. Je mehr Menschen in ein spirituelles Bewusstsein eintreten, desto eher wird der Rest der Welt folgen. Je weiter verbreitet das bedingungslose Ja ist, desto mehr schreitet die Evolution voran. In diesem Sinne ist ein jeder von uns ein Vermittler der Gnade für die Welt, und von unserem Ja hängt enorm viel ab.

Unser Leben ist also ein Geschenk, eine Gnade, die wir wie unseren eigenen Körper von anderen, die unsere Vorfahren waren, erhalten haben. Unsere natürliche Reaktion auf das Gegebene ist reine Dankbarkeit. Diese Dankbarkeit ist ein Ja zu unserer Verbundenheit. Sie ist auch der Weg, alles, was wir tun, dem Wohle unserer Mitmenschen darzubringen. Dankbarkeit ist tatsächlich die große Brücke zwischen der Praxis der Liebenden Güte und dem Beschreiten des Weges der bedingungslosen Liebe der Heiligen und Bodhisattvas.

---

*Ich nehme Zuflucht zu bedingungsloser Liebe, ewiger Weisheit und der Heilkraft hier in meinem Herzen und im Herzen der anderen, die alle ein Herz des Universums sind.*

---

# Zweiter Teil:
# Ein bedingungsloses Ja zu unserer bedingten Existenz

*Ich entdeckte in den Schriften jener großen mittelalterlichen Mystiker, für die Hingabe der Weg zu Selbstverwirklichung war, ... dass sie die Kraft gefunden hatten, zu jeder Forderung, mit der die Bedürfnisse ihrer Nachbarn sie konfrontierten, Ja zu sagen, und auch zu jedem Geschick, welches das Leben für sie bereit hielt, Ja zu sagen ... Sie entdeckten eine vorbehaltlose Annahme des Lebens, was es ihnen auch an persönlichem Unbill, Leiden oder Glück bringen mochte.*

DAG HAMMARSKJÖLD, Zeichen am Weg

# 7
# Wie man zum Ja wird

In dem Wort Ja kommen Spiritualität und geistige Gesundheit zusammen. Ein bedingungsloses Ja zu dem, was ist, befreit uns von selbst auferlegtem Leiden, das entsteht, wenn wir uns vor den Gegebenheiten des Lebens fürchten. Ein Ja ist aus Vertrauen geboren und heilt Furcht, weil wir das, was uns geschieht, als Teil der Geschichte und von Nutzen auf unserem Weg anerkennen. Unser Ja zu den Bedingungen des Daseins bedeutet, im Leben voranzugehen, statt uns in Protest und den Versuch, Kontrolle über den Lauf der Dinge zu gewinnen, zu verstricken.

Wenn die Dinge sich ändern und zu Ende gehen, vertrauen wir darauf, dass die Zyklen des Lebens Schritte evolutionären Wachstums sind. Das Ja lindert unser Leiden, indem es uns vom Anhaften an irgendetwas befreit. Wenn die Dinge nicht nach Plan gehen, weiten wir unser Potential aus, auf eine Macht jenseits des Egos zu vertrauen. Die nutzlosen und hektischen Versuche des Egos, alles nach seinem Willen zu gestalten, weichen der Fähigkeit, die Würfel so fallen zu lassen, wie sie wollen. Ja befreit uns von dem Leiden, das aus Zwanghaftigkeit entsteht, alles kontrollieren zu wollen.

Wenn uns keine Gerechtigkeit widerfährt, rufen wir uns unser Potential, trotz alledem gerecht zu agieren, ins Gedächtnis. Das bedeutet, einer Macht jenseits des Egos mit all seinem Beharren auf Vergeltung und seinen launischen Forderungen, mit anderen quitt zu werden, zu vertrauen. Ein Ja zu dieser dritten Gegebenheit befreit uns von dem Leiden, das entsteht, wenn wir uns an jemandem rächen wollen oder Groll hegen. Wenn Leiden in unser Leben tritt, aktivieren wir unser Potential, uns ihm ohne Klagen zu stellen, und wir gewinnen Mitgefühl für andere, die ebenfalls leiden. Ein Ja zur vierten Gegebenheit befreit uns von dem Leiden, das aus nutzlosem Protestieren resultiert. Wenn Menschen uns gegenüber nicht liebevoll oder loyal sind, aktivieren wir unser Potential für bedingungslose Liebe umso mehr. Ein Ja zu dieser Gegebenheit befreit uns von dem Leiden, das durch unser Bedürfnis verursacht wird, jene zu verletzen oder abzulehnen, die uns enttäuscht haben.

Furcht ist ein Nein zu dem, was ist. Die Gegebenheiten zu fürchten, heißt Angst vor dem Leben zu haben, da sie nun einmal zum Leben gehören. Angst hindert uns daran, das Leben in seiner Fülle zu erfahren und im Augenblick zu leben, indem sie Vermeidung und Anziehung schafft. Wir vermeiden das, was unangenehm ist, und wir greifen nach allem, was sich gut anfühlt. Die buddhistische Tradition ermutigt uns, den mittleren Weg zu wählen. Die folgende Tabelle zeigt welche Arbeit wir leisten müssen, um diese „Goldene Mitte" zu erreichen.

Jede Bedingung der Existenz führt somit dazu, dass wir eine entsprechende Fertigkeit entwickeln. Da es eine Gegebenheit ist, dass Menschen uns verlassen, wird es zu einer Gegebenheit, dass wir allein sein werden. Daher ist es klug, uns darauf vorzubereiten, indem wir jetzt lernen, uns mit uns selbst wohl zu fühlen. Da es eine Gegebenheit ist, dass die Dinge nicht immer nach Plan gehen, ist es eine Gegebenheit, dass wir Enttäuschung erfahren werden. Es wäre daher klug, wenn wir mit weniger Erwartungen leben könnten. Da es eine Gegebenheit ist, dass das Leben manchmal nicht gerecht ist, ist es eine Gegebenheit, dass wir uns gelegentlich betrogen vorkommen werden. Daher ist es weise, sich mit dem Trauern über Verluste, mit dem Arbeiten für Gerechtigkeit und mit dem Loslassen des Drangs nach Vergeltung vertraut zu machen. Da es eine Gegebenheit ist, dass Leiden zum Leben gehört, sollten wir alles tun, uns mit diesem Gedanken vertraut zu machen, in dem Vertrauen darauf, dass wir es ertragen und durch das Leiden wachsen können. Da es eine Gegebenheit ist, dass Menschen nicht immer liebevoll und loyal sind, ist es weise, das Verurteilen anderer loszulassen und sich der Liebenden Güte zu verpflichten, ganz gleich, wie die Menschen uns behandeln mögen.

Das Ja zu den Gegebenheiten des Lebens verbindet auf diese Weise Wehrlosigkeit mit Erfindungsreichtum. Ja bedeutet, dass wir für die Dinge, die uns widerfahren, offen sind, ihnen gegenüber wehrlos sind. Gleichzeitig werden wir von dem, was uns zustößt, nicht überrollt. Wir sind einfallsreich im Umgang mit Widrigkeiten; wir tun alles, um mit den Gegebenheiten, denen wir begegnen, umzugehen. Dann lassen wir die Würfel fallen, wie sie wollen. Bald darauf nehmen wir sie wieder auf und sagen: „Neues Spiel, neues Glück!"

Es gibt etwas in uns, eine Lebensenergie, einen Funken – eigentlich ist es ein Leuchtfeuer –, das durch keine Tragödie ausgelöscht werden kann. Etwas in uns, ein Drang zur Ganzheit, eine Leidenschaft, sich zu entwickeln, lässt uns vorangehen, erneut beginnen, lässt uns nicht aufgeben oder klein beigeben. Die Dinge zu akzeptieren, die wir nicht ändern können, bedeutet nicht, dass wir uns überrollen lassen, sondern dass wir weitergehen. Offenheit und kreativer Erfindungsreichtum kommen jedes Mal synchron zusammen, wenn wir mit einer der Gegebenheiten konfrontiert werden. Manche Menschen schreiben ihre besten Gedichte, wenn sie leiden.

Die Praxis des bedingungslosen Ja ist das Herzstück der alten spirituellen Tradition des Daoismus. *Wu wei* ist ein daoistischer Begriff, der bedeutet, mit dem Strom der Dinge, wie sie sind, zu fließen. Das reduziert die Reibung und den Stress, die entstehen, wenn wir uns der Wirklichkeit, wie sie ist, widersetzen. Aus meiner Sicht stellen die alten spirituellen Lehren und Praktiken des Daoismus eine Technik dar, ein bedingungsloses Ja gegenüber den Gegebenheiten des Lebens zu kultivieren.

Der daoistische Lehrer Han Hung schrieb: „Das größte Risiko, das wir eingehen müssen, besteht darin, darauf zu vertrauen, dass diese Bedingungen alles sind, was wir brauchen, um wir selbst zu sein." Dies ist eine tiefe Erkenntnis der Verbindung zwischen unserem bedingungslosen Ja und unserem Vertrauen, dass die Bedingungen der Existenz genau das sind, was wir für unser persönliches Wachstum und unsere Erfüllung benötigen. Die Gegebenheiten des Lebens zeigen uns, wer wir wirklich sind, und helfen uns, unser Bestes zu geben:

- Nur im Wandel und Zuendegehen finden wir heraus, in wieweit wir festhalten oder loslassen.

- Nur beim Scheitern unserer Pläne entdecken wir, dass ein größerer Plan am Wirken ist, dem es um unser tieferes Wohl geht, und können wir lernen, auf das Wohlwollen des Universums zu vertrauen und unser spirituelles Potential entdecken.

- Nur wenn das Leben manchmal nicht gerecht ist, entdecken wir unsere dunkle Seite, die nach Vergeltung strebt, oder unsere freundliche Seite, die nach Wiedergutmachung strebt und loslässt, wenn dies nicht möglich ist.

- Nur wenn wir leiden, finden wir unseren Mut und unsere Tiefe und lernen Mitgefühl für das Leiden anderer.

- Nur wenn andere unloyal und lieblos mit uns umgehen, finden wir heraus, ob wir wirklich bedingungslos lieben können.

## Liebende Güte

Ein bedingungsloses Ja ist ein spiritueller Sieg. Es gibt spirituelle Übungen, die uns helfen, ihn zu erringen. Diese Übungen machen es uns leichter, mit den Gegebenheiten zu leben anstatt gegen sie.

Eine hilfreiche Übung ist, alle Ereignisse unseres Lebens und alle Umstände, denen wir begegnen, als Dharmas, Türen zur Erleuchtung, Lektionen in Menschlichkeit, Wege zur Tugend anzusehen. Jedes der Gegebenheiten bietet eine spirituelle Herausforderung. Wenn Dinge sich verändern oder zu Ende gehen, können wir trauern und loslassen anstatt dem Himmel zu zürnen. Wenn die Dinge nicht nach Plan gehen, können wir uns neuen Möglichkeiten gegenüber öffnen, einigen schicksalhaften und einigen karmischen. Wenn die Dinge sich als ungerecht erweisen, können wir für Gerechtigkeit wirken und gegenüber anderen keine Vergeltung üben, sondern uns auf ihre Transformation konzentrieren. Wenn Leiden unseren Weg kreuzt, können wir es ohne Protest oder Vorwurf oder der Forderung, davon ausgenommen zu werden, erfahren. Wenn andere nicht liebevoll oder loyal sind, können wir Liebende Güte praktizieren. Angesichts einer jeden Gegebenheit sagen wir in Achtsamkeit Ja, das heißt, ohne die Reaktionsmuster des Egos.

Unsere Übung von Achtsamkeit kulminiert in Liebender Güte. In diesem Buch habe ich schon viele Male die Liebende Güte erwähnt. Sie ist eine Tugend, die wir gern geben und empfangen. Jetzt wollen wir einmal die spezielle buddhistische Praxis der Liebenden Güte, durch die wir unsere Gastfreundschaft der Menschheit gegenüber zum Ausdruck bringen, betrachten. Diese Praxis basiert auf einem buddhistischen Text, der das *Mettâ Sutta* genannt wird. *Mettâ* ist ein Pali-Ausdruck, der im Theravada-Buddhismus verwendet wird und Liebe bedeutet. Er bezeichnet die Energie, die dem Universum innewohnt und es, alles eingeschlossen und bedingungslos, aktiviert. Liebende Güte ist das umfassendste bedingungslose Ja, weil es eine Liebe ist, die das ganze Universum einschließt.

Nach den Mettâ-Lehren ist bedingungslose Liebe ein Heilmittel für Angst vor anderen und Wertschätzung der Art und Weise, auf die sie sich von uns unterscheiden. Mettâ ist eine bedingungslose Freundlichkeit uns selbst und anderen gegenüber, zu der die Bereitschaft gehört, die eigenen Gefühle oder Erfahrungen oder die der anderen ohne Interpretation, Tadel oder Zensur zum Ausdruck kommen zu lassen. Die Praxis der Liebenden Güte setzt voraus, dass wir alle miteinander verknüpft sind und hilft uns, uns diese Tatsache bewusst zu machen und sie im Augenblick zu aktualisieren.

Aus buddhistischer Sicht sind vier unermessliche Bewusstseinsbereiche der Antrieb für unser spirituelles Leben. Diese vier spirituellen Potentiale in uns, die Gegebenheiten unserer Natur, sind Liebe, Mitgefühl, anteilnehmende Freude und Gleichmut. Da sie ungeachtet aller Umstände in uns existieren, also bedingungslos sind , werden sie die „Vier Unermesslichen" oder die „Vier göttlichen Wohnstätten" genannt.

Zur Liebe gehören eine bedingungslose Absicht und der Wunsch, dass alle Wesen glücklich sein mögen. Mitgefühl bedeutet, vom Schmerz der anderen berührt zu sein und ihnen zu wünschen, sie mögen von Leiden befreit sein. Anteilnehmende Freude wünscht allen Glück und jubelt, wenn andere Erfolg haben. Gleichmut ist Gelassenheit und Standfestigkeit unter allen Umständen, ohne dass man noch von Angst oder Verlangen, Erinnerungen oder Erwartung gebremst oder angetrieben wird. Gleichmut bedeutet nicht, dass es im Leben keine Turbulenzen mehr gibt, sondern dass wir die Fähigkeit entwickeln, durch Schwierigkeiten hindurch zu gehen, ohne uns niederschmettern zu lassen oder verbittert zu werden. Wir können, mit anderen Worten gesagt, mit ihnen umgehen, ohne von ihnen besessen zu werden. Wir spüren noch immer den

Einfluss von Turbulenzen, aber wir kehren immer wieder in unser Zentrum und auf unseren Teppich zurück. So wie T. S. Eliot in seinem Gedicht „Aschermittwoch" sagt:

> Lehre uns zu sorgen und uns nicht zu sorgen
> Lehre uns stillsitzen
> Selbst zwischen diesen Felsen.

Die Praxis der Liebenden Güte aktiviert und kultiviert die Vier Unermesslichen in unserem Leben. Sie erweckt unser volles Potential menschlicher Güte, weil sie uns hilft, mehr zu lieben, was die uns krönende Tugend ist. *Unermesslich* heißt hier nicht riesig groß, sondern unvoreingenommen, nicht auf ein Ziel beschränkt. Wir fühlen mit *allen* Wesen, seien sie nun geliebt oder ungeliebt, bekannt oder unbekannt, nah oder fern in gleicher Tiefe mit. Liebende Güte ist unsere Weise, auf die Gegebenheiten des Lebens, an denen andere leiden, mit einem Ja zu reagieren. Sie ist auch eine Weise, uns selbst zu lieben, da wir liebenswerter werden, wenn wir andere lieben.

Die Praxis der Liebenden Güte bedeutet, unsere spirituelle Ausrichtung bewusst auszuweiten, so dass unser Herz mit gleicher Intensität jene einschließt, die wir lieben, jene, denen gegenüber wir gleichgültig sind, jene, mit denen wir Schwierigkeiten haben und alle Wesen überall. Daher ist eine Affirmation wie „Ich lausche der Natur und bin offen für ihre Heilkräfte in meinem Leben" lediglich die erste Stufe einer reifen spirituellen Praxis. Wir weiten unsere Praxis der Liebenden Güte aus, wenn einer persönlichen Affirmation der Wunsch folgt, sie möge für alle Wesen gelten: „Mögen jene, die ich liebe, der Natur lauschen und offen für ihre Heilkräfte in ihrem Leben sein. Mögen jene, mit denen ich Schwierigkeiten habe, der Natur lauschen und offen für ihre Heilkräfte in ihrem Leben sein. Mögen alle Menschen der Natur lauschen und offen für ihre Heilkräfte in ihrem Leben sein." Mit einem solchen Ansatz entscheiden wir uns nicht mehr für eine rein persönliche spirituelle Praxis, sondern schneiden diese so zu, dass sie alle Wesen mit einschließt. Bevor wir von unserem Meditationskissen aufstehen, sagen wir dann: „Mögen alle Wesen kraft dieser und all meiner spirituellen Praktiken den Weg des Mitgefühls und der Weisheit finden."

Hier folgen einige Anweisungen, die auf der buddhistischen Praxis der Liebenden Güte basieren:

Atmen Sie normal, während Sie Ihre Aufmerksamkeit auf jeden Atemzug richten. Lassen Sie die Gedanken los und schaffen Sie Raum für die Mächte, die durch Sie hindurch wirken. Stellen Sie sich als einen Menschen voller Mitgefühl vor, dann voller Liebe, dann voller anteilnehmender Freude und dann voller Gleichmut. Diese Qualitäten werden die „Vier Unermesslichen" genannt, weil sie die überreichen Triebkräfte Ihrer Buddha-Natur sind.

Sprechen Sie laut oder im Stillen Ihren Wunsch aus, dass die Menschen diese vier Gaben geben und empfangen. Auf diese Weise senden Sie die Gaben, die nicht von Ihnen, sondern durch Sie aus dem Herzen des Buddha, des Christus, des Universums kommen, zu allen Menschen hin aus. Bitten Sie um die Gabe des Mitgefühls für jene, die von Ihnen geliebt werden, für jene, die Sie lieben, für Ihre Wohltäter, für Freunde und für Bekannte. Als nächstes schließen Sie Menschen ein, die Sie nicht gut kennen, denen Sie aber im täglichen Leben begegnen, wie dem Kaufmann oder dem Postboten. Als nächstes senden Sie Mitgefühl zu den Menschen, die keine Sympathie für Sie haben, zu denen, die Sie nicht mögen, zu schwierigen und feindseligen Menschen, zu Feinden (sowohl persönlichen als auch politischen). Schließlich senden Sie Mitgefühl an die ganze Welt – nach Norden, Süden, Osten, Westen. Wiederholen Sie nun die Übung des immer weiter werdenden Kreises, während Sie Liebe, Freude und Gleichmut aussenden.

Das könnte zum Beispiel so klingen: „Mögen jene, die ich liebe, heute Mitgefühl geben und empfangen." Oder als Alternativ-Vorschlag: „Mögen all meine Feinde hier und jetzt Freude empfinden. Mögen all meine Bekannten über Gleichmut verfügen. Mögen sie frei von Leiden und den Ursachen von Leiden sein."

Achten Sie auf jeglichen Widerstand, den Sie dabei empfinden. Versuchen Sie nicht, den Widerstand zu eliminieren. Arbeiten Sie einfach daran, einen stärkeren Vorsatz zu lieben aufzubauen, und der Widerstand wird sich verringern. Sie geben bei dieser Übung Ihrer wahren Natur Ausdruck, und das kann Ihrem Ego mit seinen äußerst begrenzten Vorlieben und Ablehnungen bedrohlich erscheinen. Diese Praxis ist ein Ja zu unermesslich umfassendem Mitgefühl, zu Liebe, Freude und Gleichmut, nach denen sich unser gesundes Ego sehnt.

Die Praxis Liebender Güte lässt sich auch auf Menschen anwenden, die uns in der Vergangenheit verletzt oder kritisiert haben und deren Stimmen unser Selbstvertrauen noch immer negativ beeinflussen. „Möge er/sie erleuchtet werden, so dass er/sie anderen helfen kann, anstatt sie zu verletzen." Dies mildert das Bild eines verletzenden Menschen, das wir in unserem Geist mit uns herumtragen, ab. Wenn wir stattdessen sagen: „Möge er/sie ebenso verletzt werden, wie er/sie mich verletzt hat", machen wir diesen Menschen zu einem Kerkermeister, der uns weiter gefangen hält.

Liebende Güte kann auch auf die Aktivitäten unseres Geistes angewandt werden. Erinnerungen, die plötzlich auftauchen, können zum Beispiel als Blumen oder Pfeile empfunden werden. Manche sind glücklicher Natur, manche schmerzlich, manche voller Bedauern. Immer wenn eine Erinnerung aufsteigt, können wir ihr eine Übung Liebender Güte beifügen. Sie erinnern sich beispielsweise plötzlich an eine Zeit, da Ihre Mutter nicht für Sie eingetreten ist. Fügen Sie eine Übung der Liebenden Güte hinzu, indem Sie sagen, „Mögen meine

Mutter und alle Mütter lernen, für ihre Kinder einzutreten."
Sie erinnern sich, wie Ihre Mutter Sie getröstet hat, als Sie
traurig waren. Also sagen Sie: „Möge ich meine Mutter trösten,
wenn sie dessen bedarf. Mögen alle Söhne ihre Mutter trösten.
Mögen wir alle Trost in Mutter Natur finden."

### Die Übung von Tonglen

Eine verwandte buddhistische Praxis ist das Tonglen. *Tong*
bedeutet aussenden und *len* bedeutet empfangen. Wir können
uns diese Meditationspraxis auch als Loslassen und Hereinlassen vorstellen. Tonglen hat seine Wurzeln in Achtsamkeit und
Liebender Güte und soll uns von Selbstbezogenheit befreien.

Die Praxis hat drei Phasen. Die erste ist achtsame Ruhe:
Wir sitzen einige Augenblicke in Stille und stimmen uns auf
die uns innewohnende Gelassenheit ein. In der zweiten Phase
des Tonglen üben wir das Aufnehmen und Aussenden. Mit
jedem Einatmen stellen wir uns vor, dunkle Eigenschaften wie
Schmerz, Enge und Hitze einzuatmen. Mit dem Ausatmen
senden wir dann Licht, Offenheit und Kühle aus. Wir spüren
bewusst, wie die dunklen Eigenschaften in unseren ganzen
Körper einströmen und wie die lichten davon ausstrahlen.
Auf diese Weise üben wir mehrere Minuten lang. In der dritten Phase nehmen wir weiter auf und senden aus, indem wir
unsere Aufmerksamkeit auf jeglichen emotionalen Schmerz,
den wir in diesem Augenblick empfinden, lenken. Atmen Sie
die Qualitäten dieses Schmerzes ein und atmen Sie Frieden,
Offenheit, Kühle und dergleichen aus. Wenn Sie dies eine
Weile praktiziert haben, können Sie dem gleichen Bogen folgen
wie bei der Praxis der Liebenden Güte. Beginnen Sie mit sich
selbst und weiten Sie dann die Übung auf einen Freund oder
Geliebten aus. Denken Sie an einen Freund, der leidet, atmen
Sie das Leiden ein und atmen Sie Frieden aus. Während Sie
auf diese Weise ein- und ausatmen, wirken Sie wie ein Filter,

der das Schmerzhafte aufnimmt, es in sich transformiert und Offenheit und Licht aussendet.[8]

Diese Meditationspraxis ist eine Herausforderung. Wenn Sie sie eine Zeitlang geübt haben, können Sie diese Übung über sich und Ihre Lieben hinaus auf Ihre Bekannten, Ihre Feinde und schließlich auf die ganze Welt ausdehnen. Wenn wir unsere Praxis zum Beispiel in einer Situation beginnen, in der wir verzweifelt und voller Angst sind, dann können wir letztlich die Verzweiflung und Ängste aller einatmen und Mut und Liebe ausatmen. Auf diese Weise spüren wir unsere wechselseitige Verknüpftheit.

Die gesamte Praxis stellt ein Paradox dar, weil es gefährlich zu sein scheint, so unerwünschte Dinge in uns einzulassen. Doch indem wir hier wie Bodhisattvas und Heilige wirken, vertrauen wir darauf, dass wir zu dem überreichen Speicher von Licht und Heilung in unserer Buddha-Natur Zugang haben. Wir vertrauen darauf, dass wir den Schmerz aufnehmen können und nicht von ihm verletzt werden, und dass wir Güte ausstrahlen und durch sie zu heilen vermögen.

Dies ist eine wagemutige Praxis und eine, die uns auf andauernde Weise mit anderen verbindet. Sie ist eine Form herzlichen Mitgefühls. Die Praxis von Tonglen bezieht sich direkt auf die Gegebenheiten des Lebens:

- Wir atmen die Erfahrung anderer Menschen von Schmerz und Trauer und Verlust, die mit Veränderung und Zuendegehen einhergehen, ein, und wir atmen Losgelöstheit und Befreiung von ihnen aus.
- Wir atmen die Enttäuschung anderer über fehlgeschlagene Pläne ein und atmen unser Vertrauen aus, dass sich

---

[8] Für weitere Anleitungen zur Tonglen Meditationspraxis siehe Pema Chödrön, *Beginne, wo du bist* Freiamt (Arbor) 2001, oder das kleine, ganz der Tonglen-Praxis gewidmete Büchlein derselben Autorin mit dem Titel *Tonglen,* Freiamt (Arbor) 2001.

alles zum Guten wenden und zum spirituellen Forschritt beitragen wird.
- Wir atmen die Unfairness und Ungerechtigkeit, denen sich andere ausgesetzt sehen, ein, und atmen den Mut aus, sich gegen Ungerechtigkeit zu stellen und gerecht anderen gegenüber zu agieren, während man nicht nach Vergeltung strebt.
- Wir atmen physisches und psychisches Leiden ein und atmen unsere Heilkraft und Gelassenheit aus.
- Wir atmen die Verletztheit aller Menschen, wenn andere sich ihnen gegenüber unloyal oder lieblos verhalten, ein und atmen Liebe und Loyalität aus.

Ein Beispiel für die Verbindung unserer Praxis der Liebenden Güte mit Tonglen ist, sich des Gefühls der Gemeinschaft mit anderen in der Welt bewusst zu werden – „die Kommunion der Heiligen" –, die ebenso empfinden oder empfunden haben wie wir. Mit welchem Schmerz oder Stress wir auch konfrontiert werden mögen, andere wurden ebenfalls damit konfrontiert. Es könnte hilfreich sein, dies all unserer persönlichen Arbeit an uns hinzu zu fügen: „Wenn ich dies empfinde, schließe ich mich jetzt all jenen an, die unter demselben Schmerz oder Konflikt leiden. Ich bitte um ihre Hilfe und teile meine mir zuteil gewordene Gnade mit ihnen." „Ich schließe mich in diesem Augenblick allen deprimierten Menschen auf der Welt an. Ich bitte darum, dass wir einander gegenseitig vom Unglücklichsein erlösen." Auf diese Weise können wir etwas in das Depot der Gnade, das uns allen gemeinsam ist, geben und gleichzeitig daraus schöpfen.

Diese Praktiken können uns von Selbstbezogenheit befreien und uns für die Gnade öffnen. Wir *erlangen* damit nichts. Wir *öffnen* uns einfach und werden zu Fenstern, die das Licht des erleuchteten Bewusstseins durchlassen. Es fließt durch uns hindurch, wenn wir die Leiden der Welt einatmen und eine heilende Antwort ausatmen. Wir sind nicht die Heiler, sondern nur die Mittler für Heilung. Gnade bedeutet, Zugang zu einer Macht jenseits des Egos zu haben. Gnade wirkt am besten, wenn wir praktizieren, doch sie wird nicht durch sie verursacht, sondern nur gefördert.

Die Praxis der Liebenden Güte und des Tonglen verwirren und schockieren das Ego mit seinem Hang zu Vergeltung als erprobte und richtige Antwort auf die Schläge, die andere uns zufügen. Wenn wir uns entscheiden, Liebende Güte und Tonglen zu praktizieren, erschüttern wir das Fundament des Egos und verursachen Risse in seiner harten Schale. Durch diese Risse schimmert das Licht der Weisheit und des Mitgefühls. Dies wärmt und erhellt den Weg des Egos und das Ego wird dadurch zarter. Es ist entzückt über eine solche wunderbare Alternative zu seinen Lieblingssportarten wie Angsthaben, Anhaften, Kontrollieren und Anspruchestellen. Die Praxis von Liebender Güte und Tonglen helfen uns die Gnade zu finden, das Ego nicht nur zu transzendieren, sondern ihm auch Frieden zu schenken.

## Nichts „da draußen"

In diesem Buch habe ich häufig die Position des „sowohl – als auch" anstelle des „entweder – oder" eingenommen. Das ist eine Weise, auf eine wunderbare Möglichkeit Bezug zu nehmen: Die Vereinbarkeit augenscheinlicher Gegensätze. Unser Ego liebt es, zu teilen und zu erobern, aber unser spirituelles Bewusstsein strebt danach, durch die Dualität hindurch zu schneiden. „Sowohl – als auch" ist paradox, die Art und Weise des Geistes, die Nichtdualität der Wirklichkeit auszudrücken. Metaphern können dem gleichen Zweck dienen.

Aus einer dualistischen religiösen Sichtweise, beten wir zu einem Gott, der im Himmel über uns ist. In einem reifen religiösen Bewusstsein begreifen wir, dass es keine Dualität, keinen Unterschied zwischen Innen und Außen gibt. Dies wird in den mystischen Strömungen der Weltreligionen besonders deutlich. Mystiker erfahren selber spirituelle Weisheit statt von Mittlern über sie zu hören. Ein Beispiel für Nichtdualität in der christlichen Theologie ist die Doktrin der Kommunion der Heiligen. Dies bezieht sich auf die andauernde Verbundenheit von Heiligen, die ihre irdische Reise beendet haben, und jenen, die noch mitten unter uns weilen. Gott und die Heiligen sind hier in uns und wir rufen sie um Hilfe an. Die wechselseitige Verknüpfung umfasst somit „im Himmel wie auf Erden". Selbst nach unserem letzten Atemzug machen wir weiter und zeigen Mitgefühl und geben von unserer Weisheit ab. Insofern gibt es keine Trennung zwischen Leben und Tod. Die Kommunion der Heiligen zeigt, dass unsere evolutionäre Bestimmung nicht das Ende des Lebenszyklus' ist, sondern ein Teil von ihm.

Einer der Schlüssel-„Heiligen" der buddhistischen Tradition ist Avalokiteshvara, der Bodhisattva des Mitgefühls. Wie alle Götter und Heiligen ist Avalokiteshvara nicht wirklich ein höheres Wesen über oder jenseits von uns, sondern eher eine Qualität *innerhalb* von uns. Wenn wir mitfühlend handeln oder Liebe zum Ausdruck bringen, handeln wir nach Maßgabe unseres uns eingeborenen Potentials zum Erwachen in jedem Augenblick. Weisheit und aktives Mitgefühl sind beides sowohl Praktiken als auch Früchte der Praxis.

Ein Bodhisattva ist ein erleuchtetes Wesen, das ein Gelübde abgelegt hat, alle Wesen mit ihm oder ihr zusammen zur Erleuchtung zu bringen. Die Praxis der Liebenden Güte ist ein Weg, das Gelübde eines Bodhisattva in die Praxis umzusetzen. Vielleicht vermögen wir durch diese Praxis die Menschen nicht ganz zu heilen, aber wir setzen zumindest eine Art von spirituellem Impuls in das Universum der Bodhisattvas, die zum Wohle aller arbeiten. Nach buddhistischem Verständnis arbeiten viele Bodhisattvas in unserer und für unsere Welt – ebenso wie die christlichen, jüdischen und muslimischen Heiligen. In gewissem Sinne schließen wir uns durch spirituelle Praktiken wie Liebende Güte und Tonglen den Bodhisattvas an, die mit allen und für alle Wesen wirken. Wenn wir auf diese Weise über unsere spirituelle Praxis denken, vertreiben wir unser Gefühl der Begrenztheit und unsere Ungeduld mit unserer Unzulänglichkeit, anderen zu helfen. Wenn wir dann von unserem Meditationskissen aufstehen, können wir tatsächlich sagen: „Ich danke allen Buddhas und Bodhisattvas, die sich meiner Meditation angeschlossen haben."

### Die Natur praktiziert Ja

Ja ist Offenheit. Die Natur öffnet sich jedem, ohne Unterschiede zu machen. Diese universale Großzügigkeit widerfährt uns, wenn wir zur Liebenden Güte erwachen. Und genauso strebt die Natur auch nicht nach Vergeltung. Der Mensch, der den Strand verschmutzt, könnte trotzdem am selben Tag einen Fisch fangen.

Der Ursprung der Praxis der Liebenden Güte in der buddhistischen Tradition bezieht sich direkt auf die Natur. Es wird erzählt, der Buddha habe einst einige junge Mönche in den Wald geschickt, damit sie dort ein Übungszentrum errichteten. Schon bald darauf kamen sie wieder aus dem Wald gerannt, weil sie vor den Waldgeistern Angst hatten, die sie erschreckten und sich ihnen entgegen stellten. Der Buddha wies sie an, wieder zurückzugehen, sich inmitten der dunklen Geister niederzusetzen und ihnen Liebende Güte entgegenzubringen. Er lehrte die Mönche die Mettâ-Praxis, das heißt, denjenigen gegenüber Liebe zu zeigen, die wir hassen oder fürchten, indem wir uns wünschen, sie möchten die Vier Unermesslichen – Liebe, Mitgefühl, anteilnehmende Freude und Gleichmut – finden. Die Mönche taten, wie ihnen geheißen, und die Geister waren so berührt von der Praxis der Liebenden Güte, dass sie zu Verbündeten und Führern der Mönche wurden. Die Praxis der Liebenden Güte ist genau das Mittel, um Furcht in Liebe zu transformieren. Wenn wir jemanden fürchten, umhüllen wir diesen Menschen mit Liebe und unsere Furcht wird zur Liebe. Wie Johannes vom Kreuz sagte: „Wo keine Liebe ist, da lege Liebe hinein, und du wirst Liebe finden."

Die Natur ist eine wundervolle Ressource an lebendigem Ja: Das Vorbild für Ja und das Geschenk des Ja. Eine Blume zu betrachten und sie als einen Führer und nicht nur als etwas Schönes zu ehren, hilft uns, eine kreative Beziehung zur Natur herzustellen. Durch diese Art von Upgrade unseres Bewusstseins entfaltet sich die subtile Führung durch die Natur. Eine Blume wird zu einem Symbol für das zarte Leben in uns, das nur wachsen kann, wenn es fest in der Erde verwurzelt ist, die Jahreszeiten annimmt und seine Entwicklungsphasen ohne Klagen durchläuft. Dann ist eine Rose nicht nur eine Rose, sondern eine Begleitung zur Wiedergeburt.

Der japanische Zen-Dichter Ryôkan schrieb: „Wenn dein Herz rein ist, dann sind alle Dinge in der Welt rein ... Und der Mond und die Blumen werden dich auf deinen Weg geleiten." In dieser Metapher wird die Natur mit einem Führer verglichen. Das beinhaltet, dass wir in unserem Bestreben, zu den bestmöglichen Menschen zu werden, nicht allein sind. Die Natur kann als eine führende Energie auftreten, die uns ständig bei diesem Vorhaben unterstützt. Dann können wir froh sein, ein Flüchtling von der öden Insel des Egos zu sein.

Ichlosigkeit bedeutet daher, die Geräumigkeit der Erde und des Himmels in unser Gefühl, was wir sind, einfließen zu lassen. Wir empfinden ein Gefühl der Verknüpfung mit dem Universum, statt eine begrenzte Sichtweise von uns als getrennte Wesen aufrechtzuerhalten. Ichlosigkeit bedeutet, einen Anfängergeist zu besitzen. Das Gesagte impliziert, dass wir uns umso mehr auf die Natur als eine nie versiegende Quelle der Gnade verlassen können, je mehr wir das Ego loslassen. Diese Gnade ist in den Wundern, die wir sehen, erkennbar: Blumen, Berge, der Mond, andere Menschen. Sie sind das Äquivalent von Schutzengeln oder Bodhisattvas, Lichtwesen, die uns zur Entdeckung des Lichts in uns selbst und im Universum geleiten.

Ryôkans Verse enthalten noch eine weitere Metapher und ein Versprechen – dass wir nämlich zu einem Führer für andere werden, wenn wir reine Absichten hegen, das heißt, das Beste für andere wünschen. Im spirituellen Bewusstsein legen wir die Latte immer noch ein Stückchen höher. Metaphern können mehr als persönlich sein. Sie sind auch gemeinschaftlich. Wir und alle Dinge in der Natur tragen eine persönliche Geschichte und die Geschichte der Welt in uns. Die Metapher, ein Führer für Einzelwesen zu sein, kann uns daher auch über unsere evolutionäre Bestimmung, Führung für die planetarische Entfaltung zu bieten, Auskunft geben. Wir brauchen keine Machthaber in der Welt zu sein, um in diesem Sinne wirken zu können. Alles, was dazu nötig ist, ist ein Ja zu dem, was unser Leben heute ist.

Der Wissenschaftler Ilya Prigogine sagte: „Heute konvergieren die Welt, die wir im Außen sehen, und die Welt, die wir in unserem Inneren sehen." Nach innen zu schauen sollte nicht im Gegensatz dazu stehen, einen Standpunkt draußen in der Natur zu haben. Uns ist klar geworden, dass eine echte Spiritualität Arbeit in der Welt in einer politischen Rolle erfordert, und gleichzeitig einen gewissen Abstand von der täglichen Arbeitswelt im kontemplativen Modus verlangt. Diese Kontemplation kann in der Natur vor sich gehen. Wir können eine Auszeit nehmen und an ein Gewässer oder in den Wald gehen, um uns spirituell zu erfrischen, wie es im dreiundzwanzigsten Psalm besungen: „Grüne Auen ... frische Wasser ... erquicken meine Seele." Oder wie Dôgen Zenji sagt: „Verblendung ist, wenn wir alles, was ist, vom Standpunkt des Ich sehen. Erleuchtung ist, wenn wir uns selbst aus der Sicht der Dinge der Natur sehen."

Hier einige Möglichkeiten, uns in einem bedingungslosen Ja mit der Natur zu verbünden.

Machen Sie es sich zum Prinzip, von Zeit zu Zeit den Sonnenaufgang und den Sonnenuntergang wie auch den Mondaufgang und -untergang zu betrachten. Betrachten Sie nicht einfach den Mond, sondern suchen Sie sich einen Lieblingsplatz aus, von dem aus Sie jede seiner Phasen betrachten. Betrachten Sie den Nachthimmel und machen Sie sich empfänglich für die subtilen Bewegungen, die dort vonstatten gehen. In alter Zeit glaubte man, dass die Himmelskörper bei ihren Bewegungen Musik machen. Dies wurde die Sphärenmusik genannt. Lauschen Sie auf diese Musik und summen Sie sie mit.

Träume geben Antworten auf Fragen, die wir noch nicht zu stellen gelernt haben. Gehen Sie öfter zum Camping und schlafen Sie draußen, so dass die Sterne über Ihnen ihr Licht in Ihre Träume hineinstrahlen lassen können.

Vielleicht träumen Sie von einem Tier. Es ist hilfreich, dem Tier nach dem Aufwachen in der Imagination zu folgen. Tiere erscheinen oft in Träumen, um uns einen Weg über das Ego hinaus zu weisen. Wir erkennen dies in *Alice im Wunderland,* die dem weißen Kaninchen folgt, oder an Dorothy im *Zauberer von Oz,* die ihrem Hund Toto folgt. Ihnen eröffnete sich eine neue Welt, als sie den Tieren die Führung überließen.

Gedichte erwachsen oft aus den mysteriösen Gegebenheiten des Lebens. Nähren Sie Ihre Seele, indem Sie Gedichte lesen oder schreiben, Musik hören, Kunstwerke betrachten, malen oder bildhauern oder sich mit irgendeiner anderen die Seele nährenden Kunstform, die Ihnen verfügbar ist, beschäftigen. Wann immer es Ihnen möglich ist, tun Sie dies in freier Natur. Bashô, der japanische Haiku-Dichter, schrieb: „Was immer wir in einem bestimmten Augenblick tun, es hat einen Einfluss auf unser immerwährendes Selbst, das Dichtung ist."

Öffnen Sie sich für die Erkenntnis, dass die Natur ständig mit Ihnen kommuniziert. Betrachten Sie die natürlichen Dinge und achten Sie auf Botschaften, die sich auf Ihre momentane Situation oder auf die Probleme, denen Sie ausgesetzt sind, beziehen. Wenn ein Geschöpf oder eine Blume plötzlich oder überraschend oder an einem ungewöhnlichen Ort in Erscheinung tritt, kann ein solcher Besuch eine Botschaft für Sie sein und sich auf Ihre momentane Lebenssituation beziehen. Einige der amerikanischen Ureinwohner sprechen von „Tier-[oder Blumen]Medizin", wenn so etwas geschieht.

> Wir halten Bibeln und Religionen für göttlich ...
> ... sie sind alle dir entwachsen und wachsen
>     vielleicht immer noch aus dir heraus.
> Nicht sie schenken das Leben, du bist es, der das
>     Leben schenkt,
> Blätter werden nicht mehr von Bäumen abgeworfen
> oder Bäume von
> der Erde, als sie aus dir heraus geworfen werden.
>
> WALT WHITMAN, „SONG FOR *Occupation*",<br>AUS *Leaves of Grass.*

---

*Möge ich in all meinen Unterfangen Liebende Güte praktizieren, und mögen jene, die mit Hass agieren, so frei von Furcht sein, dass Liebe zu allem wird, was sie kennen und zeigen.*

---

# 8
# Ja zu Gefühlen

*Lasst uns ...*
*Nicht, was sich ziemt, nur, was wir fühlen, sagen.*

WILLIAM SHAKESPEARE, *König Lear*

Das Wort „Gefühl" hat eine indo-europäische Wurzel mit der Bedeutung "berühren". Und es gibt einen wissenschaftlichen Begriff, „Perturbation", der sich darauf bezieht, dass natürliche Dinge Wandel und Bewegung erfahren können. Das ist es, was zur Evolution und dem Fluss des Lebens führt. Zu fühlen heißt, unser Vermögen zu aktivieren, durch Ereignisse, Natur, und Menschen – durch die Gegebenheiten unseres Daseins – berührt, bewegt und verändert zu werden.

Wir können vom dem Druck, den das Leben auf uns ausübt, herumgestoßen oder gar zerquetscht werden, oder wir können gerechte und wache Zeugen des Geschehens werden und uns dann entscheiden, welcher nächste Schritt der beste sein könnte. Zum Zeugen unserer Gefühle gegenüber den Umständen und unserer Reaktionen auf diese zu werden bedeutet, nicht in ihnen gefangen zu sein, sie nicht zu persönlich oder zu ernst zu nehmen, nicht von ihnen besessen zu sein, von ihnen nicht niedergeschmettert zu werden und nicht von ihnen gebremst oder getrieben zu werden. Unsere spirituelle Bestimmung ist nicht, unsere Emotionen zu unterdrücken oder in ihnen zu schwelgen, sondern ihnen zu erlauben, ganz und gar durch uns hindurch zu gehen bis zum Grund, das heißt, bis sie aufgelöst sind oder, wie es auch uns geschehen wird, in die Erde zurückgekehrt sind.

Wenn wir das Leben mit einem bedingungslosen Ja leben, entwickeln wir Gleichmut. Aber Gleichmut sollte nicht als Unerschütterlichkeit ausgelegt werden. Gleichmut ist die Tugend, zur Grundlinie zurück zu kehren, sich wieder zu festigen, nachdem wir die von unseren Gefühlen hervorgerufene Erschütterung gespürt haben. Menschen, die sowohl psychologisch als auch spirituell gesund sind, werden von dem, was ihnen oder anderen geschieht, berührt. Sie geraten unter den Einfluss von Ereignissen. Sie haben tiefe Empfindungen und sie zeigen diese. Sie reagieren nicht unbewegt oder stoisch auf das, was andere tun oder was geschieht. Sie sind durchlässig. Wie könnte sonst das Licht durch sie hindurch scheinen?

Charakter, Tiefe und Mitgefühl erblühen in uns, gerade *weil* wir das auf uns wirken lassen, was geschieht. Aber Ereignisse müssen nicht auf gefährliche Weise auf unser Leben übergreifen:

| *Wenn Ereignisse auf einen Menschen wirken, ...* | *Wenn Ereignisse auf das Leben eines Menschen übergreifen, ...* |
|---|---|
| fühlt er sich mit seinen Gefühlen sicher und bleibt standfest und zentriert. | wird er von seinen Gefühlen überwältigt, wird destabilisiert und niedergeschmettert. |
| geht er bewusst durch die Erfahrung hindurch und sucht gleichzeitig nach gesunder Unterstützung. | sucht er nach Drogen oder einer Sucht, um der Wirklichkeit zu entfliehen oder sie zu vermeiden. |
| merkt er, dass sein Schlaf und sein Appetit in gemäßigter Weise beeinträchtigt sind. | bemerkt er, dass sein Schlaf und sein Appetit ernsthaft beeinträchtigt sind. |

| | |
|---|---|
| beachtet er das Problem, arbeitet es durch und löst es. | verstrickt er sich in zwanghaftes Grübeln und fühlt sich weiterhin von den Ereignissen bedrängt. |
| fühlt er sich niedergeschlagen, aber auf einer der Situation angemessenen Ebene. | ist er deprimiert oder verzweifelt.[9] |
| bewahrt er seine physische Gesundheit. | wird seine physische Gesundheit geschädigt. |

---

[9] Verzweiflung ist eine Gegebenheit, aber nicht unbedingt eine Nemesis jedes menschlichen Lebens. Sie ist das Aufgeben unserer selbst, anderer und der Gnade: Wir glauben zu Recht oder zu unrecht, dass wir keine tragende, sichtbare oder unsichtbare, Umgebung haben, die uns unterstützt. Wir empfinden eine irreparable Getrenntheit. Wir stellen fest, dass weder Hilfesuchen noch Wut irgendeinen Einfluss auf die Ereignisse oder auf andere hat. Wir spüren eine alldurchdringende Machtlosigkeit, einen Mangel an Gefühl für Wirkung und Effizienz. Wir geben uns selbst auf, weil das, was wir versucht haben, keine Wirkung zeigte. Vielleicht ist unsere Besessenheit von dem Streben nach Kontrolle unser anrührender und oft so müßiger Versuch, den Ansturm der Verzweiflung zurückzuschlagen.

## Geschenke, die wir von der Natur erhalten

Gefühle sind Körperreaktionen, die gesunde, eingebaute Technologien zum Umgang mit den Schlägen des Lebens darstellen. Unsere Gefühle sind die gesunden Werkzeuge, die uns die Natur geschenkt hat, damit wir uns bewegen und Probleme lösen, neue Lösungsmöglichkeiten schaffen und hilfreiche Alternativen erfinden. Mit anderen Worten, die Natur hat uns zu fühlenden Wesen gemacht, damit wir uns entwickeln können.

Persönlicher Fortschritt bedeutet nicht, zu einer Holzpuppe zu werden, sondern zu einem echten Menschen. Pinocchios Augen können weinen, seine Venen können hervortreten, seine Zähne können klappern, seine Lippen können lächeln. Er ist kein aus dem Leben Entflohener, sondern ein im Leben Angekommener. Wir werden bei Verlust traurig, bei Ungerechtigkeit wütend, bei Gefahr ängstlich und wenn uns das Glück winkt, überschwänglich.

Wenn ich mit einer Gegebenheit des Lebens konfrontiert werde, kann ich fragen „Wie kann ich daran wachsen?" Ich tue dies jedoch im Kontext von Gefühlen, die der Situation angemessen sind. Wenn beispielsweise ein Verlust eintritt, beklage ich ihn und empfinde Trauer, bevor ich mich frage, wie ich daran wachsen kann. Einer Gegebenheit mit der unmittelbaren Sorge zu begegnen, was man aus dieser Erfahrung lernen oder wie man an ihr wachsen kann, heißt den zweiten vor dem ersten Schritt zu tun. Es ist eine Form des Nein zu einer vollen Erfahrung.

Ja klingt eher wie folgt: „Wie kann ich da mit offenen Augen hindurch gehen? Wie kann ich da mit all meinen Gefühlen hindurch gehen? Dann werde ich am besten in der Lage sein, an den Ereignissen zu wachsen." Das ist das Ja, mit dem wir geboren wurden. Es ist nicht von uralten Binsenwahrheiten oder mentalen Analysen konditioniert. Ein Ja zu den Gefühlen ist jene Haltestelle, die vor den philosophischen Erklärungen, theologischen Trostsprüchen oder ermutigenden Maximen kommt. An dieser Haltestelle erweist sich unsere Erdverbundenheit, unsere natürliche Leidenschaft und unsere geistige Gesundheit. In streng asketischen Traditionen dienen die spirituellen Praktiken dazu, unsere natürlichen Reaktionen zu zügeln oder abzustumpfen. Dieser Ansatz ist nicht nur für unsere Gesundheit gefährlich, sondern auch für unser Menschsein. Wir entwickeln uns, indem wir mehr Mensch sind, und nicht weniger.

Jede Gegebenheit des Lebens ruft Gefühle hervor. Zu trauern ist die passende Reaktion auf einen Verlust; es ist die Form, die das Ja angesichts eines Verlustes annimmt. Sie besteht darin, uns zu gestatten, das volle Gewicht unserer Trauer über ein Ende zu spüren, unsere Wut über den Verlust und unsere Furcht, dass wir niemals wieder einen entsprechenden Ersatz dafür finden werden. Ein jedes Gefühl, das wir voll zum Ausdruck bringen, kann sich mit anderen Gefühlen verbinden. Unsere Trauer kann zum Beispiel zu Wut führen, unsere Wut zu Furcht und diese schließlich zu der Freude des Loslassens. Das lebenspralle Paradox ist, dass die volle Annahme von Gefühlen zum Loslassen führt: Wenn wir unsere Angst sanft und auf gastfreundliche Weise halten, hören wir auf, an ihr festzuhalten.

Ihr Mann läuft zum Beispiel mit Ihrer besten Freundin davon. Nach anfänglicher Traurigkeit kommen Sie in Kontakt mit Ihrer Wut über den Verrat der beiden. Später bemerken Sie dann, wie eine Ur-Angst aufsteigt. Sie haben Angst, dass Sie niemals wieder von der Trauer und der Besessenheit von dem Geschehen frei sein werden. Sie befürchten, dass Sie niemals wieder einen Partner finden oder einem trauen können. Sie arbeiten in einer Therapie an sich; Sie geben alle Rachegefühle auf und praktizieren Liebende Güte; Sie nehmen sich dieses Buch zu Herzen. Allmählich lässt die Besessenheit nach und ebenso die Trauer, die Wut und die Angst. Sie sind stolz darauf, wie Sie das alles durchgestanden haben, und ein Gefühl der

Freude und der Befreiung sowie ein neues Leben eröffnen sich vor Ihnen. Eines Nachts, da sie allein und darin ganz zufrieden sind, erinnern Sie sich vielleicht eines Ausspruchs aus den Südsee-Geschichten *Omoo* von Hermann Melville, die Sie vor langer Zeit gelesen, aber längst vergessen haben: „Zur Mittagszeit war die Insel unter den Horizont versunken, und der weite Pazifik war das einzige, was vor uns lag." Sie stellen erstaunt fest, dass dieser Satz dennoch in Ihrem Gedächtnis gespeichert war, bis Sie ihn benötigten, und Sie erkennen schließlich, dass all die Gegebenheiten Ihres jüngsten Lebens im Grunde eine Gnade waren.

Viele von uns haben jahrelang in ihrem Kopf oder in ihrem befestigten Ego gelebt, unseren Behelfsbaracken. Wir leben so, weil wir Angst vor unseren eigenen Gefühlen haben und vor der Intimität, die sie herbeiführen, wenn andere sie sehen oder Anteil an ihnen nehmen. Gefühle sind die Schnellstraße zur Intimität. Sie offenbaren, dass wir durchaus nicht so gegen Einflüsse gewappnet sind und energisch die Kontrolle innehaben, sondern dass wir verletzlich und weich sind. Wir werden entwaffnend und anziehend. Vermeiden wir Gefühle, weil wir die daraus entstehende Nähe fürchten?

Manchmal wissen wir, dass wir etwas fühlen, aber es nennt seinen Namen nicht. Wenn wir unsere Ausflüchte von Abstraktion und Intellektualisierung aufgeben, heißen wir sogar unsere unbenennbaren Gefühle mit einem bedingungslosen Ja willkommen. Dies geschieht, wenn wir ihnen ohne einzugreifen ihren eigenen Lauf in uns lassen. Unser Körper weiß, wie das geht, da alle Gefühle physischer Natur sind. Ein gesunder Körper wird sogar zu einer unterstützenden Kraft, die es uns erleichtert, unsere Gefühle gefahrlos und wirksam zu ertragen und auszudrücken. Ein Körper unter Drogen kann beispielsweise nicht durch den Trauerprozess hindurch gehen, genauso wenig wie ein erschöpfter oder schlecht genährter Körper oder einer, der versucht, stark auszusehen.

## Wie wir uns mit Gefühlen sicher fühlen können

Wir bringen unsere Gefühle nur dann zum Ausdruck, wenn wir das Gefühl haben, dies ohne Risiko tun zu können. Unsere Arbeit besteht darin, das Ausdrücken von Gefühlen sicher zu machen, indem wir Beziehungen und Orte, die keine Sicherheit bieten, vermeiden. Die vier Hauptgefühle sind: Traurigkeit, Wut, Furcht und Überschwang. Dies sind die grundlegenden Emotionen, die vielem, was wir denken, sagen und tun, zugrunde liegen.

Gefühle können als unsere eingebaute Technologie zur Bewältigung der Gegebenheiten des Lebens gewürdigt werden. Jede Gegebenheit ruft eines oder mehrere dieser Grund-Gefühle hervor, und angesichts einer Gegebenheit etwas zu fühlen, ist unsere Art, Ja zu sagen. Dass sich alles verändert und irgendwann endet, macht Trauer zu einem Bestandteil des Lebens. Veränderungen und Zuendegehen werden durch die Erfahrung der Trauer bearbeitet und angenommen. Mit anderen Worten, Trauer hilft uns, wie es alle Gefühle tun, loszulassen und weiterzugehen. Wir trauern, weil es die Gegebenheit der Veränderung und des Zuendegehens gibt.

Die Tatsache, dass die Dinge nicht immer nach Plan gehen, kann Wut und auch Angst hervorrufen, weil wir erkennen, dass bedrohliche Ereignisse über uns kommen können. Die Unvorhersehbarkeit des Lebens wird durch unsere Gefühle von Wut und Angst behandelt und durchgearbeitet. Auf diese Weise gehen wir weiter, anstatt auf die „Gemeinheit" fixiert zu sein, die uns, wie wir glauben, das Universum beschert hat.

Die Tatsache, dass das Leben manchmal nicht gerecht ist, lässt Wut als angebracht erscheinen. Wut ist der Unmut über Ungerechtigkeit. Wut führt zur Aktion; wir wollen Gerechtigkeit herbeiführen und dies hilft uns, auf mutige Weise voranzugehen. Die Tatsache, dass Leiden zum Leben gehört, ruft Kummer hervor und setzt die Suche nach Heilung in Gang.

Ohne Schmerz würden wir vielleicht nie tief in unsere Gefühle und unsere inneren Kräfte der Selbstregeneration eintauchen. Und die Gegebenheit, dass Menschen nicht immer loyal sind, ruft Trauer, Wachstum und Vergebung hervor. Das, was gegeben ist, ist letztlich immer ein Geschenk.

Das Leben enthält auch Lust und Erfüllung. Das ist auch eine der wesentlichen Gegebenheiten, aber eine, die uns wahrscheinlich kein Problem bereiten wird. Überschwang tritt auf und ist die Art und Weise des Körpers, Ja zur Freude im Leben zu sagen.

Wir sind mit dem Potential geboren, all unsere Gefühle ganz zu erfahren und auszudrücken. Damit sie jedoch aktiviert und brauchbar werden, müssen Gefühle von früher Kindheit an sicher sein. Dies geschieht, wenn unsere Gefühle als Säugling und in der Kindheit durch unsere Eltern gespiegelt wurden und wenn andere uns im Laufe unseres Lebens ebenfalls spiegeln. Zu spiegeln bedeutet, ein Gefühl mit den fünf Qualitäten zu begrüßen: Aufmerksamkeit, Akzeptanz, Wertschätzung, Zuneigung und Zulassen. Das sind die Bestandteile von Fürsorge und Verständnis. In unserer frühen Kindheit war das Spiegeln der Weg, um ein Modul für jedes der vier Hauptgefühle sicher in uns zu installieren, so dass jedes von ihnen später voll und ganz auf gesunde Weise aktiviert werden konnte. Ist das Modul eines Gefühls während der Kindheit nicht ganz und gar installiert worden, können die Einstellungen in unserer Körper-Geist-Seele-Einheit gedämpft oder gestört sein.

Das Spiegeln in der Kindheit und in der Intimität Erwachsener macht es uns möglich, uns sicher genug zu fühlen, um aus Traurigkeit zu weinen, unsere Stimme aus Wut zu erheben, vor Furcht zu beben oder vor Freude zu lachen. Mit anderen Worten, unsere Gefühle werden anerkannt, gewürdigt und begrüßt. Ihnen wird nicht mit Geringschätzung, Beschämung oder Drohung begegnet. Sie werden nicht unterdrückt, verurteilt, lächerlich gemacht oder bestraft. Uns wird nicht gesagt, was wir fühlen sollen, noch wird uns gesagt, wir würden nicht fühlen, wovon wir wissen, dass wir es fühlen.

Die in der Kindheit gespiegelten Gefühle lassen sich heute leichter gegenüber unserem Partner ausdrücken und werden auch von ihm akzeptiert. Spiegeln rüstet uns für Intimität, für das Geben und Nehmen von Gefühlen aus.

Sowohl im Erwachsenenleben wie in der Kindheit empfinden wir das Bedürfnis, von denen, die wir lieben, etwas zu empfangen. Zu manchen Zeiten möchten wir von anderen gehalten oder gespiegelt werden. Dieses Bedürfnis kann zur Bedürftigkeit werden, wenn wir mehr verlangen, als andere geben können. Wenn ich von meinem Partner gehalten werden möchte, er mir in diesem Augenblick aber nicht beistehen kann, gibt es zwei Alternativen für mich: Erstens liegt es bei mir, die Wirklichkeit zu akzeptieren: „Ich kann das, was ich will, im Augenblick nicht bekommen." Zweitens, ich bleibe bei mir selbst. Das bedeutet, ich bleibe, wo ich bin und erfahre einfach das Bedürfnis, ohne zu versuchen, es zu erfüllen oder ihm zu entfliehen. Ich rüge meinen Partner nicht, schenke mir keinen Drink ein oder schalte den Fernseher ein. Ich lasse mich das fühlen, was ich fühle, und versuche nicht einmal, es zu verstehen. Dann kann es zu einer wunderbaren und paradoxen Verschiebung kommen: *Meine Bereitschaft, bei meinen eigenen Gefühlen zu bleiben, wird gleichwertig zum liebevollen Gehaltenwerden. Ein bedingungsloses Ja zur Wirklichkeit erweitert meine Möglichkeit, Erfüllung zu finden.*

## Liebe befreit

Die meisten Menschen halten Liebe für ein Gefühl, aber Liebe ist weniger ein Gefühl als eine Art, präsent zu sein. Liebe bildet den Rahmen für die fünf Qualitäten und eine Verbindlichkeit, diese zu zeigen. Liebe ist eine innere Gegebenheit guten Willens. Nach der Definition von Thomas von Aquin bedeutet Liebe, „zu wünschen, dass Gutes geschehen möge". Liebe ist die Essenz unseres wahren und tiefsten Selbst. Dieser uns innewohnende Zustand wird zu besonderen Zeiten auf besondere Arten und Weisen ausgedrückt und zur Wirklichkeit. Die Essenz ist nur in den Augenblicken wirklich, in denen sie existenziell verwirklicht wird. So sagt denn auch der Dichter W. H. Auden: „Sage mir nicht, dass du mich immer lieben wirst. Sage mir, dass du mich Donnerstagnachmittag um vier Uhr lieben wirst!" Wenn wir in unserer Kindheit unsere Gefühle sicher zum Ausdruck bringen konnten und heute der Rahmen der Liebe, den die fünf Qualitäten bieten, gegeben ist, dann fällt es uns leicht, Gefühle auszudrücken und wir tun das hemmungslos und ohne uns ihrer zu schämen. Wir zeigen Traurigkeit mit Tränen, Kummer und eine gedrückte Stimmung. Wir zeigen Wut ohne Gewalt, aber nichtsdestoweniger stark. Wir zeigen Angst ohne Scham und ohne Gewinsel. Wir zeigen Überschwang im Überfluss.

Außerdem benutzen wir keines unsere Gefühle als Druckmittel, Zaubertrick, Manöver oder Strategie, um andere zu manipulieren. „Den Wasserfall anstellen" gehört nicht zum Repertoire eines Menschen mit Selbstachtung, ebenso wenig wie theatralische Einschüchterung, die als Wut daher kommt, aber bloßer Missbrauch ist. In diesem Fall mögen wir vielleicht Gefühle *zur Schau stellen,* aber wir bringen sie nicht wirklich zum Ausdruck.

Alle vier Haupt-Gefühle sind positiv: Sie helfen uns, uns als Menschen zu entwickeln. Kein Gefühl ist an sich negativ oder unangemessen, selbst wenn es ungerechtfertigt erscheint. Negativ ist nur, wenn wir ein Gefühl unterdrücken oder davon besessen sind. Manche Gefühle sind schmerzlich, aber sie werden weniger schmerzlich, wenn wir es ihnen gestatten, durch uns hindurchzugehen und wenn wir keine Angst mehr vor ihnen haben. Scham, Selbstvorwürfe und Ungeduld uns selbst gegenüber sind die Schurken, die Gefühle wie Angst und Traurigkeit schmerzlicher machen, als nötig wäre.

Die meisten von uns haben noch nicht ausprobiert, wie es ist, einfach nur mit einem Gefühl und durch eine Gefühlserfahrung hindurch zu sitzen. Wir hatten nicht genug Zutrauen zu uns, unseren Gefühlen freien Lauf zu lassen. Daher finden wir nie heraus, dass ein Gefühl nie so heftig auf uns wirkt, wie wir es uns vorgestellt haben. Wir lassen uns entgehen, wie viel besser es uns gehen könnte, wenn wir losließen, anstatt zurückzuhalten. Mit der Angst vor Gefühlen umzugehen ist viel schwieriger, als mit den Gefühlen selbst umzugehen.

Gefühle empfinden an sich kann mit Angst und einem Gefühl der Machtlosigkeit verbunden sein. Wir fürchten, Liebe und Anerkennung zu verlieren, wenn wir unsere Gefühle zeigen. Unsere Furcht, andere zu verärgern, ist die Furcht, sie könnten uns nicht mehr lieben, wenn wir unser wahres Wesen zeigen. Außerdem hat man einigen von uns beigebracht, Gefühle seien peinlich, unhöflich oder unanständig. Diese Urteile stammen aus einer Welt der Angst, nicht einer Welt der Redefreiheit, denn Gefühle sind im Grunde eine Art der Kommunikation.

Gefühle sind nicht schlecht oder falsch, nur manchmal unangenehm. Wir fügen einem bereits unangenehmen Gefühl noch eine weitere Schicht Schmerz hinzu, wenn wir glauben, es sei falsch, es zuzulassen. Dann wird dieses Gefühl mit Schuld gleichgesetzt. Wir wollen zum Beispiel nicht eifersüchtig sein und machen das Gefühl nur noch schlimmer, indem wir uns für etwas rügen, was in einer jeden Beziehung ganz normal ist. Vielleicht ist es uns peinlich oder wir haben Angst davor, wie verletzlich wir in einer Beziehung werden.

Gefühle können Zeitmaschinen sein. Sie können uns in unsere Kindheit zurück tragen. Wir fürchten, verlassen zu werden, weil wir uns dem ohnmächtig ausgeliefert fühlen, wie wir es in unserer Kindheit waren. Bedeutet erwachsen zu sein für einige von uns vielleicht, mehr und mehr an Kontrolle zu gewinnen, weil wir nicht noch einmal diese Machtlosigkeit spüren wollen? Wenn uns jemand ablehnt, kann uns das so traurig machen, dass wir uns niedergeschmettert, allein und entblößt fühlen. Wir können uns möglicherweise so fühlen, wie damals, als unsere Eltern sich von uns abwandten oder Schulfreunde uns zurückwiesen. Ein Gefühl von Verzweiflung und Ohnmacht (was im Grunde dasselbe ist) ist ein Hinweis auf diese Verbindung mit unserer Vergangenheit. Mit unseren Gefühlen ins Reine zu kommen heißt, verletzlich für die Pfeile aus der Vergangenheit zu werden, die noch immer durch die Lüfte der Gegenwart fliegen.

Andere Menschen können Katalysatoren für unsere Gefühle sein, niemals jedoch deren Ursache. Mit der Erfahrung eines Gefühls ist es so, wie wenn man zwei Stäbe aneinander reibt: Man kann nicht nur einen der beiden Stäbe für die Entstehung des Feuers verantwortlich machen. Zwei Menschen oder ein Mensch und ein Ereignis müssen sich aneinander reiben, um den Funken eines Gefühls hervorzubringen.

### Wie uns Angst zurückhält

Im Säuglingsalter und in der Kindheit haben wir ein instinktives Bedürfnis nach Verbundenheit mit unseren Pflegepersonen gehabt. Dieses Kontaktbedürfnis hält unser ganzes Leben an. Verbundenheit erfährt man am tiefsten durch die fünf Qualitäten. Vielleicht hat es Unterbrechungen in unserer Verbundenheit gegeben oder es wird sie noch geben, aber in „einer Atmosphäre der Heilung von Brüchen", wie D. W. Winnicott es nennt, ist es immer möglich, sie wiederherzustellen. Gefühle sind dann gefahrlos, wenn wir sicher sein können, dass die Gegebenheit, dass wir Fehler machen, akzeptiert wird.

Neurotische Angst ist der unerbittliche Todfeind unserer lebendigen Energie. Der Gegensatz zu Angst ist Erregung. Angst haben heißt, unsere Aufregung über eine Herausforderung, mit der wir uns konfrontiert sehen, zu unterdrücken. Stattdessen spüren wir nur die Gefahr und unser eigenes Gefühl der Unzulänglichkeit beim Umgang mit ihr. Wenn man Angst hat, ist es eine nützliche Übung, sich zu fragen, „Welche Aufregung will ich hier nicht zuzulassen?", und der Aufregung dann zu erlauben, hervorzutreten. Gefühle sind die Art und Weise, wie Aufregung begrüßt und zugelassen wird.

Manchmal fühlt sich Furcht wie eine fremde Präsenz an, wie ein schlauer Dämon, der von uns Besitz ergriffen hat. Dies tritt ein, wenn wir unsere Furcht nicht als zu uns gehörend anerkennen. Wenn sich Furcht dunkel anfühlt, hilft es, mit den Worten Prosperos aus *Der Sturm* zu sagen: „Das Ding der Schwärze dort, ich bekenne, es gehört zu mir."

Angst gehört zu uns und sollte gefühlt und dann losgelassen werden. Wie fühlt sich Angst an, wenn wir von ihr besessen sind und sie nicht durch uns hindurch zieht, wie sie es tun sollte? Sie richtet uns in Körper, Herz und Geist übel zu. Sie ist rücksichtslos und alldurchdringend und weigert sich, die Regeln des Fairplay zu befolgen. Angst kennt unsere Achillesferse und zielt jedes Mal darauf ab. Sie tritt uns, wenn wir am Boden liegen. Die Schutzwälle unseres Geistes sind nutzlos gegen diese Infiltrierung durch etwas, das sich einnistet und nicht loslassen will, so sehr wir auch kämpfen oder betteln mögen. Angst veranlasst uns, unkluge Entscheidungen zu treffen, und lacht uns dann noch wegen unserer Unbesonnenheit aus. Sie tötet unsere beiden besten Freunde: Zutrauen zu uns selbst und Vertrauen darauf, dass es Alternativen zu dem Katastrophenszenario gibt, das unser Gemüt sich ausmalt.

Unsere größte Hoffnung sind Mut und Gnade, die einzige Verteidigung, die Angst nicht bezwingen kann. Was bedeutet Mut in diesem Zusammenhang? Eine Verpflichtung zur dreifachen Praxis, die von uns verlangt:

das anzunehmen, was wir fürchten.
das Gefühl der Angst ganz und gar zuzulassen.

so zu agieren, dass wir von Angst weder angetrieben noch gebremst werden.

Wie können wir in diesem Kontext Gnade anerkennen? Beginnen Sie die Übung, indem Sie Unterstützung von einer Macht erbitten, die höher ist als Ihr Ego, und schließen Sie die Übung mit Dank für die Hilfe ab.

Alle vier Hauptgefühle sind Pfade in unsere lebendige Energie. Angst als Repression, was heutzutage sehr in Mode gekommen ist, belastet unsere lebendige Energie. *„Keep cool"* heißt, unsere Lebendigkeit einzufrieren. Manche Übungen aus der Selbsthilfebewegung können eine bedeutende Beeinträchtigung darstellen, wenn es darum geht, die Gefühle auf direkte und unmittelbare Weise auszudrücken. Viele von uns benutzen Therapie, Kräuter, Yoga oder andere Techniken, um dem Kontakt mit dem rohen Gefühl den Stachel zu nehmen. Hinter diesem eifrigen Bemühen kann Angst vor unseren Gefühlen stehen sowie das Bedürfnis, die Kontrolle zu bewahren. Wir fürchten Gefühle, weil wir uns fragen, ob wir sie abstellen können, wenn wir wollen, sie also kontrollieren können. Wir fürchten Gefühle, weil sie nicht immer schön sind und wir keine Kontrolle darüber haben, wie sie ausfallen werden. Wir fürchten Gefühle, weil sie dazu führen können, dass wir zusammenbrechen, und diese Möglichkeit können wir nicht als Gegebenheit annehmen, weil wir immerzu die Kontrolle behalten wollen. Es kann sein, dass wir uns vor Traurigkeit fürchten, weil wir uns dieser chaotischen Aufgabe des Trauerns nicht stellen wollen.

Wenn wir traurig sind, scheint es uns tapferer zu sein, uns am Riemen zu reißen, als wenn wir offen und heftig in Tränen ausbrechen. Wir reden uns den Kummer aus und verlieren völlig unsere Verbindung zur Traurigkeit, die uns zu so berührenden und anziehenden Wesen macht. Der beste Trost resultiert ironischerweise daraus, dass wir unsere Traurigkeit in ihrer ganzen Fülle zulassen, dann feststellen, dass wir sie überlebt haben, und uns schließlich wieder für die Zuneigung, die andere für uns empfinden, öffnen und Nähe daraus entstehen lassen. Wenn wir unsere Gefühle zeigen, geschieht es häufig, dass wir in ihnen von denjenigen gehalten werden, die uns lieben oder uns in diesem Augenblick zu lieben beginnen. Ist es etwa das, wovor wir uns so lange *gefürchtet* haben?

Wir mögen die Wut anderer aufgrund ihrer Verknüpfung mit Gewalt und Gefahr fürchten. Die größte Gefahr stellt wohl das Gefühl dar, die Verbundenheit mit dem Menschen, der wütend auf uns ist, verloren zu haben: „Er ist sauer. Deshalb wird er mich verlassen." Vielleicht fürchten wir, unsere eigene Wut zu zeigen, weil wir die Anerkennung anderer nicht verlieren wollen. Wir haben Angst, „Aua!" zu sagen, wenn man uns verletzt, weil das unsere Verbindung mit dem anderen Menschen zerbrechen kann. Wenn unser Zorn angestachelt wird, scheint es reifer zu sein, „die Sache auszudiskutieren" als seine Gefühle zu zeigen. Hinter unserer Furcht vor der Wut liegt die Furcht, uns durchzusetzen und unsere Verletzlichkeit hinsichtlich des Verhaltens anderer zu zeigen. Furcht vor Wut hindert uns daran, unsere tiefsten Bedürfnisse, Werte, Wünsche und Potentiale – die Ingredienzien unseres wahren Ich und Schritte der Entwicklung – offen zu legen. Wie kann sich Intimität oder unsere Bestimmung entfalten, wenn das Beste an uns verborgen wird?

Das Schlimmste von allem ist, dass wir die Angst selbst fürchten. Wenn wir Angst haben, scheint es uns erwachsener zu sein, sie zu übertünchen als unser Gefühl der Machtlosigkeit zu offenbaren. Wir haben Angst, die Kontrolle zu verlieren. Wir schämen uns, in unserer Angst gesehen zu werden. Wir verwechseln Angst mit Feigheit oder Unzulänglichkeit. Die Angst vor der Angst führt dazu, dass wir so viele Vorsichtsmaßnahmen treffen, dass wir niemals dahin gelangen, unser Leben so zu leben, wie wir es wollen. Wir laufen auf rohen Eiern anstatt aus Eierschalen hervorzubrechen.

Es kann sein, dass wir den Überfluss fürchten. Wir misstrauen vielleicht Freude und Spontaneität. Wir haben Angst, uns zum Narren zu machen, wenn wir plötzlich zu tanzen anfangen. Wir hängen vielleicht dem Aberglauben an, dass Lachen zum Weinen führe. Wenn wir überschwänglich sind, scheint es mehr für Reife zu sprechen, kühle Gelassenheit zu wahren, als die totale Ausgelassenheit zu zeigen, die wir empfinden. Wir haben Angst, die Kontrolle zu verlieren, Angst vor unserer animalischen Natur.

Die Freiheit zu fühlen führt zu angstfreier Aufrichtigkeit: Wir können aufhören, uns zu verstellen. Wir können die sein, die wir sind. Wir agieren spontan und drücken unsere Gefühle frei aus. Allmählich bemerken wir, dass uns das, was wir spontan von uns geben und tun, gefällt und dass wir stolz auf unsere Aufrichtigkeit sind, dass wir nicht mehr versuchen, einen guten Eindruck zu machen. Wir sagen Ja zu uns, so wie wir sind. Auf diese Weise wird unser grundlegendes Gutsein offenbart.

*Die Güte in der menschlichen Natur liegt in ihrer Eignung und Begabung zur Gnade, und diese Güte kann niemals verloren gehen, nicht einmal durch Sünde.*

Thomas von Aquin

## Die Lebensspanne eines Gefühls

Die Angst vor Gefühlen bringt uns in einen Engpass. Wir fürchten, dass ein Gefühl von uns Besitz ergreift und sich niemals wieder beruhigt. Tatsächlich möchte ein Gefühl aber abgefertigt werden. Wie alles im Leben, sind Gefühle ständig im Wandel und vergänglich. Wie Anziehung und Zurückweisung verlaufen auch Gefühle in einer glockenförmigen Kurve. Wir brauchen nicht zu fürchten, ständig wütend zu sein, wenn wir einmal unseren Zorn zeigen. Lassen wir den Zyklus einfach ablaufen, dann fließt er weiter zu einer Lösung und einem Ruhepunkt. Wir müssen uns lediglich mit ihm vereinigen. Wenn wir sagen: „Er hält an seinem Zorn fest", so stimmt das nicht ganz. Man kann nicht an einem Gefühl der Wut festhalten, nur an den Urteilen, am Wunsch nach Vergeltung, Vorwürfen oder anderen Geisteshaltungen, die wir damit verbinden.

Der Zyklus einer vollständigen Gefühlserfahrung verläuft folgendermaßen: Reiz ⟶ Aufsteigen eines Gefühls ⟶ das Gefühl zum Ausdruck bringen ⟶ allmähliche Beruhigung ⟶ ruhige Offenheit für das, was in unserem Leben als nächstes kommen mag ⟶ Bereitsein für den nächsten Reiz und Neubeginn.

Die Veränderung und Bewegung eines Gefühls zeigt uns, warum wir das Wort *Emotion* benutzen. Wörtlich bedeutet dies „nach außen bewegen". Wahre Gefühle oder Emotionen bewegen uns und wir bewegen uns durch sie hindurch. Wahre geistige Gesundheit ist ebenso wie die Evolution des Universums ein sich ständig anpassender und fließender Prozess. Gefühle zeigen die gleiche Bewegung.

Ein achtsames Ja zu unseren Gefühlen bedeutet, dass wir ihnen einfach erlauben aufzutreten und dann wahrnehmen, wie wir sie empfinden. Wir fallen der Gefahr von Anhaftung oder Abneigung auch unseren Gefühlen gegenüber nicht zum Opfer. Echte Gefühle helfen uns, diese Arbeit zu leisten, weil sie kommen und gehen wollen. Wir können diese natürliche Sequenz an jedem Punkt unterbrechen, wenn wir eine unvollständige Erfahrung vorziehen. Zum Beispiel:

- Wir können uns daran hindern, den Reiz, der das Gefühl auslöst, wahrzunehmen, indem wir uns auf Verleugnung oder Dissoziation einlassen.

- Wir können das Aufsteigen eines Gefühls unterbrechen, in dem wir das Geschehen intellektualisieren oder es wegreden oder es entschuldigen oder es nicht einmal bemerken.

- Wir können den Gefühlsausdruck unterbrechen, indem wir ihn einfach zukleistern oder indem wir die Kontrolle so total aufgeben, dass es nicht mehr ein Gefühl ist, sondern zu einem Drama wird.

- Wir können die Beruhigungsphase und das Weitergehen unterbrechen, indem wir an einem schwelenden Ressentiment („Ressentiment" geht auf das lateinische Wort für „erneut fühlen" zurück) festhalten, was eher in Stress ausartet als in eine Auflösung. „Sie hat immer Angst", kann einfach heißen: „Sie hat ihre wirkliche Angst bislang noch nicht zum Ausdruck gebracht." Vielleicht weigern wir uns ja, dem ins Auge zu sehen, was direkt vor uns steht, indem wir den Blick auf den Horizont gerichtet halten.

An jedem dieser Punkte können wir uns Alkohol, Drogen, Essen oder Süchten zuwenden, um den Lebenszyklus unserer Gefühle zu ersticken.

Betrachten wir ein Beispiel für den Prozess, wenn wir ein Gefühl voll und ganz zulassen: Jemand verletzt uns mit Absicht. Das ist der Reiz. In uns steigt Wut auf und wir sind verletzt, was eine Form von Traurigkeit ist. Wir zeigen unseren Ärger ohne Groll und unsere Traurigkeit ohne Scham. Wir nehmen wahr, wie die Gefühle abnehmen und schon bald geht das Leben wieder seinen Lauf. All dies tun wir ungeachtet dessen, wie die andere Person reagiert, und wir unternehmen keinen Versuch, sie oder ihn ins Unrecht zu setzen oder uns zu rächen. Das ist Liebende Güte.

Es ist wichtig anzumerken, dass selten nur ein Gefühl auf einmal in uns hochkommt. Gefühle sind wie Noten, die sich zu komplexen Akkorden vereinen. So ist Traurigkeit fast immer von Wut begleitet und vice versa, da in beiden Fällen Kummer beteiligt ist. Wir sind aufgrund eines Verlustes traurig. Wir sind ungehalten und wütend über den Verlust, den die Wahrnehmung einer Ungerechtigkeit für uns bedeutet.

Manche Gefühle, zum Beispiel jene, die mit Kummer über einen schweren Verlust zusammenhängen, führen vielleicht niemals zu ihrer vollen Auflösung. In manchem Kummer klingt ein Ton von Untröstlichkeit an, wie sehr wir auch weinen oder wie sehr die Menschen, die uns lieben, uns auch spiegeln mögen. Wir können aber auch zu der Gegebenheit Ja sagen, dass manche unserer Erfahrungen unaufgelöst und unvollendet bleiben. Dazu kommt es nicht aufgrund unserer Unzulänglichkeit, sondern weil die Wirklichkeit manchmal einfach hartnäckig ist – ein anderer Aspekt des Mysteriums des Lebens. Es gibt bestimmte Schmerzen, die niemals ganz nachlassen. Vielleicht meinte Virgil das mit den „Tränen in den Dingen". Vielleicht ist es das, was Buddha mit der ersten Edlen Wahrheit meinte, die Universalität und Unausrottbarkeit des unbefriedigenden Aspekts des Lebens.

Ein spirituell bewusster Mensch schwimmt gern mit dem Fluss gefühlvoller Ereignisse. Der natürliche Kreislauf einer Emotion hilft uns auch deutlicher zu erkennen, weshalb Liebe im Grunde kein Gefühl ist. Anders als die vier Grundgefühle, ist Liebe nicht etwas, durch das wir uns hindurch bewegen. Sie ist ein fortschreitender Kontext und eine Verbindlichkeit, die in unseren Entscheidungen hier und jetzt zum Ausdruck kommt. Das Zeigen von Liebe ist zeitlich gebunden und vorübergehend, aber die Liebe selbst ist andauernd und zuverlässig. Akte der Liebe sind existenziell, aber Liebe selbst ist essenziell, sie reicht über das Auf und Ab der Zyklen oder die Gefahr von Verlust hinaus.

### Wie empfangen wir die Gefühle anderer?

Um die Gefühle anderer ganz und gar zu empfangen und ihnen zu helfen, durch ihre Emotionen hindurchzugehen, bleiben wir mit den fünf Qualitäten und ohne die Reaktionsmuster des Egos – also Furcht, Anhaften, Kontrolle, Urteilen, Klagen, Tadel, Verachtung oder Zensur – präsent. Es folgen einige Beispiele:

- Wir lassen andere die Erfahrung des Schmerzes auf ihre Weise machen, unter Respektierung der Zeit, die sie dafür brauchen und mit Mitgefühl für ihren Schmerz sowie ohne zu versuchen, ihn zu beheben.
- Wir hören ihrem Zorn mit gespannter Aufmerksamkeit zu, ohne Ego-Abwehrmechanismen oder den Versuch, ihnen zu beweisen, dass sie im Unrecht sind, und ohne Vergeltung üben zu wollen.
- Wir bleiben als Gefährten in ihrer Angst präsent bei ihnen.
- Wir ermutigen sie zu Spaß und Freude, nehmen daran Anteil und sagen: „Genieße es!"

Intimität gewinnt dann die Bedeutung, Austausch unserer Gefühle zu sein, ein Austausch, der von den fünf Qualitäten unterstützt und nicht von irgendwelchen Reaktionsmustern gestört wird. Eine erwachsene Beziehung, die auch nur eines der vier Gefühle verboten hat, lässt nicht das volle Spektrum an Intimität zu.

Die meisten von uns zeigen Gefühle nicht ganz oder nehmen sie nicht ganz auf. Vielleicht war es in der Kindheit gefährlich, sie zum Ausdruck zu bringen. Vielleicht wurden sie uns verboten oder man hat uns ihretwegen lächerlich gemacht. So kann zum Beispiel ein Elternteil, das nicht mit unseren Tränen umgehen konnte, sich lustig über uns gemacht haben oder versucht haben, uns zu erklären, „es gäbe nichts, worüber wir zu weinen hätten". Heute versuchen wir womöglich, uns zusammenzunehmen, so dass unser wirklicher Kummer nicht zum Ausdruck kommen oder gar vermutet werden kann.

Was tun wir, wenn eine Freundin leidet? Versuchen wir, sie umgehend zu trösten, indem wir ihr den letztendlichen Sinn aller Dinge darlegen? Oder lassen wir sie wissen, dass ihr Schmerz sinnlos ist, wenn sie die Dinge so sieht? Alles, was wir sagen, könnte die Erfahrung des anderen stören. Das angemessene Verhalten wäre, einfach nur da zu sein. Freundschaft, die auf diese Weise gezeigt wird, ist eine spirituelle Übung in Achtsamkeit. Wir sind präsent, ohne Urteil oder Ratschlag oder Trostworte. Auf diese Weise wird ein mitfühlendes Ja als Reaktion auf die Qual des anderen zum Ausdruck gebracht. Die Gefühle des anderen einfach sein zu lassen, ohne zu versuchen, sie zu ändern, zu beheben oder zu reduzieren, würdigt unsere Verbundenheit.

Romeo sagt im Grabmal zu Julia: „Nie wieder weichen. Hier will ich bleiben." Seine Liebe nimmt die Form des Präsentbleibens an. Bruder Lorenzo sagt zu Julia „Ich darf nicht länger bleiben." Seine Liebe wird von Furcht überwältigt. In der Bhagavad Gîtâ, einem der großen heiligen Texte des Hinduismus, erscheint der Gott Krishna dem Bogenschützen Arjuna, einem Menschen, der unmittelbar vor einer Schlacht steht. Krishna verspricht ihm, ihm während der Prüfung beizustehen, und er tut es. Christus sagt, er würde immer bei uns sein. Buddha, der uns zulächelt, scheint das gleiche Versprechen zu geben. Liebe zeigt sich durch Präsentbleiben. Sie radiert nicht die Wirklichkeit für uns aus, sondern begleitet uns lediglich durch sie hindurch. Bei unserer eigenen Wirklichkeit zu bleiben heißt, uns auf göttliche Weise zu lieben.

## Die Diagnose unserer Gefühle

*Gib Worte deinem Schmerz. Gram, der nicht spricht, Presst das beladne Herz, bis dass es bricht.*

WILLIAM SHAKESPEARE, *Macbeth*

Wenn wir unsere Gefühle ausdrücken, besteht die erste Herausforderung darin, persönliche Verantwortung für das, was wir fühlen, zu übernehmen, denn unsere Gefühlsreaktion ist subjektiv und basiert auf unseren einzigartigen Meinungen und Bedürfnissen. Eine Handlung führt nicht zu einem Gefühl, es sei denn eine Vorstellung mischt sich ein. Es ist ganz einfach: Eine *Handlung* oder ein Reiz führt zu einer *Vorstellung* über den Sinn dieser Handlung, was zu daraus *folgenden Gefühlen* führt. Als Erwachsene überprüfen wir immer wieder unsere Vorstellungen für den Fall, dass sie überholt werden müssen. Ich bin beispielsweise eifersüchtig auf meinen Partner, der eine enge Beziehung mit jemandem an seinem Arbeitsplatz zu haben scheint. Ihre Freundschaft fühlt sich für mich bedrohlich und erschreckend an. Woher ist aber diese Angst gekommen? Meine Vorstellung ist, dass jemand meinen Platz einnimmt. Meine Angst gründet also auf dieser Vorstellung und nicht auf der tatsächlichen Beziehung.

Die zweite Herausforderung besteht darin, unsere Gefühle so zu zeigen, dass sie die Freiheit der anderen nicht bedrohen oder beeinträchtigen. Es könnte zum Beispiel sein, dass wir, wenn wir einmal unglücklich sind, eine Freundin anrufen und möchten, dass auch sie unglücklich ist. Gesunde Menschen teilen ihre Gefühle mit, um von anderen gespiegelt zu werden, nicht aber um ihre Gefühle bei anderen abzuladen. Erwachsene suchen eine Rückmeldung darüber, wie sie mit ihren Gefühlen umgehen können; sie bringen andere nicht dazu, sie für sie zu tragen. Und sie bitten um Mitgefühl, nicht um Mitleid hervorzurufen oder andere dazu zu bringen, für sie Vergeltung zu üben, sondern als eine Art von gewinnender Unterstützung.

Die dritte Herausforderung liegt darin, die Verbindung zu den anderen aufrecht zu erhalten, ganz gleich, wie wir ihnen gegenüber empfinden: „Ich bin wütend auf dich, aber ich liebe dich immer noch. Mein Bekenntnis zu dir ist durch die Wut, die ich gerade empfinde, nicht beeinträchtigt." Authentische Gefühle müssen die wechselseitig empfundene Nähe nicht beeinträchtigen. Sie können vielmehr Mitteilungen sein, die zu einer noch tieferen Kommunion führen.

Wenn wir uns das Recht auf unsere Gefühle wieder aneignen wollen, so ist es eine nützliche Übung, genau zu verfolgen, was geschieht: Wie entsteht ein Gefühl? Was passiert, wenn wir es aufsteigen fühlen? Wie zeigen wir oder wie verbergen wir unser Gefühl? Woher stammt diese Reaktionsweise? Diese Fragen gehen in beide Richtungen, sie erforschen unsere Gefühle anderen gegenüber als auch unsere Reaktionen auf die Gefühle anderer. Beobachten Sie, wie die Diagnose eines jeden Gefühls direkt mit dem Muster, das uns unsere Eltern mitgegeben haben, oder mit lange gehegten Hemmungen verknüpft ist.

Ich habe zum Beispiel festgestellt, dass ich immer dann, wenn jemand ärgerlich oder wütend auf mich ist, all meine Überzeugungskraft aufwende, um diesen Menschen zu beruhigen. Ich lächele, rede ganz vernünftig und versuche, die Wogen zu glätten. Dabei rede ich mir ein, dass ich damit meiner Verpflichtung zur Gewaltlosigkeit nachkomme. Aber letztlich kann ich mir nichts vormachen. Ich weiß, dass hinter dieser besänftigenden Art Furcht steckt. Ich erkenne die Verbindung zu meiner Kindheit, in der Wut auf missbräuchliche, gewalttätige Weise ausgedrückt wurde und ich mich deshalb vor Zorn fürchtete. Meine Ohnmacht als Kind lässt mich heutzutage gesunde Wut fürchten. Doch ich bin dabei zu lernen, dass ich mir als Erwachsener zutrauen kann, mit Missbrauch umzugehen, indem ich ihn mitten drin unterbreche oder aus der Situation hinausgehe. Ich muss nicht mehr machtlos sein und kann nun mit mehr Selbstvertrauen und ohne mich davor zu fürchten, Wut in anderen oder in mir aufsteigen lassen. Die dreifache Technik, die ich am Anfang des Kapitels erwähnt habe – Furcht zulassen, Gefühle zulassen, handeln –, hat mir sehr dabei geholfen, wie auch die Praxis der Liebenden Güte.

Es gibt einen Vorbehalt beim Ausdrücken von Gefühlen und der hat mit Vertrauen zu tun. Wenn wir nicht darauf vertrauen können, dass der Mensch, mit dem wir kommunizieren, unsere Gefühle mit dem Respekt empfängt, der durch die fünf Qualitäten charakterisiert ist, und ohne unsere Gefühle später gegen uns zu verwenden, dann sollten wir in dem Augenblick lieber darauf verzichten, sie auszudrücken. Wir können unsere Gefühle später jemandem anvertrauen, dem wir vertrauen. Denn wir brauchen tatsächlich mehr Verbundenheit als gewöhnlich, wenn ein Gefühl auftaucht. Deshalb fühlen wir uns so verletzlich, wenn wir unsere Gefühle zeigen, und können Angst davor haben. Wie schon Shakespeares Olivia in *Was ihr wollt* klagt: „Zuviel schon sagt' ich für ein Herz von Stein."

Es ist eine Gegebenheit, dass uns manche Menschen die fünf Qualitäten entgegenbringen. Es ist aber auch eine Gegebenheit, dass manche Menschen nicht auf uns achten, uns nicht akzeptieren, uns nicht mögen, keine Zuneigung zu uns empfinden oder zeigen und manche Menschen möchten uns lieber kontrollieren, als dass sie unsere Freiheit respektieren. Wenn wir flexibel und elastisch sein können, werden wir feststellen, was der Beziehung fehlt, und werden traurig darüber sein, ohne es dem anderen heimzahlen zu müssen. Diese drei Reaktionen bilden eine spirituelle Praxis des Ja anderen gegenüber, ohne Protest oder Vorwürfe. Wir lassen dann eine arrogante Haltung des Anspruchs auf die fünf Qualitäten los, begrüßen sie, wo sie uns begegnen, und wachsen im Mitgefühl für jene, denen das Lieben schwer fällt.

## Was Gefühle nicht sind

Unsere Gefühle sind unsere Wahrheit. Sie in uns zu verstecken oder vor ihnen davonzulaufen, wenn andere sie zum Ausdruck bringen, heißt, der Wahrheit, die uns frei macht, nicht ins Auge zu blicken und den Kontakt, der uns für einander stimmig – und verletzlich – macht, nicht herzustellen. Außerdem funktioniert es nicht, wenn wir versuchen, Gefühle durch etwas anderes zu ersetzen. Wahrheit in den Gefühlen bedeutet, uns zu dem unserer Erfahrung angemessenen Gefühl zu bekennen. Wie sehr wir auch wüten mögen, wir werden dadurch niemals Befriedigung finden, wenn wir in Wirklichkeit weinen wollen.

Gefühle sind keine Vorstellungen, Bedürfnisse, Empfindungen, emotionalen Zustände oder Urteile. Wir benutzen das Wort „fühlen" zur Bezeichnung vieler subtiler Möglichkeiten der menschlichen Kommunikation.

| Diese Aussage: | … bedeutet in Wirklichkeit: |
|---|---|
| Ich habe das Gefühl, er ist der beste Kandidat. | Ich glaube, er ist der beste Kandidat. |
| Diese Berührung fühlt sich gut an. | Diese Berührung bringt angenehme Empfindungen mit sich. |
| Ich fühle mich einsam. | Wenn ich einsam bin, fühle ich … |
| Ich habe das Gefühl, du hast mich betrogen. | Ich verurteile dich für dein Verhalten. *Oder:* Wenn ich betrogen werde, fühle ich … *Oder:* Ich glaube, du hast mich betrogen. |

Die Sprache hilft uns, unsere wahren Gefühle zu entdecken. Einfache Worte wie traurig, wütend, ängstlich oder froh bezeichnen im Allgemeinen grundlegende Gefühle. Doch es gibt viele andere Wörter, die Gefühle zu bezeichnen *scheinen*, es aber nicht tun. Die folgenden Wörter beispielsweise scheinen

Gefühle zu bezeichnen, sind aber eigentlich Urteile darüber, wie andere uns behandelt haben: *betrogen, verlassen, zurückgewiesen, enttäuscht, gedemütigt* oder *ausgegrenzt*. Jedes von ihnen ist eine Vorstellung, die ein bestimmtes Skript aktiviert und einen anderen Menschen auf subtile Weise tadelt oder ihn in unser Unglück mit hineinzieht. Jedes von ihnen zeigt mit dem Finger auf jemanden, der es gewagt hat, unserem Ego Unrecht zu tun.

Es ist die Aufgabe eines Erwachsenen, unser wahres Gefühl, das sich hinter einer Vorstellung versteckt, aufzuspüren. Zum Beispiel: „Ich bin traurig, weil ich so enttäuscht bin." Dies verschiebt den Blickpunkt von der Weise, wie wir behandelt worden sind, zu der Weise, wie wir unsere authentischen Gefühle zeigen können und damit Verantwortung für sie übernehmen. Heilung beginnt und entsteht durch Aufmerksamkeit auf das, was wirklich ist, das heißt, durch einen achtsamen Fokus auf das, was wir fühlen, und dann durch das Loslassen dessen, was wir fühlen.

Wir können Gefühle auch mit Geisteszuständen wie etwa Einsamkeit oder Eifersucht verwechseln. Wir sollten lieber die authentischen Gefühle hinter unseren inneren Zuständen zur Kenntnis nehmen. Anstatt „Ich fühle mich einsam" zu sagen, versuchen Sie es mit: „Wenn ich einsam bin, fühle ich …" Damit können wir eher eines oder mehrere der vier Grundgefühle aufspüren, mit denen wir umgehen können, statt nach Essen, Alkohol, Drogen, Sex oder Kauforgien zu greifen.

Eifersucht ist in der Tat kein Gefühl, sondern eine Kombination aus drei Gefühlen: Wut, Furcht und Traurigkeit – mit paranoiden Phantasien, die diese noch zwanghaft ausschmücken. Unsere wahren Gefühle zu erkennen, ist ein Weg, Verantwortung für unsere Situation zu übernehmen, statt uns dadurch abzulenken, dass wir es anderen heimzahlen oder uns mit Süchten trösten. „Nun, da ich eifersüchtig bin, fühle ich …"

Es gibt viele andere Beispiele für die Verwechslung von Gefühlen mit Geisteszuständen. „Ich fühle mich feindselig" ist in Wirklichkeit „Ich bin wütend". „Mir geht es nicht gut" kann heißen „Ich habe Angst". „Ich fühle mich gut" kann sein „Ich freue mich". Es ist eine gute Übung, uns die vier Grundgefühle (Trauer, Wut, Furcht, Überschwang) ins Gedächtnis zu rufen und zu überprüfen, welches von ihnen oder welche von ihnen in einer Situation wirklich am Zuge sind. Da der erste Teil der psychologischen Arbeit darin besteht, unsere eigene Wahrheit zu artikulieren, ist es besser zu wissen, was wir wirklich fühlen, so dass wir unsere Erfahrung genau entschlüsseln und auflösen können.

Hass wird leicht mit Wut verwechselt. Hass besitzt fünf Merkmale: starke Wut; ein böswilliges Bedürfnis, andere zu verletzen; eine unersättliche Rachsucht; die Unfähigkeit, anderen zu vergeben, wie reumütig sie auch sein mögen; und andere aufzugeben. Hass ist eine Abwehr unserer Wut, unseres Kummers und unserer Ohnmacht. Wir können diese Gefühle nicht verkraften und projizieren sie so als Hass auf andere. Dies ist ein gefährliches und frustrierendes Unterfangen, das entwickelte Menschen hinter sich gelassen haben.

Bedeutet das, es gäbe keine gerechtfertigte Wut? Der Unterschied zwischen Wut und Hass ist, dass Wut danach strebt, eine Ungerechtigkeit zu beseitigen, während Hass danach strebt, den Ungerechten zu vernichten. Wut befasst sich mit jemandem. Hass distanziert sich. Wut wird zum Ausdruck gebracht und dann losgelassen. Hass kann niemals befriedigt oder vollendet werden und bleibt als Ressentiment bestehen. In diesem Sinne ist Hass eine impotente Wut. Hass ist die dunkle Seite eines Einzelnen, wie Krieg die dunkle Seite eines Kollektivs ist. Der Ursprung von Hass ist Verzweiflung, denn der Hassende hat den anderen aufgegeben. Verzweiflung ist der Ursprung von Krieg, denn eine oder beide Parteien haben es aufgegeben, nach friedlichen Lösungen zu suchen.

Rohe Gefühle wie Wut stammen aus dem limbischen – emotionalen – System des Gehirns. Feindseligkeit oder Neid maskieren sich als Gefühle. Sie enthalten zwar auch tatsächlich Gefühle, sind aber hauptsächlich soziale Zurschaustellungen. Diese stammen aus höher entwickelten Gehirnzentren. Es ist also so, dass Gefühle sich eben durch diese Zuordnung zu bestimmten Gehirnregionen von Urteilen, Vorstellungen oder gesellschaftlich manipulierten Zurschaustellungen unterscheiden. Die wahren Gefühle bleiben: Traurigkeit, Wut, Furcht und Freude. Aber komplexe Wesen wie wir lieben die Komplexität.

Die meisten von uns mögen bei sich und bei anderen wahrgenommen haben, dass meist ein Gefühl die Persönlichkeit dominiert. Es ist unsere Lieblingszuflucht, unsere Standardeinstellung. Manche Leute weinen zum Beispiel, wenn etwas Außerordentliches passiert; manche werden bei jeder Kleinigkeit wütend; manche finden ganz automatisch immer etwas, worüber sie sich Sorgen machen; und manche entledigen sich mit Leichtigkeit lachend der Dinge. In meinen Seminaren erfrage ich die Teilnehmer manchmal durch Handzeichen kundzutun, welches Gefühl sie im Alltag am häufigsten spüren. In einem Verhältnis von sieben zu eins wird Furcht als das häufigste Gefühl genannt.

## Gefühle sind dreidimensional

Gefühle finden durch physiologische Veränderungen eine Resonanz in unserem Körper: durch Veränderung im Herzschlag, Puls, in der Atmung; durch Ausschüttung von Serotonin, Adrenalin, Norepinephrin; durch Verengung oder Erweiterung der Blutgefäße; durch Muskelkontraktionen; durch Veränderungen in der Temperatur und durch weitere Merkmale. Gefühle haben auch eine psychologische und eine spirituelle Dimension. Wenn unsere Gefühle auf gesunde Weise Ausdruck finden, dann sind alle drei Dimensionen – Körper, Geist und Seele – einbezogen.

Gefühle mit körperlichen Gesten und vollem Einsatz des Körpers zu zeigen, hilft uns, der leiblichen Natur unserer Erfahrung gegenüber wahrhaftig zu sein. Die Gesellschaft mag vielleicht über einen solchen vollen oder gar schwülstigen Gefühlsausdruck die Stirn runzeln, aber die Herausforderung persönlicher Freiheit besteht darin, uns auf natürliche und erdverbundene Weise zu verhalten.

Wir sind rationale *Tiere* und leben dennoch hauptsächlich in unserem Kopf. Gefühle helfen uns, unseren instinktiven, leidenschaftlichen, Urneigungen Gastfreundschaft zu gewähren. Sie öffnen die Tür, so dass wir mehr Risiken eingehen können, trotziger gegenüber dem Status quo und wagemutiger in unserer Vorstellungskraft und in unserem Verhalten sind. Rational zu sein heißt, die Kontrolle zu besitzen, und vielleicht fühlen wir uns deshalb sicherer in diesem Bereich und verleugnen unsere Zugehörigkeit zum Tierreich. Gefühle zu zeigen setzt, zusammen mit Tanzen, Schreien, Scherzen und anderen Äußerungen außerhalb des üblichen Rahmens, unsere Natur in ihrer Fülle frei.

Gleichzeitig müssen wir Gefühle aus psychologischer Sicht behandeln, bearbeiten und auflösen. Wenn wir uns dieser Aufgabe widmen, leben wir nicht mehr ein unhinterfragtes Leben. Wir entscheiden uns für Bewusstsein, und das ist eine Entscheidung für die Evolution – unsere Lebensbestimmung und unser aufregendstes Ziel. Das baut unsere Selbstwertschätzung auf.

Die spirituelle Dimension der Gefühle kommt zum Tragen, wenn wir für die lebendige Energie, die unser Gefühl hervorgerufen hat, dankbar sind. Wir spüren außerdem eine Übereinstimmung zwischen unserer persönlichen Energie und der Energie im kollektiven Leben des Universums. Dann begreifen wir in Freude, dass unsere einzigartig empfundene Lebendigkeit genau dieselbe Kraft ist, die die fernen Sterne leuchten und die wilden Wellen des Ozeans rollen lässt.

---

*Möge ich Sicherheit in meinen Gefühlen finden, und mögen jene, mit denen ich in Kontakt komme, eine Resonanz auf ihre Gefühle in mir finden, damit die Liebe in uns und im ganzen Universum gedeihen kann.*

---

# 9
# Ein Ja zu dem, der ich bin

Die Gegebenheiten stellen missliche Lagen dar, denen wir im Leben immer wieder ausgesetzt sind. Wir können sie eher als Information denn als Provokation auffassen. Ein solches gelassenes Ja hilft uns, zu wachsen. Dann können die Situationen unserer Existenz zu psychischem Wachstum, spiritueller Reife und einem mystischen Bewusstsein führen. Paradoxerweise bildet ein bedingungsloses Ja zu mir, wie ich bin, zu anderen, wie sie sind, und zu der Welt, wie sie ist, die beste Grundlage für Wachstum. Wir können unsere Teilhabe an unserer eigenen Evolution und an der Arbeit für unsere Lebensbestimmung in dreifacher Weise bejahen: Indem wir psychische Gesundheit, spirituelle Reife und mystische Einheit oder spirituelles Erwachen kultivieren. Das sind nicht drei Stufen, die einander linear folgen, sondern die drei bilden eine integrale Ganzheit. Jedes einzelne ist nur dann vollständig, wenn es die beiden anderen umfasst. Diese drei Dimensionen unserer selbst zu integrieren bedeutet, Gesundheit und Heiligkeit zu vereinen.

In der Selbsthilfebewegung begreifen wir immer mehr, dass ein wirklich gesunder Mensch jemand ist, der auch tugendhaft ist. Selbstwertschätzung zu besitzen, ist beispielsweise eine psychologische Errungenschaft. Aber ohne Demut, einer Tugend, die aus spiritueller Praxis resultiert, ist sie einfach nur dekorativ und nicht authentisch und tief verinnerlicht. Bloße psychologische Arbeit motiviert uns nicht zu Liebender Güte, der Weigerung, Vergeltung zu üben, oder gar der Wahrung persönlicher Integrität in unseren geschäftlichen Unternehmungen. Diese Tugenden werden nur durch ein spirituelles Bewusstsein, das unsere psychologische Arbeit ergänzt, entwickelt.

Andererseits kann uns spirituelle Praxis nicht dabei helfen, unsere Kindheitsprobleme zu bearbeiten, sie zu betrauern oder zu heilen. Wir können beispielsweise regelmäßig in Meditation sitzen und Achtsamkeit praktizieren, aber wir können es unseren Eltern trotzdem noch übel nehmen, dass sie uns vernachlässigt oder missbraucht oder gar Schlimmeres getan haben, und in unserem Handeln von dem bestimmt sein, was unsere Eltern uns angetan haben. Ein spirituell bewusster Mensch ist jemand, der gelernt hat, seine ungelösten Probleme, seine dunkle Seite und das aufgeblasene Ego anzuerkennen und mit ihnen zu arbeiten. Meditation genügt nicht, um all dies zu bewältigen. Psychologische Werkzeuge stellen modernste – und notwendige – Hilfe bereit.

Eine solche Integration hilft uns tatsächlich sehr, unsere Lebensbestimmung zu erkennen: im erleuchteten Augenblick das Licht durchscheinen zu lassen, so dass jeder durch uns Liebe erfahren kann. Ein bedingungsloses und achtsames Ja zu dem, was ist, bringt uns dazu, unser dreifaches Potential zu entfalten: das personale, das spirituelle und das transpersonale. Insofern ist ein ganzer Mensch jemand, der an psychologischen Problemen arbeitet, der sich spiritueller Praxis widmet und der von einem Gefühl der Einheit mit dem Universum durchdrungen ist.

## Psychologische Arbeit

Unsere persönliche psychologische Entwicklung zu bejahen heißt, sich der Arbeit zu widmen, die es braucht, um ein gesunderes Ego aufzubauen, also eine gesündere Weise, in der Welt zu funktionieren.

Wenn wir nicht einem Leben des Hasses, der Verzweiflung oder der Boshaftigkeit erlegen sind, haben wir die Schläge der Kindheit und Jugend soweit rühmlich überstanden. Psychologische Gesundheit ist eine Verbindung von Denken und Aktion in der Welt, die dafür sorgen, dass wir uns weiterentwickeln. Allem voran ist sie der Schlüssel zu einer Selbstwertschätzung, die uns sowohl gelassen als auch glücklich macht. Zum Zweiten bedeutet psychologische Gesundheit, dass wir funktionierende Beziehungen eingehen können, in denen es uns möglich ist, ohne Angst zu lieben. Benutzen Sie die folgende Checkliste, mit deren Hilfe Sie Ihre Fortschritte in Richtung psychologischer Gesundheit verfolgen können, als einen Teil Ihrer persönlichen Arbeit:

Zur psychischen Gesundheit gehört:

- Durchsetzungsfähigkeit in unserem Umgang mit anderen, so dass wir unsere tiefsten Bedürfnisse, Werte und Wünsche ohne Einschränkung und mit Respekt anderen gegenüber ausdrücken können.

- mit den Kindheitsproblemen Frieden zu schließen, so dass sie nicht mehr so stark unser gegenwärtiges Leben kontrollieren oder die Weise unseres Umgangs mit anderen bestimmen.

- ein Programm für den Umgang mit Furcht, Schuld, Wut und Suchtverhalten, so dass wir nicht von ihnen getrieben oder gebremst werden.

- anzuerkennen, dass unser Ego aufgeblasen oder egoistisch sein kann, und die Entscheidung, sich nicht von diesen Entstellungen beherrschen zu lassen.

- ein zuverlässiges inneres Programm, dem wir uns verpflichten, um mit Bedürfnissen, Konflikten, Leid, Verlusten, Herausforderungen und dem Treffen von Entscheidungen umgehen zu können.
- die Entschlossenheit, Probleme, die in uns und zwischen uns und anderen auftauchen, zu beachten, sie zu bearbeiten und aufzulösen.
- sich dessen bewusst zu sein, dass die Menschen – und wir selbst – eine dunkle Seite besitzen, und ein Programm zu besitzen, wie man mit diesem Schatten auf kreative Weise umgeht und Wiedergutmachung leistet, wenn wir jemandem Unrecht getan haben.
- anzuerkennen, dass unsere starken Reaktionen auf andere, sei es nun Abneigung oder Anziehung, Projektionen sein können, die auf unserem eigenen Schatten, unserem Ego oder auf früheren Kindheitsproblemen beruhen.
- ein Gefühl der Selbstachtung sowie des Respekts für andere mit all ihren verschiedenen Tugenden und Schwächen zu entwickeln.
- fähig zu sein, persönliche Grenzen zu wahren und dennoch in unserer Beziehung zu anderen authentisch zu sein.
- zu Intimität fähig zu sein, ohne von Angst gebremst oder zwanghaft getrieben zu sein.
- dem Feedback von anderen ein sich immer weiter entwickelndes und vertrauenswürdiges intuitives Gefühl und eine nicht abwehrende Aufmerksamkeit zu schenken.
- die zweifache Fähigkeit zu besitzen, sich einerseits lebhaft neuen Menschen, die in unser Leben treten, zu widmen, andererseits aber auch die gelassen loszulassen, die unser Leben verlassen.

- anzuerkennen, dass wir möglicherweise der Hilfe durch Therapie, Selbsthilfe-Bücher, Kurse oder Zwölf-Schritte-Programme bedürfen, um die genannten Qualitäten entwickeln zu können.

### Die spirituelle Praxis

Psychologische Arbeit und spirituelle Praxis sind keine getrennten Aufgaben, sondern ein simultanes Projekt der Menschwerdung. Was die psychologische Gesundheit angeht, bezweckt sie, uns zu helfen, unseren Lebenszweck zu erfüllen, persönliches Glück zu finden und sich an funktionierenden Beziehungen mit denen, die uns umgeben, zu erfreuen. In der spirituellen Praxis dehnen wir unseren Horizont soweit aus, dass unsere Motivation das Glück und die Entwicklung der ganzen Welt einschließt. Das ist kein völlig anderer Bereich der menschlichen Erfahrung. Es ist vielmehr eine Vertiefung unseres Gefühls, lebendig zu sein, die zu einer liebevolleren Präsenz in der Welt führt. Spirituelle Praktiken sind geschickte Mittel für diese Vertiefung. Sie können Meditation, Liebende Güte, religiöse Hingabe und tugendhafte Lebensführung mit einschließen.

Die Evolution macht deutlich, dass etwas in die Natur der Dinge eingebaut ist, das dem Überleben den Vorrang gegenüber Zerstörung einräumt und möchte, dass Liebe den Hass besiegt. Gandhi sagte einmal. „Es ist unsere Erfahrung, dass die Menschen weiterleben. Daraus schließe ich, dass das Gesetz der Liebe die Menschheit regiert. Es bereitet mir eine unsagbare Freude, weiterhin zu versuchen, dies zu beweisen." Wenn wir uns zu einem solchen Ziel bekennen und dafür arbeiten, blüht die Liebe auf und Krieg und Feindseligkeit hören auf, die Welt zu zerstören. Das Projekt, Mensch zu werden, erweist sich als das gleiche Projekt wie das der beständigen Transzendenz der Natur. So wie der Religionswissenschaftler Mircea Eliade sagte: „Die Natur bringt etwas zum Ausdruck, das uns transzendiert."

Was wird transzendiert? Unser selbstbezogenes Ego, das von Angst und Gier getrieben wird.

Wenn wir spirituell entwickelte Menschen werden wollen, worin besteht dann unsere Verpflichtung? Benutzen Sie die folgende Liste, um die Auswirkungen Ihrer spirituellen Praxis auf Ihre gegenwärtige Lebensweise zu überprüfen.

Ein spirituelles Leben zu führen bedeutet:

- in unserem Umgang mit anderen stets tugendhaft zu handeln, ohne dadurch einen Vorteil oder Lobhudeleien gewinnen zu wollen.

- Mitgefühl und Liebe nicht nur jenen gegenüber zu zeigen, die wir lieben, sondern allen gegenüber.

- mit dem Schatten in uns und in anderen Freundschaft zu schließen und ihn zu transformieren, so dass er spirituellen Reichtum hervorbringt.

- uns darum zu bemühen, dass andere die spirituellen Gaben, die wir selbst entdeckt haben, ebenfalls finden, und alles dazu zu tun, sie anderen mitzuteilen, besonders dadurch, dass wir ihnen ein Vorbild sind.

- dass wir unser Leben nicht nur zu einer Geschichte unseres eigenen Fortschritts machen, sondern auch zu einer Geschichte unserer Kooperation mit der Evolution unseres Planeten. Wir entwickeln dazu einen Sinn für den universellen Zweck und das Dienen.

- uns von den Zwängen des Egos zu befreien, das heißt, nicht mehr von Furcht, Anhaften, Kontrolle oder Ansprüchen getrieben oder gebremst zu werden.

- alle Formen von Vergeltung und Gewalt, so subtil sie auch sein mögen, aufzugeben, so dass wir Wut durch Aktivität und unsere Paranoia durch Zweckgerichtetheit ersetzen.

- die Freiheit der anderen zu ehren und sich mit gewaltlosen Mitteln für die Gerechtigkeit in der Welt einzusetzen.
- eine kohärente Grundlage oder einen Rahmen für Werte und Normen nach denen wir unsere Entscheidungen im Leben fällen, aufzubauen.
- dem durchgängigen Gefühl zu trauen, dass etwas – wir wissen nicht, was, und wir wissen nicht, wie –, ständig darauf hin arbeitet, uns und alle Wesen zu ihrer höchsten Liebesfähigkeit zu bringen.
- dankbar zu sein, wenn einige unserer Schritte zu Durchbrüchen in ein höheres Bewusstsein führen.
- voller Demut und im Einklang mit tugendhaften Normen zu handeln.
- sich dessen bewusst zu bleiben, dass wir uns letzten Endes keine spirituelle Weisheit erarbeiten können, sondern sie als Gnade erhalten, und dass sie immer und überall verfügbar ist.
- mehr und mehr darauf zu vertrauen, dass die Welt und alles, was in ihr geschieht, einem höheren Sinn und Zweck dient und nicht nur dazu, unser Ego zu belohnen. Unser Ja lässt dies geschehen, so wie Dag Hammarskjöld sagte: „In einem bestimmten Augenblick sagte ich Ja zu Jemandem – oder zu Etwas –, und von dieser Stunde an, war ich mir sicher, dass das Dasein voller Sinn ist und dass mein Leben in Selbstüberantwortung daher einen Zweck habe."

---

*Ist mein Herz groß genug, um all die Kräfte aufzunehmen, die mich suchen und die durch mich wirken wollen?*

---

## Mystisches Bewusstsein

Bewusstsein ist das, was uns mit der Welt um uns herum verbindet. Die mystische Erfahrung ist reines, inhaltsleeres Bewusstsein. Mystisch bedeutet hier nicht, okkult, esoterisch oder parapsychologisch. Es bezieht sich vielmehr auf die Möglichkeiten, unser eigenes Bewusstsein dem universellen Bewusstsein anzugleichen. Das Personale ist das Natürliche ist das Transpersonale. Jan van Ruysbroeck, ein Schützling von Meister Eckhart, schrieb: „Der Mystiker geht auf der Leiter der Kontemplation sowohl nach oben als auch nach unten. Sein Kontakt mit dem Göttlichen muss den komplementären Impuls der Barmherzigkeit gegenüber der ganzen Welt hervorrufen."

Ein Mystiker entdeckt den spirituellen Weg und wandelt auf ihm, ohne einen Mittler zu benötigen – ja sogar ohne die Notwendigkeit eines Weges. Ein Mystiker hat Formen und Getrenntheit transzendiert und ist in die pure Einheit eingegangen. Er oder sie hat ein intuitives Urteilsvermögen, das rationales Denken transzendiert und sich darüber hinwegsetzt. Religion und spirituelle Praxis bieten einen Rahmen für das Erwachen, aber Mystik ist die Erfüllung des Erwachens.

Wenn wir uns selbst in der mystischen Vision begreifen, dann sehen wir, dass unsere menschliche Natur, wie auch die Natur selbst, überall im Universum strahlt. Das bedeutet, dass es keine Trennung von Innen und Außen, Oberfläche und Tiefe, Körper und Seele mehr gibt. All dies sind provisorische Unterscheidungen, die wir der Einfachheit halber benutzen, um den individuell denkenden Geist des Egos von einer grenzenlosen, einzigen, das ganze Universum belebenden Energie zu unterscheiden. Die Worte, mit denen die Mystiker versuchen, ihrer Erfahrung Ausdruck zu geben, mögen in den einzelnen Traditionen verschieden sein, aber die Erfahrung ist die gleiche. Buddha-Natur entspricht in etwa dem, was im Christentum Christus-Bewusstsein genannt wird, im Judentum der Atem

Gottes und im Humanismus das höhere Bewusstsein oder die Lebenskraft. Das archetypische Selbst, wie Jung es beschrieb, ist ein weiterer Begriff für dieselbe Wirklichkeit. Mystiker haben ein höheres Leben entdeckt, das gleichzeitig unser Ursprung und unser Ziel ist, „dessen Zentrum überall und dessen Peripherie nirgendwo ist", wie der deutsche Theologe Nikolaus von Kues (Cusanus) Gott beschrieb. Gott als transzendental anzusehen, kann eine Weise sein zu bekräftigen, dass unser höchster Wert eher im Transzendenten liegt als im Begrenzten.

Durch spirituelle Praxis schreiten wir immer weiter voran. In der mystischen Vereinigung vollzieht sich der gesamte Festumzug der Evolution in diesem erleuchteten Augenblick, eh und je, hier und jetzt. Hier gibt es kein Wachstum mehr, sondern nur Vollkommenheit. Mystische Vereinigung ist ein Zustand der Gnade, der nicht von Arbeit oder Praxis heraufbeschworen wird, auch wenn er häufig auf diese folgt. Die folgende Liste beschreibt einige der Qualitäten, die ein mystischer Zustand mit sich bringen kann. Kontemplieren Sie als spirituelle Praxis, welche Implikationen jeder dieser Punkte für Ihr gegenwärtiges Leben hat:

Mystisches Bewusstsein bedeutet:

- anzuerkennen, dass individuelles Bewusstsein und Ego nur provisorische Bezeichnungen und wiederholte Suggestionen einer getrennten Identität sind und dass wir im Grunde mit allem, was ist, wechselseitig verknüpft sind.
- sich dessen bewusst zu sein, dass alles aufgrund seiner Zyklen des Wandels und der Erneuerung dauerhaft ist, und dass alles in seiner individuell dauerhaften Identität vergänglich ist.
- nicht mehr von Furcht getrieben oder gebremst zu werden, so dass man von der ständig in Kriege verwickelten Welt des Egos befreit wird.

- engagiertes und aktives Mitgefühl für jene, die noch in ihrem Ego gefangen sind – ohne dabei das Gefühl zu haben, wir seien ihnen überlegen.
- in allem, was wir sagen und tun, bedingungslose Liebe, unmittelbare Weisheit und Heilkraft auszustrahlen.
- die Welt als sich ständig erneuernde Feier, in der sich die mystische Ehe der scheinbaren Gegensätze vollzieht, zu sehen.
- die Natur als Gefäß, Bewahrerin und Entwicklerin des Bewusstseins zu betrachten.
- zur Befreiung des kollektiven menschlichen Schattens beizutragen, und zwar durch persönliche moralische Integrität und durch eine Verpflichtung – wie bei den Bodhisattva-Gelübden –, dem Wohle der anderen zu dienen.
- anzuerkennen, dass alles Gnade und Synchronizität ist, so dass unsere Bestimmung in Schönheit erfüllt wird, so chaotisch und rätselhaft das Leben auch manchmal sein mag.
- zu spüren, dass es hinter allen endlichen Erscheinungen ein transzendentes Leben gibt, eine alles durchdringende Nichtdualität, die allem, was ist, zugrunde liegt.
- sich dessen bewusst zu sein, dass das Göttliche die tiefste und die natürliche Wirklichkeit des Menschen ist, nicht jedoch ein getrennter Zustand oder ein getrenntes Wesen, außer in Personifikationen und Metaphern.
- eine bleibende und unerschütterliche Liebende Güte uns und anderen gegenüber an den Tag zu legen.
- sich dessen bewusst zu sein, dass alles auf dieser Liste unangemessen und ungenau ist, da Worte das Mysterium des Unendlichen nicht enthalten oder sich ihm auch nur

annähern können. Wie es bei Emily Dickinson heißt: „Zu gleißend strahlt die Wahrheit unverhofft, als dass wir sie in unser schwächliches Entzücken fassen könnten."

### Ich oder Nicht-Ich?

Form und Leere sind im Buddhismus häufig benutzte Begriffe. Ein Mensch hat eine Form, die sowohl physisch als auch geistig ist, und beide sind einzigartig. Zusätzlich dazu ist ein Mensch Leere, Buddha-Geist, Großer Geist, das Wahre Wesen, das allen Menschen wie auch der Natur eigen ist. Wir könnten sagen, Form und Leere sind dazu bestimmt, Achsenmächte zu bilden, damit wir uns entwickeln können.

Der scheinbare Widerspruch zwischen unserem psychologischen Ziel, jemand zu werden, und unserer spirituellen Bestimmung, das Ego loszulassen und zu niemandem zu werden, ist manchmal verwirrend. Doch es geht nicht um eine „entweder – oder"-Entscheidung zwischen Ich und Nicht-Ich; wir sind beides, ein gewöhnliches Ich *und* ein Nicht-Ich. Wir sind gleichzeitig, psychologisch gesehen, eine bestimmte und spezifische Person (Form) und spirituell gesehen, nicht eigenständig (Leere). Nicht-Ich ist nicht Null, sondern Unfassbarkeit.

Ein Ich zu sein, bedeutet aus psychologischer Sicht, aus einem kohärenten Gefühl, wer wir sind, heraus zu agieren, wenn wir in dieser Welt denken und handeln. In gewissem Sinne ist das psychologische Ich einfach eine Zusammenfassung einer Reihe von Operationen, die uns in der konventionellen Welt über Wasser halten. Es ist eine provisorische und nützliche Beschreibung, keine ontologische Wirklichkeit.

Die Tatsache eines Nicht-Ich anzuerkennen heißt, die Illusion loszulassen, ein solches Ich oder Ego sei dauerhaft, unabhängig, unveränderlich und solide. Das Gefühl der Unveränderlichkeit und Getrenntheit ist ein Eindruck, aber keine empirische Tatsache. Unsere intrinsische Leere zu erkennen heißt, Weisheit zu verwirklichen. Das Konzept des Nicht-Ich oder Nicht-Selbst, das wir im Buddhismus und der Mystik finden, bezieht sich auf die Tatsache, dass wir alle miteinander verknüpft und voneinander abhängig sind, ein interaktives System, und keine Sammlung von eigenständigen Individuen. Wenn wir diese Einsicht in die Praxis umsetzen, handeln wir mit Mitgefühl. Dann wird das, was wir unsere Identität nennen, als das gesehen, was sie eigentlich ist: ein müßiger Versuch, die Kontrolle zu behalten.

Unsere universale Verknüpftheit erklärt unsere Empfindung der Einheit mit der Natur und mit anderen. Wenn wir zu unserer wahren Natur erwachen, unserer wahren wechselseitigen Verknüpftheit, dann entdecken wir, dass Weisheit zu Mitgefühl führt und wir von der Kälte und den schweren Ketten des selbstsüchtigen Egos befreit sind. Nicht-Ich ist die Einheit von Wirklichkeit und Harmonie der Natur, die uns und die anderen Sterne bewegt.

Der Umstand, dass es kein getrenntes Ich gibt, bedeutet nicht einfach nur, dass alle Wesen wechselseitig miteinander verknüpft sind. Es bedeutet auch, dass unsere gewöhnliche Identität ein Prozess ist und keine feste Struktur. Unsere Identität ist mit anderen Worten ein sich entwickelndes Phänomen. Sie ist nicht nur vergänglich, weil sie abhängig ist, sondern auch weil sie sich ständig verändert, um zu dem zu werden, was sie niemals ganz sein wird. Wir werden immer noch mehr und niemals endgültig sein.

Der schroffe Individualismus und die Betonung von persönlicher Freiheit, die während der romantischen Bewegung des achtzehnten Jahrhunderts aufkamen, haben unmittelbar zu der Entfremdung geführt, die wir in der heutigen Welt wahrnehmen. Wir sind soziale Tiere, die versuchen Separatisten zu sein. Die Spiritualität kennt eine Antwort: Mitgefühl, das aus einem Gefühl der wechselseitigen Verknüpfung herrührt.

Wir beginnen unser Leben als Teil unserer Mutter, als ein Bestandteil ihres Körpers. Mit der Geburt beginnen wir den Individuationsprozess. Dann beginnen wir unsere eigene Dichte auf dem Planeten zu behaupten – durch unsere Persönlichkeit, unsere Eigenarten, unsere einzigartigen Begierden, unsere Besitztümer, unsere Beziehungen und unsere Leistungen. Diese sollten eigentlich Mittel zu unserer Erfüllung sein; stattdessen werden sie oft zu einem Selbstzweck, der unsere Getrenntheit aufrechterhält.

Marie-Louise von Franz, eine Jungianische Analytikerin, schrieb folgendes über das Selbst und das Nicht-Selbst:[10] „Das Selbst ist der individuellste Kern der individuellsten Person und ist gleichzeitig das menschliche Selbst, das Selbst der gesamten Menschheit." Ein Selbst, das in allem, was ist, gegenwärtig ist, kann letzten Endes als Lebenskraft identifiziert werden. Diese Kraft, die in uns und der ganzen Natur die gleiche ist, überlebt nicht in einer Jeder-für-sich-allein-Welt, sondern nur in einer ökologischen Einer-für-alle-Welt. Dieses Selbst[11] ist

---

[10] Die Bedeutung der Begriffe „Ich" und „Selbst" ist je nach Kontext verschieden. Das englische Wort *self* bedeutet im allgemeinen Sprachgebrauch „Ich", kann aber auch „Selbst" bedeuten. Im deutschen psychologischen Sprachgebrauch werden die Begriffe „Ich" und „Selbst" oft als Synonyme verwendet. Die Jungsche Psychologie unterscheidet jedoch zwischen dem „Ich" als „Ego" und dem „Selbst", womit ein Höheres Selbst im Sinne des hinduistischen Âtman oder einer unvergänglichen Seele gemeint ist. In diesem Sinne wird das „Ich" als illusionäre Konstruktion, das „Selbst" aber als letzte Wirklichkeit angesehen. Der Buddhismus bezeichnet nicht nur das „Ich" als illusionär, sondern leugnet mit seiner Lehre vom Anâtman (Nicht-Selbst) auch die Existenz eines unabhängigen, eigenständigen „Selbst" oder einer ewigen „Seele", wobei die Existenz eines „konventionellen" Ich und seine Notwendigkeit für unser Funktionieren in der Welt der „Konventionellen Wahrheit" (im Gegensatz zur „Absoluten Wahrheit") nicht bestritten wird. (Anm. d. Übers.)

[11] Auch im Englischen groß geschrieben *(Self)*, um es von dem *self* im Sinne von „Ich" zu unterscheiden. (Anm. d. Übers.)

die Lebenskraft des Universums, die sich in diesem Ich artikuliert – Ihrem und meinem – hier und jetzt.

Unsere Identität ist Einheit und unsere Bestimmung ist es, im Einklang mit dieser Einheit zu handeln. So scheint das Leben aufgrund von Liebe zu geschehen und zu gedeihen. Unsere spirituelle Bestimmung ist es, alle Wesen, die es gibt, zu lieben – so lange wir leben, auf unsere einzigartige Art und Weise und nach unserem besten Vermögen. Je mehr wir bekräftigen, dass andere genauso wichtig sind wie wir selbst, desto mehr entdecken wir unseren persönlichen Weg und unsere Bestimmung im Leben. Durch diese gegenseitige Verbundenheit erfüllen sich universell evolutionäre, das heißt, immer weiter reifende Sehnsüchte in unserem individuellen Leben.

Gleichzeitig wird die Verwandtschaft mit allen in einer ozeanischen Einheit suspekt, wenn es darum geht, uns über die Tatsache hinweg zu täuschen, dass wir sterben müssen, was der schrecklichste Aspekt der ersten unerbittlichen Gegebenheit – dass sich alles verändert und irgendwann endet – ist. Haben wir erst einmal unseren Fokus auf das bedingungslose Ja zu den Gegebenheiten des Lebens ausgerichtet, durchschauen wir jene Versprechungen, die bloße Tricks zur Vermeidung der Konfrontation mit unserer Sterblichkeit sind, wie mystisch sie auch verbrämt sein mögen.

Unser Ja gilt dem Ich. Damit sagen wir Ja zu der psychologischen und spirituellen Arbeit, die nötig ist, um zu dem ausgeglichenen und gesunden Ich zu werden, zu dem zu werden unsere Bestimmung ist. Unser Ja gilt aber auch dem Nicht-Ich. Damit sagen wir Ja zum universalen Mitgefühl, das nichtsdestoweniger sterblich ist. Unser Ja gilt dem Höheren Selbst. Das ist der Dank für die Gnade.

*Alle Lotos-Gefilde und alle Buddhas offenbaren sich in meinem eigenen Sein.*

*Avatamasaka-Sûtra*

## Ein beständiges Gefühl meiner selbst

Unser Ichgefühl gedeiht in einer Atmosphäre, die sich mittels der fünf Qualitäten Aufmerksamkeit, Akzeptanz, Wertschätzung, Zuneigung und Zulassen auf unsere Gefühle einstimmt. Wer wir sind, ist unser persönlicher Entwurf, aber es wird auch immer dadurch mitbestimmt, wie andere uns gegenüber empfinden und sich verhalten. Unser Selbstwertgefühl gründet auf unserer Zufriedenheit mit unserer persönlichen Kompetenz, wird aber auch von den Reaktionen anderer auf uns beeinflusst – ob sie uns als liebens-würdig und ihrer Aufmerksamkeit wert empfinden, ob sie uns für Wert befinden, dass sie sich um uns kümmern. Dies ist ein anderes Anzeichen für die Tatsache unserer tiefen wechselseitigen Verknüpftheit.

Was aber definiert genau ein kohärentes, gesundes Ichgefühl? Im Folgenden sind die Schlüsselelemente angeführt; Sie können Sie auch als eine Reihe von Übungen benutzen, durch die Sie ein stärkeres Ichgefühl zu entwickeln vermögen.

### Das Gefühl von Kontinuität

Ich bin Teil einer Geschichte. Ich bin mit einer Familie und Ahnen verbunden. Ich habe von ihnen Gene geerbt und auch bestimmte Talente. Außerdem bin ich ein Teil der Menschheitsgeschichte. Ich stehe in einer Beziehung zum Kollektiv. Ich bin Erbe alles Dunklen und allen Lichts, das Menschen in die Welt gebracht haben. Die Archetypen, die mich bewegen, sind dieselben wie bei allen anderen Menschen. Letzten Endes bin ich Teil der Natur. Ich atme auf die gleiche Weise, wie es andere tun, und tausche ständig Luft und Energie mit allen Wesen des Universums aus. Ich bin das, was die Sterne sind. Mein Atem ist der Atem der Rose und der Ihre.

### Die Fähigkeit, mit Problemen und Menschen umzugehen

Ich akzeptiere das Gute und das Schlechte in den Ereignissen des Lebens. Ich akzeptiere das Gute und das Schlechte in mir und in anderen. Auf diese Weise erhalte ich ein Ichgefühl aufrecht, das stabil und konstant ist. Ich kann andere lieben, wenn sie mich verletzen, anstatt sofort nach Rache zu dürsten. Die gewohnheitsmäßige Vorgehensweise des Egos ist, sofort einen Angriffsplan zu schmieden. Unsere Aufgabe besteht darin, nicht darauf zu reagieren. Ich werde zu einem kohärenten Ich, wenn ich nicht mehr aus primitiven Ego-Reaktionen heraus agiere. Im Verkehr schneidet mir beispielsweise ein Fahrer den Weg ab, und ich möchte es ihm oder ihr heimzahlen. Ich nehme meine Reaktion mit Achtsamkeit wahr und weise mein Ego an, mich nicht zu überrumpeln, sondern sich zu entspannen. Ich lasse mich nicht auf die Straßenverkehrs-Wut ein, sondern nehme meinen Fuß vom Gaspedal und lasse den überholenden Wagen davonziehen, während ich eine freundliche Bemerkung mache und dem Fahrer sichere Fahrt wünsche. Wenn ich diese Praxis der Achtsamkeit und Liebenden Güte übe, werde ich zu mehr als einem Ego voller Ansprüche und kann mich dann selbst auch viel besser leiden.

Ich besitze Kräfte, um mich selbst zu nähren. Wenn die Dinge schwierig werden, kann ich mich selbst besänftigen. Ich kann zusammenbrechen und verfüge über Möglichkeiten, mich dann wieder aufzurappeln. Ich lasse einen Zusammenbruch zu und stehe dann wieder auf. Ich werde durch Krisen nicht niedergeschmettert. Ich verfüge über eine Reihe von Ressourcen, die mir helfen, schwere Zeiten zu durchstehen.

Wenn ich mit Leiden konfrontiert bin, vermeide ich es nicht oder fliehe davor, sondern gehe durch es hindurch und setze meinen Weg fort. Ich kann mit einem Trauma umgehen, und wenn es zu groß für mich ist, kann ich mir Hilfe von mich unterstützenden anderen oder durch Therapie holen.

Ich widme mich dem, was meinen Weg kreuzt, bearbeite es und löse es auf. Das bedeutet, dass ich die Ereignisse meines Lebens nicht einfach nur unbewusst erfahre, sondern sie bewusst und mit einem Plan zur Verbesserung untersuche und kontempliere. Ich mache die Dinge nicht nur passiv durch, sondern ich gehe aktiv durch sie hindurch.

Ich gewinne dem, was mir geschieht, einen Sinn ab und lerne daraus. Ich sehe alles, was mir passiert, in einem evolutionären Zusammenhang, das heißt, als eine Herausforderung auf der heroischen Reise der Selbstverwirklichung.

Ich weiß, was ich kann und was ich nicht kann. Ich kenne meine Grenzen und akzeptiere sie als Gegebenheiten. Auf diese Weise funktioniert meine Demut, um mich zu dem bedingungslosen und unerschrockenen Ja zu meinem unaufgeblasenen Ich zu führen. Eingedenk dieses Wissens, kann ich Vorsicht bei dem walten lassen, worauf ich mich einlasse. Ich lasse mich nicht auf Umstände ein, von denen ich weiß, dass sie mich verletzen, erschrecken oder zersplittern werden.

### Eine Ansprechbarkeit für Unterstützung

Menschen, Partner oder Eltern stehen nicht immer zu Verfügung. Daher ist es wichtig für mich, die Fertigkeit zu besitzen, die Erfüllung meiner Bedürfnisse manchmal anderswo zu suchen. Ich tue dies, ohne jemandem Vorwürfe zu machen, weil ich nicht die Erwartungshaltung habe, dass ein Mensch die ganze Zeit all meine Bedürfnisse erfüllen könnte. Ich lasse vielmehr eine solche Erwartungshaltung fallen, da sie einem bedingungslosen Ja entgegensteht.

Ich bin dankbar und empfänglich für das Spiegeln anderer und kann mich auf eine tragende Umgebung um mich herum einlassen. Dieses Sich-Einlassen bedeutet nicht, dass ich nicht weiß, dass die Menschen manchmal nicht zu mir stehen, sondern es bedeutet, dass ich anderen Menschen zu trauen vermag. Ich kann Unterstützung annehmen, und mein Gefühl, zu einer Familie, einer Beziehung, einer Gemeinschaft zu gehören, wertschätzen. Jetzt erkenne ich, dass ein Gefühl der Zugehörigkeit bedeutsam ist, weil ich feststellen kann, dass das ganze Universum durch wechselseitige Verknüpftheit zur vollen Entfaltung gelangt.

„Mögen jene, die sich in einer weglosen und Furcht erregenden Wildnis finden ... von wohlwollenden himmlischen Wesen beschützt werden", sagt Shântideva, ein buddhistischer Mönch aus dem achtzehnten Jahrhundert. Ich habe außerdem einen Sinn dafür, dass Ich von Kräften der archetypischen Ebene, die größer sind als mein Ego oder das von anderen, aufrechterhalten werden. Ich bin mehr als mein persönliches Skript, und ich habe etwas, worauf ich zurückgreifen kann: ein größeres Leben als das Ego begründen kann. Genau das meinte der Psalmist mit „fürcht' ich kein Unglück, denn du bist bei mir" (Ps 23.4). Das größere göttliche Leben muss kein persönlicher Gott sein, aber es fördert ein Gefühl der Einheit mit den Heiligen und Bodhisattvas, die mir vorausgegangen sind.

Sobald ich Gott als eine Personifizierung einer innerpsychischen Wirklichkeit anerkenne, bin ich nicht mehr so allein im Universum. Es gibt keinen von mir getrennten Gott, wie es auch keinen von mir getrennten Menschen noch eine von mir getrennte Eiche gibt. Ich lebe in der Kommunion mit den Heiligen und der Natur. Zu behaupten, ich hätte nichts, worauf ich zurückgreifen könnte, wenn die Dinge aus dem Ruder laufen, wird der uralten Tradition menschlicher Spiritualität nicht gerecht. Wie ich erklärt habe, bleibt der Bodhisattva der buddhistischen Tradition bei mir, bis ich erleuchtet bin, und gewährleistet dadurch, dass ich tatsächlich „beschützt" bin. Die spirituelle Erkenntnis, dass es „kein Ding" gibt, bedeutet nicht, dass es nichts gibt. Sie bedeutet vielmehr, dass es keine Getrenntheit gibt. Eigenständigkeit widerspricht dem spirituellen Prinzip des Nicht-Ich und der wechselseitigen Verknüpftheit.

Erwachsene Spiritualität bedeutet nicht, dass ich allein stehe; sie bedeutet vielmehr, dass ich niemals allein bin. Ich spüre dies in der Natur, die mir sehr stark das Gefühl der Verknüpftheit vermittelt.

## Ein tugendhafter Rahmen für bewusstes Leben

Ein Ichgefühl zu besitzen, bedeutet in einem Rahmen von Moralvorstellungen und Normen, unter denen man seine Wahl trifft, zu leben. Dieser Rahmen besteht aus hilfreichen Leitplanken und ist keine Straßensperre. Er schließt eine Weltanschauung, ein Verständnis des Lebens ein. Ein Beispiel wäre, den moralischen Empfehlungen bestimmter Religionen oder einer genau definierten Lebensphilosophie zu folgen (vorausgesetzt, dieses religiöse oder philosophische System ist auf Erwachsene zugeschnitten, wie in Kapitel 6 beschrieben). Mit einem solchen Rahmen kann ich alles, was in der Welt und in mir auftritt, in einen sinnvollen Zusammenhang bringen. Wenn ich auf eine der unausweichlichen Gegebenheiten des Lebens treffe, werde ich nicht mehr aus der Bahn geworfen. Was immer geschieht, wird als Bedingung der Existenz erkennbar, eine Bedingung, die mehr Tiefe, mehr Mitgefühl, mehr Charakter gewährleistet, solange ich sie mit dem bedingungslosen Ja eines spirituellen Bewusstseins akzeptiere.

Nach Maßgabe einer verlässlichen Reihe von Vorstellungen, Werten, Zielen und Bestrebungen zu leben, hilft uns, ein gesundes Ichgefühl zu entwickeln, das darin Erfüllung findet, dass wir zu einem tugendhafteren Menschen werden. Tugenden sind dann Gegebenheiten unseres Lebens und Verhaltens, wenn wir mit Liebe und Integrität agieren. Tugenden sind gesunde Gewohnheiten. Sie sind das Handeln, das aus unseren inneren Werten entspringt. Unser tugendhaftes Handeln offenbart unsere grundlegende Güte. Es ist das Fundament von Selbstachtung, Charakter und Integrität. Für einige von uns sind Tugenden angeborene Gaben, aber wir alle können durch Übung tugendhaft werden. Im Hebräischen ist das Wort für Tugend *Ma'alot* und bedeutet auch Schritte. Wir können stets weitere Schritte tun, so klein sie auch sein mögen, die zur Tugend führen. Es kommt zu Verlagerungen in unserem Inneren und wir handeln tugendhaft, ohne überhaupt darüber nachzudenken oder es zu planen. Die Tugenden werden zu Gegebenheiten unseres Lebens. Die Schritte sind Bemühungen; die Verlagerungen Gnade. Auf diese Weise wird der göttliche Plan Liebender Güte in uns erfüllt. Unsere Bestimmung ist es, in der Zeit einem Plan zu folgen, der jenseits von Zeit liegt.

Der Theologe Paul Wadell schrieb: „Mensch zu sein heißt, in die Welt geboren zu sein, um etwas zu erreichen, nämlich die Fülle der eigenen menschlichen Natur, und wir erreichen sie durch die Tugenden. ... Die Tugenden sind die einzige Garantie gegen ein vergeudetes Leben."

Wenn von Tugenden die Rede ist, denken die meisten von uns an bestimmte Begriffe (wie „Ehrlichkeit" oder „Geduld") und nicht an Sätze, die ein Verhalten beschreiben. Eine spirituelle Praxis zum Aufbau von Tugenden konzentriert sich jedoch auf spezifische Affirmationen und Aktionen. Kontemplieren Sie jeden Tag eine der Tugenden aus der folgenden Liste und suchen Sie nach Wegen, sie in die Praxis umzusetzen.

- Ich sage bedingungslos Ja zu den Gegebenheiten des menschlichen Lebens: Alles wird sich wandeln und ein Ende haben; die Dinge werden nicht immer meinen Plänen entsprechend verlaufen; das Leben wird nicht immer gerecht oder schmerzfrei sein; und Menschen werden nicht immer liebevoll, aufrichtig, großzügig oder loyal sein.

- Ich zeige mich gern so, wie ich bin, ohne mich zu verstellen, wie unschmeichelhaft das auch sein mag. Ich bin nicht vollkommen, aber ich widme mich mit Leib und Seele der Arbeit an mir selbst. Je mehr ich mich mit meiner persönlichen Arbeit befasse, desto deutlicher nehme ich wahr, dass mir die Welt und der Teil, den ich bei ihrer Mitschöpfung spielen darf, wichtiger sind als meine Person. Anstatt unachtsam einfach durch Erfahrungen hindurchzugehen, entscheide ich mich, lange genug inne zu halten, um dem, was mir geschieht, Beachtung zu schenken und es zu bearbeiten. Ich lerne aus meinen eigenen Reaktionen: Tränen bei einem Kinofilm laden mich ein, mir meinen eigenen Kummer anzusehen. Anziehung und Ablehnung laden mich ein, meine verborgenen Bedürfnisse und Motive anzuschauen. Erinnerungen und Bilder, die mich verfolgen, laden mich ein, bei ihnen zu bleiben und ihnen in meine eigenen unerschlossenen Räume zu folgen.

- Ich verfange mich aufgrund meiner Fehler im Leben nicht in Bedauern oder Selbstvorwürfen. Ich betrachte vielmehr alles als Lernerfahrung, die mir hilft, es in Zukunft besser zu machen. Ich leiste Wiedergutmachung wo ich nur kann. Und selbstverständlich weisen mir meine Fehler den Weg zur Demut.

- Ich prüfe regelmäßig mein Gewissen. Ich führe mir nicht nur vor Augen, wie ich andere verletzt habe, sondern auch, in wieweit ich meine Begabungen noch nicht aktiviert oder mit anderen geteilt habe, wo ich noch immer an Vorurteilen oder dem Wunsch nach Vergeltung festhalte, und ob ich vielleicht immer noch nicht so liebevoll bin, wie ich sein könnte.

- Ich schenke dem Feedback der anderen Beachtung, statt eine Abwehrhaltung einzunehmen oder das Ego aufzustacheln. Ich begrüße Rückmeldungen, die mir zeigen, wo ich weniger fürsorglich bin, als ich es sein könnte, wo ich weniger tolerant oder weniger offen bin, als ich es sein könnte. Ich fürchte mich nicht vor der freien Äußerung von Gefühlen, weder der eigenen noch der Gefühle anderer. Ich bin bereit, Gefühle auszudrücken und zu empfangen, Angst, Freude, Kummer und Zärtlichkeit eingeschlossen. Ich zeige meine Wut auf gewaltlose Weise und ohne die Kontrolle zu verlieren, und nicht auf missbräuchliche, bedrohliche oder tadelnde Weise.

- Ich bemerke, dass mein Verhalten und meine Entscheidungen nicht mehr von dem bestimmt werden, was andere von mir denken mögen. Ich versuche nicht, andere dazu zu bringen, mich zu akzeptieren oder mich zu lieben. Ich ändere mich nicht, damit ich in etwas hineinpasse. Ich verpflichte mich, mich ungeachtet der Reaktionen anderer genauso darzustellen, wie ich bin. Ich lasse mich nicht mehr durch Schmeichelei manipulieren, aber ich bin dankbar, wenn andere mich wertschätzen.

- Ich bleibe, ganz gleich, was geschehen mag, immer stärker verwurzelt und lasse mich nicht von Angst oder Verlangen beeinflussen. Die Ereignisse des Lebens und das Verhalten anderer wirken auf mich, dringen jedoch nicht in meinen Kern ein. Ich bleibe sicher in mir selbst verankert und bin doch gleichzeitig mit anderen verbunden.

- Ich verzichte darauf, andere auszunutzen, indem ich physische, verbale oder mentale Kunstgriffe benutze, um sie auszutricksen oder zu verführen. Um in Demut wachsen zu können, pfeife ich mich zurück, wenn ich wahrnehme, dass ich affektiert, unehrlich, passiv-aggressiv oder manipulierend werde. Ich komme wieder mit mir ins Reine, indem ich zugebe, falsch zu handeln. Auf diese Weise öffne ich mich neuen tugendhaften Alternativen.

- Ich bitte um das, was ich will, ohne Forderungen, Manipulation oder Erwartungen. Ich respektiere den Zeitplan, die Wünsche und die Grenzen anderer. Ich kann Nein als eine Antwort akzeptieren.

- Ich falle in Beziehungen immer weniger dem Konkurrenzdenken anheim und freue mich aufrichtig über Zusammenarbeit. Ich gehe besonders solchen Situationen aus dem Weg, in denen mein Gewinnen bedeutet, dass andere verlieren müssen.

- Ich verletze niemanden absichtlich. Wenn andere mich verletzen, räche ich mich nicht, sondern suche nach einem Dialog und bitte um Wiedergutmachung. Was ich auch tun mag, ich hege keinen Hass oder Groll gegenüber anderen. Ich verhalte mich anderen gegenüber freundlich, nicht weil ich sie beeindrucken oder nötigen möchte, sondern weil ich wirklich freundlich bin – oder zumindest daran arbeite, es zu werden. Wenn es anderen nicht gelingt, mir zu danken oder meine Freundlichkeit zu erwidern, hält mich das nicht davon ab, trotzdem liebevoll zu sein. Ich gebe niemals die Hoffnung in Bezug auf andere auf. Ich glaube, dass jeder ein ihm innewohnendes Gutsein besitzt, und dass die Erfahrung, geliebt zu werden, dieses freisetzen kann. Ich bin entschlossen, mich auf gewaltfreie Weise dem Übel zu widersetzen und Ungerechtigkeit zu bekämpfen. Auf diese Weise konzentriere ich mich auf wiederherstellende Gerechtigkeit anstelle von vergeltender Gerechtigkeit.

- Ich habe einen Sinn für Humor, jedoch nicht auf Kosten anderer. Ich lasse mich nicht auf Verhöhnung oder Sarkasmus ein, noch greife ich zu „Retourkutschen", wenn andere mir gegenüber sarkastisch sind. Ich spüre einfach nur den Schmerz in uns beiden und suche nach Möglichkeiten, unsere Kommunikation effektiver zu gestalten.

- Ich betrachte andere Menschen und ihre Entscheidungen ohne Zensur. Ich bemerke noch immer die Unzulänglichkeiten der anderen und meiner selbst, aber ich sehe sie eher als Fakten an denn als Makel. Ich lache nicht über die Fehler oder das Unglück anderer.

- Ich bin in der Lage, „Aua!" zu sagen, wenn mir bei der Arbeit, in Beziehungen und Interaktionen mit anderen Schmerz zugefügt wird und ich missbraucht werde. Ich unternehme dann etwas, um zu ändern, was geändert werden kann. Wenn der Missbrauch anhält, gehe ich weiter. Das geschieht ohne Selbstmitleid oder das Bedürfnis, dem anderen Unrecht zu tun.

- Ich bleibe meinen Normen von absoluter Aufrichtigkeit und Wahrhaftigkeit in all meinen Unternehmungen treu, ganz gleich, wie andere sich mir gegenüber verhalten mögen. Meine Frage lautet nicht, „Wie kann ich damit durchkommen?", sondern „Wie kann ich das Richtige tun?". Wenn ich dabei Fehler mache, gebe ich das zu, leiste Wiedergutmachung und nehme mir vor, mich beim nächsten Mal anders zu verhalten. Bereitwillig und mühelos entschuldige ich mich, wenn es nötig ist.

- Ich konzentriere mich darauf, konsequent zu bleiben: Zu Hause oder in einer Beziehung bin ich derselbe Mensch wie am Arbeitsplatz. Ich erweise Fremden den gleichen Respekt und die gleiche Aufrichtigkeit wie denjenigen, die mir nahe stehen.

- Ich halte mein Wort. Ich würdige Verpflichtungen und erfülle die Aufgabe, die zu übernehmen ich mich bereit erklärt habe. Ich kann immer deutlicher erkennen, wo meine Grenzen und meine Fähigkeiten liegen. Das hilft mir, gesunde Grenzen hinsichtlich dessen zu setzen, wie viel ich bereit bin für andere zu tun, anstelle einfach nur gefällig zu sein.

- Ich habe ein unerschütterliches Gefühl meiner selbst als ein Mensch von Überzeugung, während ich gleichzeitig flexibel bleibe. Ich bin fähig, mein Verhalten zu ändern, ausgediente Vorstellungen über Bord zu werfen und meine Lebensweise zu verändern, um den sich ständig entwickelnden Forderungen der Welt zu entsprechen. Wenn ich mich in einer Identitätskrise befinde, sehe ich das als Gelegenheit zur Erleuchtung.

- Ich bin dankbar für die Werte und die hilfreichen Ansichten, die ich im Laufe meines Lebens aus den unterschiedlichsten Quellen empfangen habe. Gleichzeitig unterziehe ich die Gerüste aus Glauben, Vorurteilen und Mythen, die ich von Familie, Schule, Religion und Gesellschaft geerbt habe, einer eingehenden Prüfung. Ich durchleuchte sie eines nach dem anderen und entledige mich der Strukturen, die sich nicht mit einer gesunden und tugendhaften Lebensweise in Einklang bringen lassen, und halte diejenigen in Ehren, die dieser entsprechen.

- Ich bin nicht mehr fasziniert von dem Blendwerk der vier großen Straßen, die die Einstellungen und Lebensweisen so vieler Menschen beeinflussen: Madison Avenue [Mode], Tin Pan Alley [Musikindustrie], Wall Street [Wirtschaft] und Hollywood Boulevard [Film und Showbusiness].

- Ich messe meinen Erfolg im Leben daran, wie viel unerschütterliche Liebe ich besitze, und nicht daran, wie viel ich auf meinem Bankkonto habe oder wie viel Macht über andere ich besitze. Das zentrale Anliegen meines Lebens ist, mein einzigartiges Vermögen, zu lieben, voll zum Ausdruck zu bringen.

- Ich engagiere mich begeistert in sinnvoller Arbeit und sinnvollen Projekten, und das ist die Quelle meiner Seligkeit. Ich erkunde weiterhin meine tiefsten Bedürfnisse, Wünsche, Werte und Potentiale und lebe im Einklang mit ihnen. Ich habe allen Grund, auf einige Leistungen stolz zu sein. H. D. Thoreau schrieb in sein Tagebuch: „Ein Mann blickt mit Stolz auf seinen Holzhaufen." Meine ernsthafte Verpflichtung zu den Praktiken, die in diesem Buch beschrieben sind, ist mein „Holzhaufen".

- Wenn ich ein neues Projekt oder eine neue Beziehung vor mir habe, stelle ich mir folgende Frage: Ist dies ein passender Kontext, um meine Lebensbestimmung zu erfüllen? Meine Bestimmung im Leben ist, das einzigartige und überschwängliche Leben, das ich in mir trage, zu leben, mit aller Macht zu lieben und meine persönlichen Gaben auf jegliche Weise und überall mit anderen zu teilen.

- Ich bin bereit, unermüdlich daran zu arbeiten, meine Bestimmung im Leben zu erfüllen, aber nicht bereit, meine Gesundheit aufs Spiel zu setzen, um Ansehen, Status, Ruhm oder Vermögen – die zentralen und häufig einzigen Werte in der sorgenvollen Welt des Egos – zu erlangen. Das zentrale Anliegen meines Lebens ist einfach, ein guter Mensch zu werden.

- Meine Arbeit an mir hat mich bewusster in Bezug auf die Politik und die Belastungen der Welt um mich herum gemacht. Ich stelle Autorität in Frage, während ich mich für ein Ende von Krieg, Vergeltung, Gier, Hass und Ignoranz ausspreche, dafür bete und arbeite. Dies gründet sich auf die Tatsache, dass ich den Glauben an die Möglichkeit einer Transformation für jeden Menschen, politischen und religiösen Führer sowie jede Nation noch nicht aufgegeben habe.

- Ich bin mir stets des Schmerzes und der Armut derjenigen bewusst, die es weniger glücklich getroffen haben als ich. Ich finde Wege, darauf zu reagieren, die Großzügigkeit und persönlichen Kontakt verbinden. Ich bin großzügig mit Zeit, Aufmerksamkeit, Geld und meinem Engagement.

- Wenn ich mit dem Leiden in der Welt konfrontiert werde, wende ich mich nicht ab, noch bleibe ich darin stecken, Gott oder der Menschheit die Schuld zu geben. Ich frage vielmehr: „Was kann *ich* denn tun?" Ich reagiere auf den

Schmerz anderer mit der Absicht zu helfen, und sei es auch in noch so geringem Maße. Ich entscheide mich dafür, lieber eine Kerze anzuzünden als über die Dunkelheit zu klagen.

- Meine Liebe zur Natur lässt mich sanft auf der Erde wandeln mit dem, was der heilige Bonaventura „eine Höflichkeit gegenüber den Dingen der Natur" nennt.
- Ich spüre, wie mein spirituelles Bewusstsein wächst. Ich kann eine göttliche Energie in mir spüren, die hinter jeder Liebe, Weisheit oder Heilkraft liegt, die ich habe oder je an den Tag gelegt habe. Was in mir ist, stammt nicht von mir, sondern kommt durch mich hindurch. Ich bedanke mich für diese ermutigende Gnade und bejahe den mitreißenden Ruf, ihr weiterhin gerecht zu werden.

---

*Möge ich bei Sturm und Windstille, in Klarheit und Ungewissheit, bei Gewinn und Verlust, bei Lob und Tadel in heiterer Gelassenheit leben, indem ich zu den Gegebenheiten des Lebens Ja sage, und in der schwerfälligen Welt des Egos zu einem Angelpunkt des Gleichgewichts werden.*

---

# Epilog

### Die Gegebenheiten als Akte der Gnade begreifen

*Manchmal geschieht es, dass wir die Kraft, Ja zu uns selbst zu sagen, empfangen, dass Frieden uns ganz und gar durchdringt, dass Selbsthass und Selbstverachtung verschwinden und dass wir wieder mit uns selbst versöhnt sind. Dann können wir sagen, dass uns Gnade zuteil geworden ist.*

PAUL TILLICH

In diesem Buch habe ich fünf Gegebenheiten des Lebens und von Beziehungen, die wir zu häufig leugnen und ignorieren und uns damit Schmerz zufügen und Leid verursachen, aufgezeigt und erkundet. Sie gelten uns oft als „negative" Wahrheiten, von denen wir uns wünschen, es gäbe sie nicht, aber ich habe gezeigt, dass gerade der Widerstand gegen diese Tatsachen des Lebens die Wurzel unseres Übels ist. Wenn wir uns den Gegebenheiten gegenüber öffnen, öffnen wir uns der Möglichkeit, zu dem mutigen, mitfühlenden und weisen Wesen zu werden, das unsere Bestimmung ist.

Aber es ist wichtig, sich daran zu erinnern, dass uns Menschen ebenfalls wunderbare positive Gegebenheiten mitgegeben wurden. Sie bilden unsere Gaben, sind Geschenke, die Teil unseres kollektiven menschlichen Erbes sind und aus Mächten jenseits des Egos stammen. Sie sind eine Gnade [engl. *grace*], aber auch eine Grazie [engl. *grace*] im tänzerischen Sinne, eine verzaubernde, elegante Verfeinerung der Art und Weise, wie wir uns durch die Welt bewegen. Sie sind es, die uns zu wahrhaftigen Menschen machen. Eine solche Gnade ist:

- unsere unbändige spielerische Art und unser Sinn für Humor.
- unsere Fähigkeit, weiterhin zu lieben, ganz gleich, wie wir von anderen behandelt worden sind und was uns in der Vergangenheit zugestoßen ist.
- unsere Empörung und unser mutiges Handeln angesichts von Übel.
- unsere Bereitschaft, uns an die zweite Stelle zu setzen, ja sogar unser Leben für andere aufs Spiel zu setzen.
- unsere Fähigkeit, zu vergeben und loszulassen.
- unsere Weigerung, unter allen noch so widrigen Umständen Niederlage oder Missbrauch zu akzeptieren.
- unsere unerschütterliche Hoffnung.
- unsere Gabe, uns von unserer besten Seite zu zeigen, wenn es am schlimmsten um die Dinge bestellt ist.
- unsere Fertigkeit, eine Ordnung im Chaos und einen Sinn in der Katastrophe zu finden.
- unsere Intuition, die mehr offenbart, als wir auf der logischen Ebene wissen.
- unsere Neigung, aufrichtig zu sein, selbst wenn es niemand sieht.
- unser Streben nach dem, was jenseits unserer Reichweite liegt, unser Hang, uns auszuweiten.
- unsere Kraft, etwas zu sagen, zu tun oder zu sein, was zur Heilung unserer selbst und anderer führt.

- unser beständiges Gefühl, dass das Universum freundlich ist und dass es letztlich in allem, was geschieht, eine liebende Absicht gibt.
- unser freundliches Verständnis für diejenigen und unsere liebevolle Zuwendung zu denen, die sich nicht dazu entscheiden, nach den Kriterien dieser Liste zu leben.

Aufgrund dieser Gnaden geben wir uns selbst oder andere niemals auf. Es wird immer ausreichend Zeit für jeden von uns geben, von Gnade berührt und bekehrt zu werden, damit die Gegebenheiten gedeihen können: Wir können uns immer ändern, den uns bestimmten Plan finden, gerecht und sogar großzügig handeln, den Schmerz durchleben und bedingungslose Liebe zeigen.

Wir öffnen uns solcher Gnade, wenn wir das Gefühl haben, von einer schützenden Präsenz begleitet zu werden, auch wenn wir uns bereits aufgeben wollen. Bei diesem Gefühl muss es sich nicht um Aberglauben oder Wunschdenken handeln. Letzten Endes ist das Universum eine tragende Umgebung, und Getragenwerden fühlt sich persönlich an. Daher ist es nur natürlich, wenn wir eine freundliche, persönlich liebende Präsenz in unserem Leben spüren. Ein solches Gefühl, dass so lange im menschlichen Bewusstsein bewahrt wurde, entspricht einer Wirklichkeit. Was sind die, wenn auch subjektiven, Anzeichen dafür, dass es die spirituelle Gegebenheit einer verlässlichen Präsenz – der Archetyp der unterstützenden Kräfte auf der Reise des Helden – tatsächlich gibt?

- Wir haben und genießen immer wieder das deutliche Gefühl, nicht allein zu sein, wenn wir uns mit den Herausforderungen des Lebens konfrontiert sehen. Es kommt in jenen besonderen Augenblicken von Synchronizität und Gnade, die uns erkennen lassen, dass unser Ego nicht alles ist, was uns trägt.

- Es gibt Ressourcen in uns und um uns herum und sie erscheinen jederzeit, besonders jedoch in unseren Augenblicken des bedingungslosen Ja, in Momenten des Vertrauens, der Meditation, des Gebets, der Imagination, der Vision und der Intuition.
- Wir erfahren Augenblicke, in denen wir spüren, dass wir mit der Quelle der Liebe, der Weisheit und Heilung in Kontakt sind – ja, dass wir tatsächlich diese *sind*.
- Wir haben das Gefühl, dass da immer jemand oder etwas ist, dem es ein echtes Anliegen ist, dass wir uns entwickeln und unser Potential erfüllen. Diese Trost spendende Präsenz ist auf unserer Seite, feuert uns an und ist ohne Bedingung, ohne Urteil, ohne Zwang, ohne Pause und ohne Einschränkungen auf uns konzentriert.
- Wir nehmen wahr, dass uns Gnade geschenkt wird, die uns hilft, unsere Ganzheit zu verwirklichen. Sie kann verschiedene Formen annehmen: Die Gegebenheiten selbst, besondere Menschen, Orte, Dinge, Träume oder synchronistische Ereignisse, die uns auf den Weg hinweisen und uns helfen, ihn zu beschreiten. Menschen in unserem Leben, die uns verletzen oder uns helfen, scheinen, meist ohne ihr eigenes Wissen, besonders dazu bestimmt zu sein, Botschafter genau solch einer höheren Quelle zu sein.
- Manchmal sind wir mit einer geräumigen Tiefe in uns in Kontakt und sind uns dessen bewusst, dass diese Tiefe und Offenheit ebenso in anderen Wesen und im ganzen Universum präsent ist. Solange die Natur uns umgibt, sind wir in göttliches Leben eingebettet, das Leben jenseits von Bedingungen.
- Wir erfahren in der Natur und unserem psychischen Leben ein Gefühl des Staunens, der Ehrfurcht und der

Großartigkeit; wir erreichen höchste Gipfel des Gefühls; wir begegnen Mächten, die alles Menschengemachte transzendieren, die uns die Hand zu reichen scheinen und uns nie wieder loslassen. Manchmal fühlen wir uns auf geheimnisvolle Weise unterstützt, und diese Unterstützung ist gemeint, wenn man von göttlicher Präsenz spricht.

- Wir empfinden ein Gefühl der Zugehörigkeit, als würde uns die natürliche Welt in einer lebenslangen Umarmung halten, wie wir sie auf dem Arm unserer Mutter empfunden haben und heute vielleicht im Arm unseres/unserer Geliebten spüren.

- Wie düster oder destruktiv die Dinge auch werden mögen, wir sind einer heilenden, immer wirkenden Energie gewahr, die unermüdlich das erneuert und wieder aufbaut, was zusammengebrochen ist. Etwas setzt die Dinge und uns immer wieder neu zusammen. Deshalb ist es in Ordnung zusammenzubrechen. Der Psalmist singt „Und ob ich schon wanderte im finstern Tal, fürchte ich kein Unglück" [Ps 23.4]. Wir fürchten kein Unglück, weil wir bereit sind, den ganzen Weg hinab durch das Furcht erregende Tal zu gehen, statt eine Brücke zu suchen, die uns darüber hinweg führt.

- Wir spüren offensichtlich eine liebende Absicht, die in die Struktur und die Ausrichtung des Universums selbst eingebaut ist. Warum die Dinge geschehen, bleibt letztlich ein Geheimnis. Wir können nicht bestimmt sagen, dass alles zu einem Zweck geschieht. Doch das Beste aus dem Geschehen zu machen, ist so gut wie ein Zweck. Die Chancen, die sich aus einem schmerzhaften Ereignis ergeben, sind in der Tat sein Zweck, seine evolutionäre Ausrichtung. Und die Richtung, die die Evolution nimmt, ist immer vorwärts.

- Wir mögen uns persönlich geliebt fühlen, wenn wir religiöse Bilder betrachten und wenn wir die Natur genießen. Wir spüren, dass es eine Kraft im Universum gibt und gleichzeitig jenseits davon, die uns so liebt, wie wir auf unsere einzigartige Weise sind, die uns akzeptiert, uns Beachtung schenkt, uns hört, uns wertschätzt und die uns gleichzeitig erlaubt, sie zurückzuweisen, und die uns dennoch niemals fallen lässt.

- Wir besitzen die Fähigkeit, unter problematischen Umständen und gegenüber schwierigen Menschen weiter zu lieben, und dies schenkt uns das Zutrauen, dass Liebe unser Ursprung, unser Zweck und unser Ziel ist. Wie hoffnungsvoll und doch unergründlich ist es, dass unsere menschlichen Energien solche wunderbaren Mächte umfassen!

- Wir spüren, dass die Welt und wir eine einzige mysteriöse Energie sind, die gleichzeitig vorübergehend und ewig, Gegebenheit und Geschenk ist. „Ich bin das, was die Natur ist" wird zu einer Antwort auf die Bedingungen der Existenz. Es ist die Antwort der Zugehörigkeit.

- Diese liebende Präsenz wird nicht unbedingt als personal erfahren, wie es dem traditionellen religiösen Glauben im Abendland entspricht. Unsere Fähigkeit, das Gefühl einer Präsenz zu haben, kann dem entsprechen, was mit der Präsenz Gottes gemeint ist. So entspricht zum Beispiel unsere Fähigkeit, ungeachtet der Grobheit, mit der man uns behandelt hat, weiter zu lieben, metaphorisch dem Vertrauen, dass „Gott das Gute aus dem Bösen schafft".

- Unser tiefstes inneres Leben hat sich selbst als Gott oder Heilige(r) oder Buddha erkannt, die alle keine von uns getrennte Person sind, sondern archetypische Personifizierungen eines unbeschreiblichen, unfehlbaren und unauslöschlichen Lichts in uns und in allem Sein sind. Gott oder die Buddha-Natur sind Personifizierungen des essenziellen Wesens, das sich durch die bewusste Evolution eines jeden von uns immer wieder selbst findet.

- In uns überlebt ein Glaube, dass es etwas gibt – wir wissen nicht, was –, das stets voller Liebe wirkt – wir wissen nicht, wie –, um aus der Welt mehr zu machen, als sie gerade ist, und um aus uns mehr zu machen, als wir bislang waren. Dieses Etwas ist unsere eigene lebendige Energie und gleichzeitig die Lebenskraft des Universums.

Es ist ein Geschenk, dass wir aus dem Stoff der Sterne gemacht sind, und daher wurde in uns ein grundlegender Drang eingebaut, nach evolutionärer Transformation zu streben, die auch Ganzheit, Heiligkeit oder Erleuchtung genannt wird. Wir stehen dabei nicht allein; die ganze Schöpfung schließt sich uns an. Wir können die Sehnsucht des ganzen Universums vernehmen. Wir können sie in dem einzigartigen Seufzen der Sehnsucht nach Vollendung hören, das aus jedem von uns ertönt. Diese Vollendung wird lebendig, wann immer unsere Liebe erweckt und uns Liebe gewährt wird. Und nun erkennen wir, dass Liebende Güte die Vollendung unserer Menschlichkeit *ist.*

---

*Möge ich, indem ich zu den Gegebenheiten des Lebens Ja sage, in dem ständigen Gewahrsein lebe, in Liebe von einer fürsorglichen Präsenz getragen zu werden, die mich niemals verlässt, und möge ich andere auf solche Weise tragen, dass auch sie beginnen, dieser Präsenz zu vertrauen.*

---

# Weitere Bücher von David Richo

## Vertrauen wagen
**Das bedingungslose Ja zum Leben wie es ist**

Die meisten Beziehungsprobleme drehen sich im Grunde um das Thema Vertrauen, sagt der Psychotherapeut David Richo. Bindungsangst, Unsicherheit, Eifersucht oder die Neigung zum Kontrollieren, der Kern ist immer derselbe: ein grundsätzlicher Mangel an Vertrauen, sowohl uns selbst wie in unseren Partner.

256 Seiten · ISBN 978-3-86410-005-5 · www.windpferd.de

## Versöhnung mit der Vergangenheit
**Lösungen für eine glückliche Zukunft**

Der Psychotherapeut David Richo zeigt auf, wie wir die Vergangenheit in unseren gegenwärtigen Beziehungen wiederholen - und wie wir uns von destruktiven Mustern befreien können. Wenn alte Wunden schmerzen, hilft nur Bewusstwerden. Bewusst können wir unser emotionales Gepäck erkennen und Schritte unternehmen, es zu integrieren und innerlich zu wachsen.

304 Seiten · ISBN 978-3-86410-054-3 · www.windpferd.de

## Der gute Kern in uns
**Mit Achtsamkeit und liebender Güte zu innerem Wachstum**

Wir besitzen bereits alles, was wir brauchen, um befriedigende Beziehungen und ein glückliches, erfülltes Leben zu erfahren. Wir müssen lediglich lernen, das jedem von uns innewohnende Potenzial zu Liebe, Mitgefühl, Freude und Gleichmut zu aktivieren. Davon geht der Psychotherapeut David Richo in seinem neuen Buch über Achtsamkeit und liebende Güte aus.

200 Seiten · ISBN 978-3-86410-042-0 · www.windpferd.de

## Reif werden füreinander
**Wie man in Beziehungen erwachsen wird – Die fünf Dimensionen authentischer Liebe**

Der Psychotherapeut David Richo hat ein ungemein hilfreiches Handbuch geschrieben für alle, die echte Intimität oder eine tragfähige Beziehung zu einem anderen Menschen suchen, ob sie nun vor einer Beziehung stehen, mitten darin oder eine problematische Beziehung hinter sich haben und sich fragen, wie es das nächste Mal besser laufen könnte.

358 Seiten · ISBN 978-3-89385-581-0 · www.windpferd.de